世界主要政党规章制度文献

丛书主编：俞可平
执行主编：陈家刚

新加坡

主编：孙培军

中央编译局文库出版工作领导小组（编委会）

主　　任：贾高建
副 主 任：俞可平　魏海生　陈和平　柴方国　杨金海
委　　员：崔友平　沈红文　杨雪冬　季正聚　陈家刚
　　　　　赖海榕　郄卫东　张文成　刘明清

中央编译局文库出版工作领导小组办公室

主　　任：薛晓源
成　　员：徐向梅　苗永姝

中央编译出版社文库编辑中心编辑小组

刘明清　谭　洁　董　巍　贾宇琰　苗永姝
盛菊艳　李媛媛　薛迎春　董　妍

总　序

近代的政党，是基于一定的阶级或阶层之上，为了夺取和巩固国家的政治权力，从而维护特定利益的政治组织。与其他政治组织相比，政党最明显的特征，就是它有着明确的政治目标，即夺取政权和维护政权。除了执掌国家政权这一基本职能外，政党也是现代社会中最重要的利益表达和利益综合机构，是连结政府与民众的政治桥梁。政党还是国家政治生活的最重要组织者，是公民参与国家政治生活的重要平台，它履行着政治动员、公共参与和政治教育等重要的政治职能。因此，从权力的角度看，在所有政治组织中，政党是最重要的政治组织，它对近代国家的政治生活有着极为重要的影响。实际上，近代政治就是政党政治。国家权力主要由政党掌握，并且通过政党运行。

由于政党在国家公共政治生活中起着如此关键性的决定作用，规范政党组织本身及其成员的行为和活动，就变得极其重要。从国家的角度看，宪法及相应的专门法律，通常要对政党参与国家政权的方式、途径、范围等作出原则性规定，从而形成了不同的政党制度，如多党制、两党制、一党制、一党主导或一党独大制、多党合作制等。从政党自身的角度看，每个政党都必须有一整套政治纲领和规章制度，明确宣示政党的性质、使命、目标、任务和政策倡议，详细规定党员的资格、条件、义务、责任、权利，以及党的组织形式、选举制度、领导机制、决策程序和纪律约束等。广义上说，政党制度既包括政党的外部制度，也包括政党的内部制度，它们一起构成国家政治制度的重要组成部分。

如果说主权国家是国际政治舞台的主角，那么政党便是国内政治舞台的主角。除了少数小国之外，世界上绝大多数国家的政权实际上都掌握在执政党手中。一个个政党的产生、发展、壮大、掌权、下台、消亡，以及各个政党之间的竞争、合作、争斗、兼并、分化、组合，构成了现实政治生活一幅五彩斑斓的图景。要真正了解当代世界，就要了解世界各国的政治图景，那就不能不了解主演这些政治图景的各个政党。世界的丰富多彩，不仅体现在文化传统、生活方式和乡土风情上，也体现在社会结构、发展模式和政治体制上。进而言之，要真正了解一个国家，就要了解这个国家的政治体制；而要了解一个国家的政治体制，就不能不了解这个国家的政党制度。

中国共产党是按照马列主义原则建立起来的一个革命政党，在夺取国家政权后，特别是在改革开放后，它逐渐从一个革命党转变为执政党。党的根本宗旨没有改变，但党的群众基础、指导思想、组织结构、领导机制和执政方式等，都发生了重大的变化。坚持人民主体地位，发展人民民主已经成为中共执政的基本政治目标；民主、自由、平等、公正、法治、和谐，已经成为中共追求的核心政治价值；民主执政、依法执政和科学执政，已经成为中共的基本执政方式；建设中国特色的社会主义法治国家，推进国家治理现代化，已经成为中共全面深化改革的总目标。所有这些都表明，中国共产党自身正处于现代化的转型之中，实现治理的现代化，不仅是党执政治国的目标，也是党自身建设的目标。政党治理的现代化，是世界各国主要政党共同面临的时代课题。一些政党在推进治理现代化方面，取得了成功的经验，得以继续在本国的政坛叱咤风云；而另一些政党则付出了惨重的代价，直至失去了政权。学习和借鉴国外政党的成功经验，汲取它们的失败教训，对于中国共产党实现治理现代化，有着重要的现实意义。

1998 年，我曾经主编过当时国内唯一的《当代各国政治体制》丛书，总共有 16 册之多，内容包括了世界各主要国家。那套丛书比较客观地介绍了各国主要政治体制，为读者全面了解当代世界的各种政治制度提供了翔实的资料，从而广受好评。此后，我一直想编纂一套介绍世界各主要政党制度的丛书，可惜终未如愿。巧的是，前几年中央为了加强党内法规建设，需要了解和借鉴国外政党的经验做法，有关部门便委托我局编译国外主要政党的规章制度。我认为，这些党内规章制度，虽不能在整体上等同于政党制度，但却在很大程度上体现了党的组织制度、领导制度、决策制度和纪检制度，因而，编译这些国外政党的法规制度，不仅对于我们加强党内法规建设有其借鉴意义，而且将这些材料正式汇编出版，也可以在一定程度上起到帮助读者了解世界各国政党制度，从而更全面地了解世界各国政治制度的作用。

《世界主要政党规章制度文献》丛书，总共有 20 卷，收录了当今世界绝大多数重要政党的代表性规章制度。在收集、编选和翻译这套丛书的过程中，我们得到了社会各界的大力支持。例如，一些从事世界政党研究的专家学者提出了很好的编纂建议，一些驻外使领馆人员为我们提供了所在国主要政党的最新材料，一些译者放弃休息时间，努力按照要求完成翻译任务；国家出版基金给予了专项出版资助。在此，我代表编者向所有为本丛书出版作出过贡献的朋友们表示衷心的感谢。参与本丛书的许多译者，是年轻的博士后和博士生，他们积极性高，责任心强，但尚缺乏足够的翻译经验，错讹之处还望读者谅解并不吝批评。

俞可平

2015 年 1 月 13 日于方圆阁

目 录

导 言 ·· 1

第一部分 宪法、全国性涉党法律 ······································· 1
　新加坡宪法 ·· 3
　总统选举法（摘译） ·· 98
　议会选举法 ··· 133
　政治捐赠法 ··· 234
　新加坡社团法 ·· 261

第二部分 主要政党内部规章制度 ···································· 279
　人民行动党章程 ··· 281
　工人党章程 ··· 292

后 记 ·· 297

导 言

一、威权主义的政治制度

(一) 新加坡政治概况

马来半岛像一条色彩斑斓的虎尾,伸入东南亚的海中,新加坡位于它的最南端。这个海岛国家,一个面积620平方公里、人口约300万的小国,1824年沦为英国殖民地,1941年被日军占领,1963年并入马来西亚,1965年成立新加坡共和国,在不到三十年的时间内从贫穷落后走向繁荣发达,跻身于新兴工业化国家行列,为亚洲"四小龙"之冠,被称为"亚洲奇迹"。其成功经验产生的"新加坡效应",影响了东盟、印度、巴基斯坦、越南及亚洲其他发展中国家,包括中国大陆。然而,经济腾飞不是也不可能是一件孤立的事,国家政治体制状况如何,与此有极大关系。政治上,它首要考虑的是从制度上保证国家的统一、团结与稳定;在政体上,它吸取了西方民主制度的形式,又加进东方的家长制;将英国国会的两院制改为新加坡的一院制,使执政党绝对专权;在文化教育上,实行英语与母语双语制,学习西方科技的同时,注重灌输东方的价值观念,既提倡个人奋斗,鼓励竞争,又强调东方的集体主义精神,奉行国家高于民族、集体高于个人的准则;对民族关系,采用调和、平衡、融汇和兼取的办法,努力营造"一家人"的气氛。

新加坡的政治特色和备受世界瞩目之一就是政治清廉,在制度上反腐倡廉做得非常好。新加坡政府十分重视法治,制定了一套堪称世界上最完备的法律法规。现行的法律、法规多达 400 余种，大到政治体制、小到穿衣打扮，都有相应的法律法规。在新加坡，不论是平民百姓还是达官显贵，也不论是新加坡人还是外国人，只要触犯法律，都将严惩不贷，一视同仁。相关研究报告显示，新加坡十几年来一直位列亚洲地区廉洁政府排行榜第一位，在世界众多国家和地区中排名靠前。2010 年"透明国际"发布的世界清廉指数排名中，新加坡、丹麦和新西兰三国并列第一。新加坡还被评为亚洲经商环境中官僚作风最少的地方。新加坡的惩腐法律数量不多，但法网严密，违法必究，反腐败立法主要有《防止贪污法令》、《没收贪污所得利益法》、《公务员惩戒条例》、《不明财物充公法令》等。法律设定了严格的廉政纪律，新加坡《刑法典》有专门一章规定"公务人员或与公务人员有关的犯罪"，对公务人员收受与其职务有关的非法报酬、非法经商和非法购买财产等犯罪行为和应判处的刑罚作出详尽规定。1960 年修改的《防止贪污法令》，融实体法、程序法和组织法于一体，加强贪污调查局（CPIB）的权力。在《防止贪污法》中，不仅详细规定公务员不准利用职务之便收受报酬，且对官员如何处理无法推辞的礼品也作了详细规定。该法规定的处罚极为严厉，对犯有贪污罪的人，除没收其全部非法所得外，还要处以罚金或判处 5 年以上 7 年以下的监禁，或两项并处。该法案进行多次修正，对惩治腐败起到关键性的作用。1989 年制定的《没收非法所得利益法》，详尽规定没收官员贪污贿赂所得非法利益的情形。此外，还制定《公务员指导手册》、《公务员行为准则》、《公务员纪律条例》等，对公务员廉洁勤政的要求作了特别规定。这些规定条款明确，内容具体，且具有很强的可操作性。《公务员指导手册》中不仅包括相关法规和行政管理规范，还有明确具体的纪律规定，主要内容包括：公务员不能向有公务关系的人士借钱；所借无抵押贷款不能超过自己三个月薪金（以免负债过多而萌生贪污意图）；不能利用公务获得的信息获取个人利益；因公务接受的礼品，必须如实报告；收到价值超过 50 新加坡元的礼品就必须上交；任职期间每年申报个人及配偶的资产和投资情况；未获书面批准前不得经商或从事副业等。同时建立了公职人员高薪制度、中央公积金制度、财产报告制度、重点领域防治制度等"无处不在"的防御制度和机制。①

(二) 威权体制

关于新加坡政治体制和制度到底属于什么类型，众说纷纭，有诸多表述，如"亚洲价值观"、新加坡民主政治、新加坡模式、选举权威主义、国家合作主义、威权政治、软威权主义、精英民主等等。有学者质疑，在新加坡的政党制度类型上，有人同意亨廷顿的观点，认为新加坡实行一党制，因此是权威主义国家。从新加坡的政党制度是一党独大制入手进行研究，认为新加坡是有限民主国家，又由于新加坡在治国实践上奉行精英主义，因此认为它是精英民主国家。② 无论采取何种表述，都不得不承认新加坡政治的特殊性，从历史传承角度来理解，李路曲指出，新加坡模式＝英国的制度＋东方的传统＋中国共产党的作风。源于英国的制度，新加坡政治制度大体继承了议会民主，从而表现出一定程度的让民做主；继承东方的传统，新加坡政府积极发展托管民主，从而表现出绩效显著的为民做主；学习中国共产党的作风，新加坡行动党注意贯彻群众路线，弘扬群众民主，从而表现出着力坚持的认民做主。③ 因此，新加坡的这种充分借鉴西方现代民主政治的监督、制约、法治优点，又体现儒家"贤人仁政"精英治国思想、"多党并存、一党独大"的"软威权主义"政治，具有合法性强、参政化、制度化水平高、执政效率高和人民满意度高等特征。④

现代政治是政党政治，体现在现实中，可以说任何国家都是政党政府，从一定意义上来看，政党政府在新加坡更鲜明地体现为人民行动党政府。所以说，新加坡政治发展呈现出的现代性特征是："无论是把新加坡

---

① 参见史小红：《新加坡反腐倡廉制度考察》，载《公民与法》2012年第4期。
② 常征：《新加坡：权威主义，还是精英民主？》，载《东南亚研究》2005年第4期。
③ 吕元礼：《论新加坡模式与新加坡式民主》，载《城市观察》2011年第1期。
④ 王文智：《新加坡"软威权主义"政治分析》，载《云南社会科学》2008年第1期。

放在东亚模式中,放在后现代化国家的发展模式中,还是放在威权主义模式中进行分析,新加坡都有自己的特色。从政治发展过程来看,自1959年自治后它一直保持着一种威权主义的体制并允许体制外民主有一定程度的发展,同时构建了一种高效而现代的政治体制,包括市场经济体制,其特色非常明显。"[1]

这种一党执政的党国政治体制的基本特征是弱化党争,强化行政,政治生活行政化。行动党由一群少数核心领导干部所控制,而他们同时又是政府内具有影响力的内阁部长级官员,各级党组织具有直接处理行政事务的职能,直接介入经济、文化和社会的管理。党的领袖李光耀认为人民行动党就是政府,政府就是新加坡。李光耀把人民行动党的政治主张通过法制化的轨道转化成为国家意志和政府政策,这一开始就具有了西方政党政治的明显特征。因为李光耀等党的领袖认为,政府比执政党在现代社会中更具有合法性、广泛性和权威性。现代政府只要是依法产生的合法政府,就从形式上演变成为多种政治力量的集合体,而不仅仅是一种政治势力的代言人。尽管从国家到政府的每一个重要的部门都是人民行动党人执政,内容上贯彻的是人民行动党的政治主张,但形式上却又都是国家法律和政府行为。这就强化了人民的心理接纳能力。人民行动党可以专心研究国家的大政方针和自身建设,而不纠缠于琐碎的事务之中。新加坡在经济上奉行国家资本主义,政府制定政策,人民行动党只起协助作用,政府不再对党负责,而是党对政府负责。整个社会强烈的现代化意识也弱化了纯政治性的政党作用,削弱了政党直接管理国家和社会事务的职能。另外,这一模式还有力控制了其他在野党的政治要求。人民行动党通过国家的法律和政府政策等约束机制,对社会中的各种政治力量、社会力量和利益集团进行严密的监控,缓解体制外的阻力和压力,把包括政治、经济、民族、宗教以及各种形式的社会集团都融合在国家体制所能容纳的范围之内,从而形成广泛的社会政治联盟,

---

[1] 李路曲:《略论新加坡的政治发展模式》,载《城市观察》2011年第1期。

化被动为主动，化消极为积极，化阻力为动力，实现了所谓"团结一致共建新加坡人的新加坡"的目标。①

二、一党独大的政党制度

（一）新加坡的政党概况

新加坡共有 24 个登记政党，除执政党人民行动党外，注册的反对党有 23 个，主要包括工人党、新加坡民主党、新加坡人民联盟、统一民主党、人民党、泛马来亚伊斯兰教党、马来民族机构、统一人民党、社会主义阵线、统一阵线、国家团结党等等。目前最大的反对党是工人党、民主党和新加坡民主联盟。2011 年 5 月 7 日，新加坡举行了五年一次的全国大选。在这次大选中，反对党首次赢得了 6 个国会议席，这是新加坡几十年来重大的政治变化之一。简单介绍下几个政党：

1. 人民行动党（The Peoples Action Party）：执政党。1954 年 11 月由内阁资政李光耀等人发起成立，该党最初的名称是"民主社会主义人民行动党"，奉行既非资本主义、又非共产主义的民主社会主义思想路线。人民行动党纲领是维护种族和谐，树立国民归属感；建立健全的民主制度，确保国会拥有多元种族代表，努力建立一个多元种族、多元文化和多元宗教的社会。人民行动党自 1959 年至今一直保持执政党地位。李光耀长期任该党秘书长，1991 年，吴作栋总理接任秘书长至今。人民行动党党员分为四等：预备党员、普通党员、预备干部党员、正式干部，其最高领导机构为中央执行委员会，由数名委员组成，《行动报》是党的机关报。

2. 工人党（The Workers Party）：1957 年 11 月创立。主张和平、非暴力的议会斗争。1971 年重新建立领导机构，提出废除雇佣制，修改国内治安法，恢复言论和结社自由。近年来在群众中影响有所扩大。在 1991 年、1997 年和 2001 年大选中各获 1 席。秘书长是惹耶勒南（Jeyarepnan）。

---

① 李宜春：《日本、印度、新加坡、墨西哥等国国家党政体制述论》，载《山东行政学院山东省经济管理干部学院学报》2007 年第 2 期。

3. 新加坡民主党（Singapore Democratic Party）：1980年7月成立。主张反对党联合起来，打破人民行动党的一党统治，积极争取工人支持。在中、上层知识界有一定影响。在1991年大选中获3个席位，在1997年大选中未获席位。秘书长徐顺全（Chee Soon Juan）。2001年大选中，民主党和新加坡人民党、国民团结党和工人党结成新加坡民主联盟，人民党秘书长詹时中和工人党助理秘书长徐程强各获1个席位。

这里有必要说明，工人党、民主党等反对党在新加坡社会生态中发挥着良好的客观作用。

如果说反对党的存在及活动在某种意义上昭示新加坡形式上的民主的话，那么，在客观上，反对党的活动对人民行动党的执政也产生了影响，尽管这些影响是微小的且没有制度化保证。第一，扮演执政党监督者的角色。反对党对人民行动党的监督就成为对人民行动党及其政府的一种制约。第二，反对党以弱势群体代言人的面目出现，督促人民行动党照顾社会底层民众的利益。反对党每次大选都把贫富悬殊、弱势群体需要政府体贴作为赢取选民支持的砝码。而反对党为了在大选中赢得更多选民的支持，也祭出民众的大旗。工人党针对新加坡家庭收入差距扩大的现象，要求政府立即采取措施，以纠正"社会发展不平衡"问题。第三，反对党议员为了显示自己的"执政能力"和"统治绩效"，会在本辖区内为民众办实事。对于反对党议员，人民行动党尽力削弱其参政职能，如拖延给反对党议员提供办公室，惹耶勒南和詹时中分别在获选后8个月和11个月后才拥有自己的办公室；不让反对党议员了解相关信息，使他们难以对政府实行有效的监督或因为失去了政策的基础而难以提出切实可行的政策；政府控制的主流媒体经常报道对反对党不利的事件，而对他们的正常活动却不予报道。政府对反对党采取了较为严格的控制措施，例如除大选的9天之外，不允许反对党举行公开的集会和发表反政府言论，议会中仅有的几名反对党议员虽然可以在议会中自由发表言论，但传媒对他们的正面活动的报道受到控制，因此其作用十分有限，这就使得反对党在很大程度上成为一个陪衬。①

（二）一党独大的政党制度

新加坡的政党制度被界定为"一党独大制"、一党为主或"一党居优制"。李路曲指出，一党体制和一党为主的体制还是有区别的，尽管在统治方式上两者之间有交叉，即有时一党体制提供的社会自由度并不小于一党为主的体制，但总的来说，一党体制要专制于一党为主的体制。从体制形式上来看，前者只有一个政党存在，后者还有一些小党并存。整体而言，"一党居优执政、多党并存"的结构特征，是新加坡政党制度内在逻辑的外部表现。以软权威主义、有限竞争和精英民主这样的内在逻辑，探究新加坡政党制度的发展脉络与趋势，可以发现并预见：新加坡政党制度的软权威主义更加软化，有限竞争趋于扩大，精英民主备受挑战。②

新加坡政党的一党独大制与李光耀的治国思想有着密切的关系，从某种意义上说，没有李光耀，就没有今天的新加坡人民行动党。李光耀以及与他同时代的领导人尤其强烈反对西方的反对党政治，认为新加坡人民行动党的一党执政是由新加坡的国情所决定的，一些青年盲目崇拜欧美国家多党政治的倾向是完全错误的。李光耀等人指出，新加坡实行人民行动党一党执政的模式是有充分理由的：首先，新加坡没有适合两党制或多党制生存的文化基础；其次，一党执政有利于最大限度地网罗和收集人才，防止人才的浪费；再次，反对党政治不利于国家和社会的稳定。所以，有学者概括道，"一党独大"的治国思想是新加坡获得成功的根本保证。人民行动党代表人民的利益，为人民而积极行动，积极斗争。人民行动党的口号是："真诚团结一致行动"。李光耀强调，党是国家的核心。有了这个核心，就能团结全国人民，就能战胜殖民主义、种族主义和其他各种威胁，建设一个崭新的、独立自主的、繁荣富强的新加坡。

---

① 孙景峰：《新加坡人民行动党与反对党》，载《学术界》2006年第5期。
② 王彩玲：《新加坡政党制度的内在逻辑及其演进趋势》，载《厦门大学学报（哲学社会科学版）》2008年第4期。

李光耀为维持"一党独大"体制，采取了一系列措施。第一，精英治国。李光耀认为，新加坡的精英人物在最上层约有两百人，在基层约有两千人，如果你一举消灭这些人，就可以摧毁整个新加坡。如果新加坡被平庸与投机主义者所控制，那么，新加坡几十年建立起来的社会组织、工业、银行体系、观光业，在几年之内就会被解体。鉴于精英人物与新加坡的生存发展的密切关系，李光耀重视人才的选拔。他说："如果我们没有挑选最能干和最肯献身的人才，如果我们只让我们自己喜欢的人或随波逐流的人填满国会，我们一定失败。"他明确指出："对于恭维的话，我是无动于衷的。我们的职责是网罗最优秀的人才"，"担负起领导和治理新加坡的责任"。"我们所要物色的人才，首先是品德好，其次是头脑好。""要特别注意发掘那些能够动员人民、发动民意的人才"。李光耀还重视党的建设工作。他主张从严吸收党员，把新加坡最优秀的分子接纳入党。因此，新加坡的党政领导机构都被操纵在受过高等教育、有政治斗争经验、与李光耀有共同政治理想和抱负的精英手里。他们形成一个对政治热忱、内行、善于组织群众、在人民中有威望的领导班子，从而保证了国家机器的高效率运转。第二，在政治稳定的基础上，摒弃反对党政治。李光耀强调，繁荣进步的先决条件是保证国家的政治稳定。他认为反对党政治不适合新加坡的国情。一是新加坡是一个多元种族、多元化和多元宗教的国家，反对党政治会使这些问题尖锐化、复杂化，导致民族的分裂和社会政治动乱。二是新加坡是个小国，缺少自然资源，人才资源也是很有限的，反对党政治会使本来就不足的人才得不到充分利用，新加坡是经不起这样浪费的。三是新加坡人口少，反对党政治不利于实现"真诚团结一致行动"。四是严格实行法治，保证社会安定。新加坡执法严格闻名全球。在这方面，李光耀态度坚决，铁面无情。他强调在法律面前，人人平等。不管你是官员还是百姓，一旦犯法，就要受到制裁，不得有任何例外。他认为，党和政府的廉洁、效率与公正是维护社会安定的根本。腐败无能的政府是社会政治动乱的根源。五是发展经济，兼顾精神文明建设。李光耀认为，国强才能民安，搞好经济是维护政党执政和杜绝他人"造反"、"闹事"的最好办法。所以,他执政后着力搞经济建设。在经济取得一定成果后,又强调精神文明建设。开展各种运动,如植树绿化运动、清洁卫生运动、灭蚊运动、礼貌运动等。李光耀教育人民要扫除脏乱差的恶习,遵守社会公德,建立良好的社会风尚,使新加坡成为世界有名的清洁城市和文明之都。①

因此,人民行动党的执政史基本上与现代新加坡的发展历史相重叠,新加坡的发展与人民行动党的执政密不可分,一部新加坡的经济腾飞史就是一部人民行动党执政史。如李光耀所言,"没有行动党就没有现代的新加坡"。早在2002年,我国学术界就有人呼吁"加强对新加坡人民行动党的研究"。②近年来学术界对新加坡人民行动党的研究,从最初的研究其执政经验,逐渐深入至意识形态、组织机构、执政理念、执政前景等,呈逐年深化之势。③孙景峰的《新加坡人民行动党执政形态研究》从执政形态的研究入手,提供了新加坡人民行动党如何在一党长期执政的情况下始终保持活力和诚实的成功经验。就长期执政何以保持活力而言,新加坡人民行动党有如下成功经验:其一,以实用主义为保持活力的思想源泉;其二,以自我更新为保持活力的组织基础。就长期执政何以保持诚实而言,新加坡人民行动党的成功经验是,其一,以"好人"为保持诚实的载体;其二,以高薪为保持诚实的依托;其三,以"自净"为保持诚实的保障。④

---

① 冯俊:《试论李光耀的治国思想与新加坡的发展》,载《云南师范大学学报(哲社版)》1997年第1期。

② 孙景峰认为,人民行动党在新加坡的现代化进程中起着重要作用,要更好地借鉴新加坡的建设经验,就需要加强对人民行动党的研究,研究的主要内容包括:新加坡人民行动党的历史;李光耀的党建思想;对人民行动党进行社会生态分析;加强人民行动党与新加坡现代化关系的研究;人民行动党的执政规律研究等。参见孙景峰:《加强对新加坡人民行动党的研究》,载《河南师范大学学报(哲社版)》2002年第3期。

③ 参见王荣阁:《中国学者对"新加坡之谜"的新解读——近年来我国学术界对新加坡人民行动党研究述评》,载《郑州大学学报(哲社版)》2006年第6期。

④ 吕元礼:《长期执政的政党如何保持活力和诚实——读孙景峰新著〈新加坡人民行动党执政形态研究〉》,载《河南师范大学学报(哲学社会科学版)》2005年第5期。

辩证地看，在相对宽松的环境下，人们也很难相信反对党会有大的作为。其中一个关键因素就是反对党人才缺乏，很难想象反对党会像人民行动党那样网罗新加坡的优秀人才为其效力。因为在新加坡人看来，"一个真正具有政治雄心的人，他所该做的事情，应是加入一个较卓越的党派，而不应该把时间浪费在那些无意义的反对党中"。同时，在当今新加坡的政治环境下，舍弃执政党而投奔反对党，对从政者个人来讲自然是失多得少。反对党便试图借重"外脑"来一展抱负。1999年5月，新加坡两个最大的反对党工人党和民主党的秘书长惹耶勒南和徐顺全联合发起了论政团体"新加坡开放中心"，宣称其目标是使新加坡有个"更透明及公开向人民交代一切"的政治制度。2001年大选前夕，"新加坡开放中心"曾表示要设立一个由本地和外国观察员所组成的机制来监督新加坡大选，邀请新加坡以外的一些组织，如亚洲自由选举网络、自由与民主理事会、亚洲改革与民主联盟、国际选举制度联盟、卡特中心以及国际民主与选举援助学院等，来组成这个监督机制。可以想象，在新加坡现行体制下，这种"国际监督机制"的建立无异于天方夜谭。

（三）新加坡政党制度的整体评价

无论新加坡的政党制度获得多少"威权主义"、"家长制"甚至是"一党独裁"的讥评，但从新加坡政治制度发展的轨迹可以看出，人民行动党的一党独大地位，既是新加坡特殊国情的产物，也是与行动党自身发展及运用政府力量有意培植和规制分不开的。同时，反对党的合法存在与竞争，在一定程度上也增强了人民行动党的危机意识。新加坡一党为主的政党体制与过去的多党体制相比，并不是退步而是进步。人民行动党在发展过程中，把其他政治组织吸纳进了它所规定的具有相当现代性的政治发展进程中，通过同化它们，使其成为现代化路线的追随者。一党独大的维系和有效运转，是新加坡实现经济发展和政治稳定的有力体制保障。[①]进一

[①] 苗成斌：《权威政党体制探源——以新加坡为例》，载《马克思主义与现实》2008年第3期。

步而言，新加坡有选举政治、议会政治；有现代法治，独立而公正的司法机制和素质精良的执法队伍从制度和人才方面保证了公正司法和严格执法。从机制方面看，新加坡法院的独立审判权和检察院的独立检察权绝对受宪法和法律的保障，行政机关和政党组织干预司法活动几乎是不可能的。此外，它还有成熟的社区基层民意的吸纳和反馈机制，重视选民的意见；重视管理精英和人才的培养，重视领导和政府团队的廉政建设及形象道德建设；新加坡的执政党和政府在形式上是分离的，政府总是在前台，党只是在背后发生影响。

关于对新加坡政党体制的整体评价，李路曲指出，人民行动党的制度化水平是很高的，这表现在其适应性、自主性和凝聚力方面。其适应性一是表现在它在现代化进程中同化了不同的利益集团；二是其一党为主的政党体制有一定的民主性。其自主性一是表现在执政党在社会经济多元化的情况下没有受到体制外各种利益集团的牵制；二是党内无派。凝聚力主要是指在现代化进程中通过对传统文化的现代性改造使其意识形态能够与时俱进地凝聚人心。新加坡之所以还没有发生政党体制或政治体制的转型，与它的体制的制度化水平较高有很大关系，其体制对环境的变化有更大的适应性。[①] 李文认为，在以往的 40 多年里，人民行动党实施"半竞争性的政党制度"，强化政府的行政功能，严格掌控新闻媒体，视人民群众为执政的基础和合法性根源，有效地加强和巩固了自身的执政党地位。[②] 吕元礼综合归纳了人民行动党的执政模式：（1）一党独大、多党竞争的政党关系模式；（2）代表全国利益、反映各方意见的政党立场模式；（3）以权制权、以法治权的权力制衡模式；（4）主动"猎人"、科学选人的人才选用模式；（5）老一代主动退位让贤、新一代"自行决定"领袖的权力交接模式。[③] 吕元礼同时还讨论了人民行动党的执政权威问题。它主要是通过树

[①] 李路曲：《关于新加坡政党体制的几个问题》，载《河南师范大学学报》2004 年第 1 期。
[②] 李文：《新加坡人民行动党的执政模式及其借鉴意义》，载《当代亚太》2005 年第 5 期。
[③] 吕元礼：《新加坡人民行动党执政模式分析》，载《东南亚研究》2005 年第 1 期。

立法理权威、维护道德权威和捍卫职位权威的方式实现执政权威。①

新加坡从1959年至今实行的是一党为主的政党体制和威权主义政治体制，具体表现是人民行动党一党独大并长期执政，其他政党长期在野。不过，反对党在大选中有激烈的竞选，并可以通过其议员在国会中发表不同政见，媒体可以公开报道反对派意见，从而对执政党构成相当的压力，尤其是这种竞争性民主还在缓慢而有序地发展，这在后发展中国家中所经历的威权主义时期是十分鲜见的，或者说，它在一党体制中把民主发展到了一个较高的程度。在过去的40多年中，人民行动党一直是唯一的执政党，在议会中也鲜少有能够形成监督力量的反对党。外界普遍认为，人民行动党对反对党以及异议分子的打击是毫不留情的，包括在选举前重新划分选区、运用行政资源以及诉诸法律行动等。但同时不容否认的是，人民行动党确实在新加坡民众中拥有很高威望，在建国后的历次选举中该党的总得票率从未低于65%。

三、新加坡政党内部规章制度分析

（一）政党内部规章制度的类型

新加坡与政党有关的法律体现在宪法、全国性涉党法律，主要有：《新加坡共和国宪法》、《总统选举法》、《议会选举法》、《政治捐赠法》、《新加坡社团法》；同时还有专门的政党内部规章制度，各个党派都有自己的章程、宣言等，如《人民行动党章程》、《工人党章程》等。其中，从《人民行动党章程》可以看出人民行动党的一些特点：党员有普通党员和干部党员之分，各自的资格、权利和义务规定得非常仔细。党的机构健全、会议形式多样，既党的秘书处、全党大会又有党的特别会议、党的中央常务委员会会议，能够保证会议真正解决党的事务、以及国家和社会等其他事务。进而，"中央常务委员会应该从全体党员中选举产生，从政府

---

① 吕元礼：《论执政党的执政权威——以新加坡人民行动党为例》，载《社会科学家》2005年第5期。

人员中选举产生主席、副主席、秘书长、副秘书长、财务主管、副财务主管和其他不可或缺的职位"。章程对主席、副主席、秘书长、财务主管、中央常务委员会的职权范围和限度进行了详细规定。

(二) 特点

无论是宪法、全国性涉党法律，还是《人民行动党章程》，都可以看出前文对新加坡政党制度分析中谈到的一党独大制的特点。按照宪法设计，新加坡实行的是议会多党政治，立法、司法、行政相互独立和制衡。在处理与反对党的关系方面，人民行动党一方面对其严格限制，采取一切合法的手段把其摒弃在国家权力之外，另一方面又保证其一定程度的发言权，以对执政党进行一定程度的监督，反映不同的利益和政见。从大选来看，人民行动党掌握了制定选举程序的选举委员会，通过对选举程序的规划与设计，使选举有利于执政党长期保持选票多数的优势地位，还通过对执法机构的控制来制裁反对党，通过对传媒的柔性控制来制造支持执政党的舆论，使反对党处于不利地位，从而无法壮大到与执政党进行抗衡。在这种政党体制下，允许对权威政党不构成威胁的反对党存在，可以显示政体的民主性，有利于增强政体的合法性基础，起到了保证政治稳定的减压阀作用。①

执政党与反对党的关系可以围绕选举的运作来分析。在新加坡取得政府权力的唯一途径就是选举，在此基础上才谈得上动员群众，灌输自己的政策和纲领。同时从各政党的组织方式和日常运作来看，执政党尽管掌握着政府的权力，但并非以党代政，政府各部门中没有执政党的组织，它是通过个人对政府或基层组织的参与来贯彻党的政策的，因此，执政党平时的活动也是围绕着选举进行的。反对党平时的活动很少，因为它们没有宣传工具，没有政府职位和专职的党务工作者，又不能举行公开的集会宣传自己的主张，只有一两个议员在议会开会时发言阐述自己的不同政见或对

---

① 苗成斌:《权威政党体制探源——以新加坡为例》，载《马克思主义与现实》2008 年第 3 期。

执政党的政策提出不同意见,因而其活动也主要是围绕着选举进行的。执政党通过控制和利用选举委员会、高等法院、传媒和国家财政拨款来控制和影响选民的投票意向,是值得重视的:①

第一,政党实际控制了制定选举方式和选举程序的选举委员会,通过改变选区和选举程序而使选举始终有利于执政党获取选票。新加坡的选举委员会与很多国家不同,它不是中立的,而是由总统根据执政党的意愿任命的。在选区划分方面,选举委员会总是根据有利于执政党的原则来划分选区。如果某一选区反对党的支持率过高,反对党可能会在下一次选举中获胜,那么选举委员会就会把这个选区分割为几个选区,或把其中一部分与其他选区合并,通过这种选区的调整与重组来分散反对党的支持资源。并且,新加坡的选举制度是把选区分为单选区和集选区,单选区中各政党提名单一候选人参选,集选区的幅员与人口相当于几个单选区,因而由各党分别推出 5—6 名候选人作为一个整体参加竞选,只要其中一党的候选人获得简单多数,则这个党的候选人就全部取得国会议席。这个办法对执政党是有利的,因为选区范围越大,执政党获胜的概率就越高,更具体地说,如果某一个反对党的候选人在单选区可能获得简单多数的话,那么选举委员会就会把这个单选区并入到一个集选区内,在集选区中,因为长期执政的党总是能召募更多的人才,而反对党找不出更多出色的候选人,这就会使反对党的得票从多数变成少数。新加坡的选举还有一项规定,各党只能在大选前 10 天内进行竞选活动,这实际上使反对党没有多少时间争取选民。

第二,执政党通过对法院的控制来制裁反对党,通过对传媒的控制来保持舆论对执政党的偏向,从而给反对党的发展制造障碍,贬低它的形象,使其无法壮大起来。例如,在 20 世纪 90 年代中期,一位反对党的重要领袖因被控诽谤"泰米尔语文周"筹委会的 8 名委员,而被高等法院判决赔偿巨额名誉损失,迫使他不得不宣布破产,随即失去非选区议员资

---

① 李路曲:《新加坡人民行动党政府的社会控制方式》,载《东南亚研究》2006 年第 4 期。

格，并不能再参加大选。另一名反对党议员在1997年大选后也被法院宣判诽谤总理，赔偿形象损害费260万新元，以致该人不得不逃到国外。一位反对党人曾说，每次大选都有一位反对党人士在政治上消失。这是新加坡选举文化中的典型案例。一位外国评论家说，在新加坡，通过法律程序使一些批评者破产，从而使他们退出政坛，使用诽谤罪来起诉并搞倒政敌，是新加坡高层惯用的方式。执政党在法制的范围内，使用精致的政治策略和技术来迫使反对党处于竞争劣势，可以说做得驾轻就熟。这个问题应从两方面来看，一方面，执政党的领袖以至总理，运用法律程序与反对党领袖进行论争，这本身就是在一定的程度上尊重法律的表现，而且法庭辩论的过程和结果都是公开的，这也是现代政治的要求；另一方面，由于执政党对法院的实际控制，以及执政党和政府的内部运作缺乏透明度，反对党难以掌握有力的证据，因而这一法律过程也有着相当的不公平性。不过，在2006年的大选中，执政党运用法律对付反对党的力度已经减弱了，过去那种让反对党领导人倾家荡产的情况已经不存在了，尽管潜在的危险不能说不存在。

第三，通过执政党对城市建设和生活保障基金的控制权，来影响选民的投票方向。执政党在历次选举中都表示，如果反对党在某一选区中获胜，那么政府很难为该选区拨款。同时宣称，如果执政党的候选人当选，则政府就可以拨款改造基础设施。这就意味着，如果不能在全国范围内击败人民行动党，那么在某一选区击败它的候选人，该选区就要在获得财政拨款、改善环境方面吃亏。这显然会在很大程度上影响选民的投票方向。对这个问题也要从两方面来看，一方面包括执政党在内的各政党已经在形式上基本遵守政治竞争的规则，另一方面，由于人民行动党对国家权力的长期的实际控制，因而它的许诺与西方政党竞选时的许诺有很大的不同，虽然都是在拉选票，但在新加坡只有人民行动党的许诺是有效的，而西方竞争的政党都有上台的可能，因而各政党的许诺都可能有效。这就使执政党对选民的影响要大得多。

以上是执政党限制竞争对手的方面，那么，对人民行动党支持多党竞争做法应该如何来看呢？这可以从两项大的制度安排来分析。一是人民行动党在20世纪70年代它的鼎盛时期，不是没有力量像东南亚其他国家那样取缔反对党，实行一党政治，而是它有意保留了反对党。在人民行动党的领袖看来，一个建设性的能提出不同意见的反对党有利于执政者的决策，这与它一直坚持的在经济方面的开放政策是相一致的。二是非选区议员的制度安排。为了保证反对党有一定的发言权，同时又有利于执政党对它们进行控制，就设计了这一议员的遴选方式。该制度规定在大选中得票最多的反对党候选人如果按照程序不能直接当选，那么他只要获得了其参选选区15%以上并在反对党的候选人中是得票比例最高的，就可以成为非选区议员。按照执政党领导人的说法，非选区议员的制度安排是保证国会中有最起码数量的反对党成分，以反映不同的利益，并保持对执政党的监督。实际上，执政党虽然主动邀请反对党的批评和挑战，但无论是在制度安排上还是在实际操作中对反对党的容忍都是非常有限的。非选区议员的设立引起很多争议。在反对党看来，因为它不符合现代议会选举的规则，没有选区支持，不向选区承担责任，所以这意味着他们的权力基础是薄弱的，缺乏合法性。它们还指责说，由于以这种方式给反对党在议会中留了位置，从而导致选民们认为是否再投反对党的票已无关紧要。但从实践来看，在议会中有反对党的议员无论如何比没有更能表达不同的政见。新加坡政治生活中反对党的有限存在，虽然不会对执政党的权威地位构成真正意义上的挑战，但是，对防止执政党因长期执政而可能出现的政治惰性、对激活执政党的执政活力，加强社会力量对执政党的监督，确实发挥了一定的作用。[1]

再比如，《社团管理法》作为规范执政党和社会团体关系的法律。新加坡社会团体已遍及教育、医疗、文化娱乐、环境保护、基础设施建设、就业与社会保障、法律援助、宗教与种族和谐等一系列社会公共服务领域，成为执政党与民间社会联系的重要纽带。平时，人民行动党通过设立

---

[1] 李路曲：《新加坡人民行动党政府的社会控制方式》，载《东南亚研究》2006年第4期。

在各选区的党的支部,支持、鼓励和配合各种社团的文化和社会服务工作。通过这项非政治性社会活动和工作,扩大党在民众中的影响,提高党的声望,培育民众对党的情感和认同。人民行动党处理与社会团体关系的所有的基本政策,都纳入国家合作主义的框架之内,这实际上是党执政的意识形态和治理方式的重要组成部分。它强调一种合作意识,提倡所有的社会团体围绕人民行动党政府发展出一种向心力和凝聚精神,促使整个社会自觉成为国家目标的追随者。① 比较有代表性的是,通过人民行动党与工会的关系也可以看出人民行动党对社会的控制方式。全国职工总会是新加坡唯一的工会组织,是工人运动的主要组织者。按照法律规定,全国职总是独立的工会组织,并不受人民行动党政府的领导,但实际上在方针、路线和重大问题上它都要遵从政府的旨意,因此它在相当程度上受人民行动党的领导,但工会内部并无执政党的组织或支部。政府对全国职总的控制主要是通过人事参与来实现的。全国职总的实权掌握在秘书长手中,这个职务一般由政府的副总理或其他高官来兼任。全国职总下属有75个分支机构,一般是按照行业划分的,如公共机构雇员联合会、造船及海事工程工友联合会等。工会的宗旨是改善会员的工资待遇和工作条件,为职工谋取合理的利益;并通过改善劳资关系、促进劳资合作来提高生产率和职工地位。全国职总的一个特点是,它既不像西方国家的工会那样是一个独立的压力集团,也不像一党制国家那样成为执政党及其政府的一个外围或分支机构,而是介于两者之间,在重大问题上与政府保持一致,在具体问题上代表工人与雇主和政府讨价还价。

总之,新加坡人民行动党及其领导人基于历史和现实的种种考量,将法治作为重要的执政方略,并将切合实际、规范权力、规制社会、平等适用、独立公正等理念贯穿在法治建设的实践中,取得了举世瞩目的成就。新加坡人民行动党及其领导人对法治的理解与西方自由主义语境中的理解

---

① 苗成斌:《权威政党体制探源——以新加坡为例》,载《马克思主义与现实》2008 年第 3 期。

并不完全相同,它更多地体现的是一种东方价值观,这种价值观排斥西方的个人权利本位,更强调群体利益的重要性,强调社会秩序在国家政治生活中的重要地位。这些理念和做法符合新加坡实际,能够在充分体现人类主流价值的基础上,达到本国绝大多数人满意的法治效果。①

(三) 价值和作用

按照宪法,新加坡实行议会共和制,国家体制由立法、行政、司法组成,总统是国家元首,拥有最高统治权和名义上的行政权;总理是真正的行政首脑,由国会的多数党领袖担任并经总统任命;最高司法权由大法官掌握,是总统根据总理的提议任命的。内阁是国家权力的最高执行机构,但其存在必须以国会多数支持或信任为基础,必须对国会负责。这种权力分配机制决定了新加坡的政党制度是基于选举和国会进行运作的,但由于人民行动党总能赢得大选,并几乎控制着国会的全部席位,反对党在国会的声音极其微弱,无法起到制衡作用,因而人民行动党在事实上控制了新加坡的立法、司法和行政权力,主导了新加坡的政治过程。可见,新加坡的立法、司法和行政名义上是分立的,但实际上是归于人民行动党一身的;新加坡名义上是政党政治,但实际上是一个"行政国家"。②比如,不断增加集选区数量而减少单选区数量,使人民行动党在大选中能"不战而胜"——在提名日即能稳操胜券,大选只不过是用来检验人民行动党有多高的支持率和获得多少席位,只具有数量的意义。所以,人民行动党通过对新加坡立法体系的控制牢牢地支配着新加坡的公共权力。人民行动党通过制订有利于自己的选举制度来控制立法体系;并对立法选举程序运作和立法过程的各个环节也都进行了严格掌控。通过对立法体系的控制;人民行动党取得对公共权力的绝对支配权。③

---

① 王秋准、秦德占:《新加坡人民行动党法治理念的践行与启示》,载《新视野》2012年第4期。
② 王彩玲:《新加坡政党制度的运行机制及其启示》,载《学海》2008年第1期。
③ 孙景峰:《新加坡立法体系与人民行动党》,载《南洋问题研究》2005年第4期。

对反对党论政团体"新加坡开放中心",人民行动党抓住其得到外国资助的把柄,声称该中心难以保持中立。而在 2000 年 6 月,该中心的两位发起人惹耶勒南和徐顺全都因拿不出钱存入公积金保健储蓄户头,而无法继续作为"新加坡开放中心"的合伙人,只好利用徐顺全父亲的名字把"新加坡开放中心"注册为独资商行,而徐父是住在麦波申的一所教会养老院里的一位 77 岁老人。这个"新加坡开放中心"对推进新加坡的民主政治的作用自然可想而知。最令中心头痛的是,"新加坡开放中心"自 2001 年 4 月被人民行动党政府列为政治团体,即受到《政治捐赠法》的约束,不能够接受外国人或外国团体的捐款。断其财路,足可以使这一政治团体寿终正寝。可见,反对党的生存空间依然很狭窄,只能作为民主制的点缀,而不是真正的政治制约力量。

人民行动党在新加坡执政后,对宪法规定的议会内阁制的运行机制进行重大修改,它利用执政的机会逮捕反对党议员或迫使其辞职,截断反对党与基层组织的联系,使反对党因为缺乏群众基础而得不到发展,推行集选区制度等,使新加坡国会的民主表达功能无法发挥出来。通过对宪法规定的议会内阁制的运行机制进行修改,新加坡造就出一个强有力的政府。须指出的是,人民对议会内阁制的运行机制进行修改是符合新加坡的国情的。人民行动党刚执政的时候,新加坡在经济上处于较低的发展阶段。实现经济的快速发展,提高人民生活水平是最重要的任务。运用国家政权的力量加速经济的发展是执政当局必然的选择。要做到这一点,又要求对宪法规定的议会内阁制的运行机制进行修改,使权力集中。倘若维持原有的运行机制,那么,各种基于传统利益格局的势力就会以"民主"等为借口,为了争权夺利而不停地争斗,结果,发展这样关系国家和民族的根本任务却无人顾及。按照现代国家政治建设的要求还意味着,执政党为了适应政府(广义上的政府)制度发展的需要依靠政府来制定和实施政策。从法理上来说,只有政府才能对社会及公民进行管理,其他任何组织包括执政党在内都不能直接对社会及公民行使管理之权。人民行动党从执政初期就弱化政府之外的党组织的决策功能,有关国家和社会发展的重大决策都是由进入政府的党的领导干部以国家的名义且根据宪法和法律规定的程序作出的,实现党的决策与国家决策的统一。但是,问题的关键并不在于决策是由进入政府的党的领导来作出还是由政府的党的领导与政府外党组织的领导联合作出,而是在于决策的执行主要是依靠政府还是党的组织。人民行动党有关新加坡国家和社会的决策是完全借助于政府来执行的,这就使该党把主要精力投入到完善政府制度上来;人民行动党下大力推进政府制度的建设。通过政府制度的完善带动执政党的建设,是现代政治发展的一条普遍规律。①

四、新加坡制度建设的挑战与未来

新加坡人民行动党面临着经济、政治和人才方面的挑战,并且在以后漫长的执政过程中也会时常遇到。新加坡经济的开放性特征使得新加坡经济的增长和衰退都源自对世界经济的依赖,其经济建设成就又直接构成了人民行动党执政的合法性基础;世界民主化浪潮及由此带来的新加坡选民对人民行动党执政方式的民主化要求对于通过大选获取执政地位的人民行动党来说,也是需要认真对待的,如何在威权体制与政治民主化之间寻求最佳的契合点,既能推动威权体制的改革,又能维护威权体制在社会发展中的作用,不因民主的缺失而流失选票,对人民行动党领导人来说是一场执政能力、执政艺术和执政经验的考验;人才,尤其是高科技人才和高级政治人才的缺乏对新加坡的经济发展和人民行动党的有效执政至关重要,使人民行动党长久地面对人才缺乏的挑战。② 简要而言,表现如下:③

---

① 贵州大学法学院卢正涛教授以"新加坡人民行动党执政的两点启示"为题的发言,详见"新加坡人民行动党执政方式学术研讨会"纪要,http://www.ccpri.com/ccpri/View – message.asp? ID_message = 315。

② 孙景峰:《论新加坡人民行动党面临的三大挑战》,载《河南师范大学学报(哲社版)》2006 年第 1 期。

③ 刘渝梅:《政治文化视角下的新加坡政党政治及其转型》,载《南京社会科学》2012 年第 5 期。

其一，参与式政治文化正逐渐消解着政治冷漠。在新加坡，随着经济社会的发展，民众要求政治更加多元化，希望见到更多的政治竞争和更多的反对党议员进入国会。尤其是在全球化背景下成长起来的新加坡年轻一代，比他们的前辈有着更多的参与政治的诉求。在政治文化由政治冷漠向参与式政治文化过渡的过程中，新加坡年轻一代成为了新的政治文化的推动者。在2011年的大选中，年轻选民占据了较大比例，"65后选民"占据了46%的投票份额。他们的成长环境跟上一代人不同，价值观和关注的问题也不一样。对他们而言，经济发展不能代表一切，他们需要在政治参与上有更多的更高层次的追求。大选期间，年轻选民踊跃上网参与政治讨论，利用Youtube、Twitter、Facebook等各种新媒体平台，传播自己的政治主张，年轻参选人也充分利用互联网来为自己作政治宣传。新媒体降低了政治对话的准入门槛，提供着新的信息来源和更多元的讨论空间，为参与式政治文化的生长提供合适的土壤。

其二，伴随着公民社会的成熟，公民文化逐渐得以培育。随着新加坡经济社会的发展尤其是教育水平越来越高，公民社会逐渐成熟。同时随着新加坡社会结构尤其是人口的变动，新加坡的年轻人数量越来越多。新加坡民众尤其是年轻人开始倾向于有更多的社会政治自由，希望社会走向更多元更开放，这是他们将选票投给反对党的重要原因。

他们的诉求在于，执政党虽然在新加坡的执政中做得不错，但是也应该有反对党进入国会，也应该有不同声音在政治决策机构中出现。一种普遍的看法是，人民行动党执政时间太长，以至于有一种权力的傲慢。人民行动党在长期一党执政下所形成的那种不顾忌人民感受的"权力傲慢"和把人民视为"子民"的家长作风，以及"我们来决定什么是对的，别理会民众的看法"的李光耀式执政风格，已经不适合新的公民文化环境与现代民主政治。民众希望人民行动党会作出适当的调整，也更希望有多元的力量可以制衡这种权力傲慢。

2011年5月的新加坡全国大选被视为一个分水岭，同时也反映新加坡社会的跨时代变化。这次的大选，人民行动党受到前所未有的挑战。尽管由于单选区和集选区制度的设计，使人民行动党仍然获得了87个国会议席中的81个，但它们实际上只获得了60.14%得票率。反对党总共拿到6个议席，但获得了接近40%的选票。从这个选举结果来看，虽然人民行动党保住了继续执政的地位，但是这次选举却被普遍认为是反对党的重大胜利。毫无疑问，这也是人民行动党执政以来所遭遇的最大的选举挫折。新加坡的政党体制将在未来面临诸多挑战。实际上在此之前，新加坡政党政治形态已逐渐开始转型。比如2010年4月，新加坡国会通过宪法修正案与国会选举修正案，进一步放宽对反对党的限制，如规定非选区议员人数上限从6人增至9人，如果当选为议员的反对党人少于9名，国会将邀请落选的反对党候选人里得票最高者担任非选区议员，直到把国会里的反对党议员人数补足到9人。又如，缩小集选区规模、增设小规模集选区的设计也有利于增加反对党获胜的几率。另外，对于发布竞选广告的规定等都有所放宽。而2011年5月的这次大选，也显示出人民行动党比以往更能接受政治竞争。人民行动党还废止了对互联网的政治审查，允许政党和参选人在互联网上进行政治宣传。这些举措，客观上拓展了反对党的竞选空间。新加坡总理李显龙也公开强调要让政治竞争更公平。而在选举结果出来之后，李光耀辞去资政，则被视为"一种政治责任的进步"，是对选民透过选票传递出来的讯息的回应。

另外，一项调整就是民选总统的"分权"与总理选举方式的改变。进入20世纪90年代，人民行动党开始在政治权力结构方面进行调整，最主要的就是民选总统制的实行。新加坡的权力过去集中于行政机关，主要集中在内阁总理手中，而作为国家元首的总统无实权。1991年1月修改宪法，增加总统的权力，使总统拥有对财政预算和国家财政开支的否决权，等等。由于权力增加了，总统产生的方式也改变了，由原来的国会选举改为由选民直选产生。这至少表明了还政于民的一种姿态。第一任民选总统王鼎昌和第二任民选总统纳丹都曾经是人民行动党的老党员，他们也尚未切实履行过总统实质性的对政府的监督职能。尽管如此，民选总统的出现毕竟标志着新加坡政治体制改革向前迈出了重要的一步，成为新加坡政治发展史上的一大成果,成为政治权力由人民行动党及其政府独享到与国家元首分享的肇端。但是,虽然规定总统可享有各项具体权力,但到目前为止,总统基本仍然只是虚位元首,没有操控国家方向的权力。甚至当民选总统与内阁发生矛盾时,内阁仍然占上风,妥协退让的是民选总统。至于随着世界民主浪潮不可逆转的推进,将来一旦真正意义上的独立的无党派背景的人士出任总统,而又想切实履行对人民行动党政府的实质性监督,"分权"进入实质阶段,人民行动党能否从容应付,尚不得而知。

2004年初,吴作栋在马林百列欢迎新居民的聚会上,透露新总理从下任开始将由执政的人民行动党国会议员选出,而不再只是由现任领导人及内阁决定。这个程序由他开始后,就会成为人民行动党的一个正式机制。他强调新总理的人选将只由人民行动党议员选出,因为执政的是人民行动党政府。2004年5月29日,新加坡人民行动党中央执行委员会会议上,通过了副总理李显龙出任下届政府总理的决定。① 同时,在制度设计和策略方面,政府决策过程中民主因素的引入。1987年2月,李显龙发起"全国议事日程",由人民行动党邀请公众参与重大问题如政治稳定、种族与宗教问题、人口政策等的讨论。吴作栋先是仿照英国的政治体制提出设立"影子内阁"的设想,后又于2001年底提出了"替代政策献议团"概念,过了几天,吴作栋又发表更具体的构想——"人民行动论坛"。按吴作栋的构想,人民行动论坛主要由20名人民行动党议员组成,如果再加上9名官委议员、2名反对党议员和1名非选区议员,"献议团"的成员达到32名。其中的人民行动党议员和官委议员在国会辩论政策与法案时,免受行动党党督的限制。论坛成员的"尖锐的观点与建议",能影响或左右甚至冲击政策或法案在国会通过。国会今后就会有32名议员可投下反对票。上一届国会才只有两名反对党议员有投反对票的表决权,因此新一届国会开会将别具历史意义,这是新加坡独立36年来的首创,不能不说是新加坡国

---

① 孙景峰:《世界民主浪潮下的新加坡威权体制》,载《吉林大学社会科学学报》2007年第4期。

会政治的进步。宪法是无形的约束，党督是有形的箝制，既像刹车器，又好比冷冻剂。也就是说，"刹车器"控制在政府手中，随时可踩。政府完全能在国会上取得超过2/3的支持票。[①]

以上可以看出，人民行动党在制度建设方面面临着诸多挑战，在变化中的经济、社会、政治和文化情景下，不断更新和调整与政党相关的全国性和自身的法律、法规和政策，从而能够跟得上变化和发展的步伐，通过制度保障一党独大体制下的长期执政、社会和谐、政治文明、经济发展。

[①] 孙景峰：《世界民主浪潮下的新加坡威权体制》，载《吉林大学社会科学学报》2007年第4期。

第一部分
宪法、全国性涉党法律

新加坡宪法

第一编 例言

第 1 条 引用

本宪法得被引用为"新加坡共和国宪法"。

第 2 条 解释

(1) 除本宪法另有规定或上下文另有要求外,本宪法中下列各词的意义如下:

"内阁",指根据本宪法成立的内阁。

"总统府经费",指根据本宪法第 22J 条,为了维持总统供职的费用。

"新加坡公民",指根据本宪法规定具有新加坡国籍者。

"生效日期",就本宪法而言,指 1965 年 8 月 9 日。

"统一基金",指依据本宪法设立的统一基金。

"总统咨议会",指依据本宪法第五编附加条款成立的总统咨议会。

"现行法律",是指在本宪法生效前作为新加坡法律组成部分的任何法律。

"政府",指新加坡政府。

"最高法院法官",包括首席大法官,上诉法院法官和高等法院法官。

"法律",包括成文法、联合王国立法、在新加坡实施的其他任何法令或法律文件,也包括在新加坡实施的普通法,以及在新加坡具有法律效力的任何风俗和习惯。

"法律服务委员会"，指依据本宪法而成立的法律服务委员会。

"立法机关"，指新加坡的立法机关。

"部长"，指根据本宪法任命的部长。

"有收入的职位"，指除本条第（5）款规定情形外公务部门中的任何全日制职位。

"国会"，指新加坡国会。

"总统"，指依据本宪法选举的新加坡总统，以及任何临时行使总统职权的人。

"总统选举委员会"，指依据本宪法第18条而设立的总统选举委员会。

"总理"，指根据本宪法规定任命的总理。

"公职"，指除本条第（5）款规定情形外公务部门中享有报酬的职位。

"公职人员"，指任何从事公职的人员。

"国玺"，指新加坡国玺。

"公共服务"，指由政府提供的服务。

"公共服务委员会"，指根据本宪法成立的公共服务委员会。

"选举人登记册"，指根据有关选举的现行有效的成文法律制定的选举人登记册。

"薪酬"，对于任何公职人员，报酬仅指该职员的薪金，而依照有关授予相应公职人员以退休金的任何法律规定其全部或部分都算作退休金。

"储备金"，就政府、法定局以及公营公司而言，指它们各自的资产超过负债的部分。

"会期"，指国会自其组成后，或于其休会或解散后，自其首次集会至休会或未经休会而解散的期间。

"新加坡"，指新加坡共和国。

"集会"，指国会不休会而连续不断开会的期间，包括国会转入委员会审议阶段的任何期间在内。

"议长"和"副议长"，分别指国会的议长和副议长。

"任职期间"，就政府而言，指以下期间：

（a）从总理或部长在普选之后依据第 27 条作出忠诚宣誓之日开始；并且

（b）在下一次普选之后产生的总理或部长依据第 27 条作出忠诚宣誓之日终止。

"待遇"，就任何公职人员而论，待遇包括该人凭借其职位而应该享有的报酬，以及应付给该员或其亲属的任何退休金、慰劳金以及其他类似的津贴。

"成文法律"，指本宪法和在新加坡领域内所有现行有效的法令、条例以及补充立法。

（2）除本宪法另有规定或上下文另有要求外：

（a）在某一职位出现空缺或任职者（不论由于离职、身体患病、精神失常或任何其他原因）不能行使其职权的期间，凡是对任何部门的职位具有实际任命权力的人或机关可任命一人行使与该职位相应的职权；

（b）依前项作出的任命，应以对该职位作出实际任命时相同的方式并根据相同的条件作出；

（c）本宪法提及某公职的任职者时，应解释为包括任何暂时依法行使该职权的人；

（d）本宪法提及公职者的任命时，应解释为包括对任何暂时依法行使该职权的人的任命。

（3）当某公职人员不能履行职务时，有权任命公职人员的人或机关依本条任命其他人代理其职务后，不得以原任职人员并非不能履行职能为由而对代理任命提出异议。

（4）依本宪法设立的任何机构的成员或任何职位的任职者，若在辞职时需要依法向特定人员提交辞呈，辞职应视为从该特定人员收到辞呈之时起发生效力。

如果按规定必须向议长提交辞呈，而议长职位恰好出缺或议长不在新加坡，辞职应视为从副议长代表议长收到辞呈之时起发生效力。

（5）在本宪法中，不能仅仅因为某人担任总理、议长、副议长、部长、政务次长、政治秘书或国会议员等职位且受领了任何报酬或津贴（包括退休金或其他类似补助金在内）而将其视为公职人员。

（6）（a）在不影响本条第（2）款各项规定的情况下，当任职者在其放弃职位之前获准休假，对该职位具有任命权力的人或机关可任命另一人担任此职。

（b）遇有两个或两个以上的人由于根据前项作出的任命而担任同一职位者，就赋予该职位任职者的职权而论，后一个被任命的人应视为该职位的唯一任职者。

（7）遇有按照宪法必须宣誓者，如果本人要求，应准其以作出郑重声明的方式遵行宪法的要求。

（8）本宪法中提到的任何期间，除非上下文另有规定，应解释为包括本宪法生效之前的相关时间。

（9）除本宪法另有规定外，解释法应适用于解释本宪法和与之有关的其他方面，如同适用于解释任何在该解释法意义上的成文法律和与之有关的其他方面一样。

（10）除上下文另有规定外，本宪法所规定各编、条和附件，系指本宪法中该编、条和附件；凡提及特定的章、款、节和项，系指该编中之章、条中之款，附件中各节以及节中或款中之项；凡提及一组条、节或者条、节中更细的划分，应解释为包括该组的第一个以及最后一个成员。

第二编　共和国与宪法

第 3 条　新加坡共和国

新加坡为主权共和国，称为新加坡共和国。

第 4 条　宪法的最高性

本宪法是新加坡共和国的最高法。本宪法生效后，立法机关制定的任何法律，凡与本宪法相抵触的部分，均为无效。

第 5 条　宪法的修正

（1）在不违反本条及第 8 条的前提下，立法机关得通过立法修改本宪法。

（2）旨在修改本宪法中的任何条款的法案，必须经过二读及三读，并获得依本宪法第 39 条第（1）款第（a）项所指的国会议员 2/3 以上的赞成投票，否则不能通过。

（2A）（已废止）

第 5A 条（已废止）

第三编　保护新加坡共和国的主权

第 6 条　非经全民公决，不得放弃主权，不得放弃对警察部队和武装部队的控制

（1）除非在全民公决中由依《国会选举法》登记的选举人实际投票总数 2/3 以上的赞成投票——

（a）不得放弃或让与作为独立国家的新加坡共和国的全部或部分主权，无论是通过与其他主权国、联邦、邦联、国家或领土进行合并或加入，或者其他任何方式；并且

（b）不得放弃对新加坡警察部队和武装部队的控制。

（2）就本条而言：

（a）"新加坡武装部队"指依据《新加坡武装部队法》而召集并维持的武装部队，包括依据《民防法》组成的民防队，以及总统在政府公报中宣告为本条所指的武装部队的其他部队；

（b）"新加坡警察部队"包括依据《警察法》设立的警察队、特别警察队，依据该法第十章设立的辅助警察队，依据《义警团法》设立的义警团，以及总统在政府公报中宣告为本条所指的"警察部队"的其他部队。

第 7 条　参与有利于新加坡的国际合作行动

在不影响第 6 条的效力和效果的条件下，第 6 条不得被解释为禁止新

加坡以及新加坡境内的任何协会、团体或组织从事下列行为：

（a）与其他主权国、联邦、邦联、国家、协会、团体或组织共同参加、合作或贡献于任何性质的计划、事业、项目、企业或任务，如果该计划、事业、项目、企业或任务给予或旨在给予新加坡境内任何协会、团体或组织特定经济、财政、工业、社会、文化或教育等方面的利益，或者在其他方面可能有利于新加坡以及新加坡境内的任何协会、团体或组织。

（b）与其他主权国、联邦、邦联、国家、协会、团体或组织缔结条约、协定、契约、盟约或其他办法，如果该条约、协定、契约、盟约或办法规定共同或集体安全或其他目标或宗旨，必对或将对新加坡有益或便利者。

第8条　非经全民公决，不得修改本编

（1）除非在全民公决中由依《国会选举法》登记的选举人实际投票总数2/3以上的赞成投票，国会不得通过法律修改本编。

（2）本条所称的"修改"包括增列和废止。

第四编　基本自由

第9条　人身自由

（1）除非依照法律，不得剥夺任何人的生命或人身自由。

（2）当高等法院或高等法院的法官收到某人已被非法拘留的申诉后，应对此申诉进行调查；除非确认拘留合法，应下令将被拘留者移送法院并予以释放。

（3）在一个人被逮捕后，应当尽快将逮捕的原因告知被逮捕者本人，允许其会见自己选定的辩护律师，并由律师为其辩护。

（4）在一个人被逮捕后，应当在48小时内（在途所需时间除外）将其移送治安法官，不得无故拖延，非经法官批准不得继续羁押。

（5）第（3）款和第（4）款不适用于敌国侨民或因为犯有蔑视国会罪而被议长亲自下令逮捕的人。

（6）本条不影响下列法律的效力，即使这些法律与本条第（3）款和第（4）款的规定相抵触：

（a）在本宪法生效之前就已经实施的、准许对那些破坏公共安全、和平以及良好秩序的人加以逮捕的法律；

（b）准许逮捕并监禁那些滥用毒品、麻醉品的人，以便治疗并使其康复的法律。

第10条 禁止奴隶制度和强制劳役

（1）不得将任何人充作奴隶。

（2）禁止任何形式的强制劳役，但国会得为了国家利益制定强制服务的法律。

（3）经法院判决或者认定有罪后按规定进行的劳动和服务，不视为本条所指的强制劳役。

第11条 刑法不溯及既往和不重复审判的保障

（1）禁止以行为时法律未规定为犯罪的作为或者不作为处罚任何人，禁止以重于行为时法律规定的刑罚处罚行为人的犯罪行为。

（2）凡被宣判为无罪或有罪者，不得因同一犯罪再次受审，除非原审法院的上级法院推翻原判并下令重审。

第12条 平等保护

（1）所有人在法律面前一律平等，受法律的平等保护。

（2）除非经过本宪法明文授权，不得因为宗教、种族、血统或出生地而对新加坡公民在下列事项上加以歧视：在法律上或在公务机构职位的委任和雇佣上，在有关财产的征收、持有和处分的法律的实施上，以及在从事任何贸易、商业、专门职业、一般职业和就业的过程中。

（3）本条并不禁止下列法律和措施：

（a）规范属人法的任何条款；

（b）将任何与宗教有关的职位，或者任何宗教团体所管理的机构的职位限定由其宗教信徒从事的规定或做法。

第13条　禁止驱逐出境和迁徙自由

（1）新加坡的任何公民都不得被驱逐出境或者排除于国外。

（2）除非全国或地方的关于安全、公共秩序、公共卫生、惩罚犯罪的法律另有规定，新加坡公民有权在新加坡境内自由迁徙和定居。

第14条　言论、集会和结社自由

（1）除第（2）款和第（3）款另有规定外，

（a）新加坡的每个公民都有言论和表达的权利；

（b）新加坡的所有公民都有在不携带武器的前提下进行和平集会的权利；

（c）新加坡的所有公民都有结社的权利。

（2）国会得通过立法限制：

（a）第（1）款第（a）项规定的权利，如果国会认为该项限制对于维护新加坡及其国内任何地区的安全、与他国的友好关系、公共秩序和道德水准来说是必要或恰当的；或是为保障国会和其他立法机关的特权、防止藐视法庭、诽谤或者煽动犯罪而对公民的言论及表达权利施加的限制；

（b）第（1）款第（b）项规定的权利，如果国会认为该项限制对于维护新加坡及其国内任何地区的安全、公共秩序来说是必要或恰当的；

（c）第（1）款第（c）项规定的权利，如果国会认为该项限制对于维护新加坡及其国内任何地区的安全、公共秩序和道德水准来说是必要或适当的。

（3）对第（1）款第（c）项规定的结社权，亦得由关于劳工和教育的法律加以限制。

第15条　宗教自由

（1）人人有信仰、信奉及传播其宗教的权利。

（2）不得强迫任何人纳税，并将税款的全部或者部分用于非其本人信奉的其他宗教。

（3）各宗教团体有权——

（a）管理其宗教内部的事务；

（b）为了宗教或慈善目的而设立和维持相关机构；

（c）依法取得、占有、控制及管理财产。

（4）本条并不准许任何违反关于公共秩序、公众健康和道德水准等一般法律的行为。

第16条　与教育相关的权利

（1）在不损害第12条普适性的前提下，不得因宗教、种族、血统或者出生地而在下列事项上歧视任何公民：

（a）在公立教育机构的管理过程中，尤其是在招生和学费方面；或者

（b）在使用公共资金对任何教育机构或者学生提供财政资助的过程中（不论该教育机构是否由公共机构维持，也不论其是否位于新加坡境内）。

（2）各宗教团体均有权设立和维持针对儿童的宗教教育机构，以提供宗教教育；有关此类教育机构的法律及其施行，不得仅因宗教而进行任何歧视。

（3）不得强迫任何人接受其所信奉的宗教之外的其他宗教的教育，或者参加其所信奉的宗教之外的其他宗教的仪式或活动。

（4）就第（3）款规定而言，未满18岁的人的宗教，由其父母或者监护人决定。

第五编　政府

第一章　总统

第17条　总统

（1）新加坡设总统一人，为国家元首，依本宪法及其他任何制定法的授权，行使总统的职权。

（2）总统由新加坡公民依立法机关制定的法律选举产生。

（3）总统选举的投票应在下列时间进行：

（a）在现任总统任期结束之前总统职位出缺、且在出缺之前尚未签发

任何选举令状（或者虽已签发，但已被收回）的情况下，在总统职位出缺后6个月之内；或者

（b）在其他任何情况下，在不早于现任总统的任期结束前3个月。

第18条　总统选举委员会

（1）新加坡将设立一个总统选举委员会，其职能在于在必要的情况下审核并确保总统候选人具备第19条第（2）款第（e）项及第（g）项第（iv）目规定的资格。

（2）总统选举委员会由下列人员组成：

（a）公共服务委员会主席；

（b）依2004年新加坡《会计及企业管制局法》设立的会计及企业管制局的主席；

（c）少数族群权利总统理事会成员一名，由该理事会主席提名。

（3）公共服务委员会主席为总统选举委员会主席，如果他不在新加坡或由于其他原因不能履行其职责时，他应提名公共服务委员会副主席代理其职务。

（4）依第（2）款第（c）项提名的总统选举委员会成员，如果有下列情形，其职位应予出缺：

（a）死亡；

（b）亲自致函总统选举委员会主席表明辞职之意；

（c）少数族群权利总统理事会主席撤销其提名。

少数族群权利总统理事会应提名新的人选以补此空缺。

（5）依第（2）款第（b）项或第（c）项产生的总统选举委员会成员，如果不在新加坡或由于其他原因不能履行其职责时，会计及企业管制局主席或少数族群权利总统理事会主席应分别任命会计及企业管制局或少数族群权利总统理事会的一名成员代理其职务。

（6）总统选举委员会得规定其自身的议事程序和法定人数。

（7）总统选举委员会不因其成员的空缺而停止运作。

（8）总统选举委员会成员的薪酬由国会通过法律规定，并由统一基金

列支。

（9）总统选举委员会对于总统候选人的资格是否符合第 19 条第（2）款第（e）项及第（g）项第（iv）目的规定拥有最后决定权，不受任何法庭的上诉或审查。

第 19 条　总统的资格

（1）被选为总统的人应符合本宪法规定的总统候选人资格。

（2）符合下列资格者，得为总统候选人：

（a）新加坡公民。

（b）年满 45 岁。

（c）具备第 44 条第（2）款第（c）项和第（d）项规定的资格。

（d）不具备第 45 条规定的不适任资格。

（e）总统选举委员会认为其为人诚实并且具有良好的品性和声誉。

（f）在被提名时，不属于任何政治党派。

（g）曾任下列职务至少满 3 年：

（i）部长、首席大法官、议长、总检察长、公共服务委员会主席、总审计长、总会计长、常任秘书；

（ii）依第 22A 条规定的法定局的主席或总经理；

（iii）依《公司法》注册登记资本额不少于新币 1 亿元或等值外汇的公司的董事长或总经理；或者

（iv）曾任同样规模的组织或部门的高级管理职位，总统选举委员会认为其因具有管理财政事务的经验和能力，且能有效地履行总统职责。

（3）总统——

（a）不得兼任本宪法所设立或认可的其他任何职位；

（b）不得积极经营任何商务企业；

（c）不得成为任何政党党员；并且

（d）如果为国会议员，则必须出缺其议席。

（4）第（3）款不能解释为要求依据第 22N 条或第 22O 条的规定代理行使总统职权的人遵守下列规定：

（a）退出其政党（如果他是某个政党成员）；或者

（b）出缺其在国会中的议席或本宪法所设立或认可的其他任何职位。

第 20 条　任职期限

（1）总统的任期为 6 年，自其就职之日起算。

（2）总统当选人应于其前任停止职务之日就职，或当总统缺位时，于当选次日就职。

（3）总统就职时应依附件一所载的誓词宣誓署名，并由首席大法官或最高法院其他法官监誓。

第 21 条　总统职权的行使

（1）除本宪法另有规定，总统依本宪法或任何其他制定法行使职权时，应依照内阁或在内阁一般权力下行事的部长的建议。

（2）总统得自行行使下列职权：

（a）依第 25 条的规定任命总理；

（b）拒绝同意解散国会的请求；

（c）依第 22E 条、第 22H 条、第 144 条第（2）款或第 148A 条否决法案；

（d）依第 144 条拒绝同意政府所给予或提出的保证或贷款；

（e）依第 22A 条和第 22C 条的规定拒绝或同意法定局和公营公司的人员任命和预算；

（f）依第 22B 条第（7）款、第 22D 条第（6）款或第 148G 条的规定否决相关业务；

（g）依第 151 条第（4）款规定否决因违反根据第十二编制定或发布的法律或命令所进行的羁押或延长羁押；

（h）依《维持宗教和谐法》第 12 节的规定，保障该法的执行；

（i）本宪法授权总统自行执行的其他任何职权。

（3）总统在执行第 22 条、第 22A 条第（1）款、第 22B 条第（2）款和第（7）款、第 22C 条第（1）款、第 22D 条第（2）款和第（6）款、

第 142 条第（1）款、第 144 条、第 148A 条、第 148B 条和第 148G 条规定的职权前，应与总统咨议会协商。

（4）除第（3）款另有规定外，总统在执行第（2）款第（c）项至第（i）项的职权前，得与总统咨议会协商。

（5）立法机关得立法规定总统在行使职权前，应与内阁以外的个人或团体协商，或听取其建议，但下列情形除外：

（a）由总统自行执行的职权；

（b）具体行使方式已由本宪法其他条文规定的职权。

第 22 条 公职人员的任命

（1）即使本宪法其他条款另有规定，总统如不同意有关机关依据本宪法或其他制定法向总统提出的建议，得拒绝任命下列官员或撤销对他们的任命：

（a）首席大法官、法官、司法专员；

（b）总检察长；

（c）少数族群权利总统理事会的主席和成员；

（d）依《维持宗教和谐法》设立的宗教和谐总统理事会的主席和成员；

（e）为第 151 条的目的而设立的顾问委员会的主席和成员；

（f）公共服务委员会的主席和成员；

（fa）法律委员会的成员，但第 111 条第（2）款第（a）项、第（b）项或第（c）项所涉及的人员除外；

（g）总估值师；

（h）总审计长；

（i）总会计师；

（j）国防部部队的首长；

（k）空军、陆军和海军的首长；

（l）依新加坡武装部队法设立的武装部队理事会的理事一名（除当然理事一名之外）；

（m）警察首长；

（n）反贪调查局局长。

（2）如果总统不同意总统咨议会的推荐，拒绝依第（1）款作出或撤销任命，则国会得根据第39条第（1）款第（a）项规定选举产生的国会议员总数2/3通过决议推翻总统的决定。

（3）依第（2）款通过的决议，应在该决议通过日起视同已获总统作出或撤销相关任命。

第22A条　法定局成员的任命

（1）即使本宪法其他条款另有规定——

（a）总统依法任命适用本条规定的法定局主席、成员或总经理时，如不同意有关机关依法向总统提出的建议，得拒绝任命上述人员或撤销对上述人员的任命；

（b）非经总统同意，有关机关不得任命适用本条规定的法定局主席、成员或首席执行官，也不得撤销对上述人员的任命。

（1A）如果总统不同意总统咨议会的推荐，根据第（1）款拒绝作出或同意任命，或拒绝撤销任命或拒绝同意撤销任命，则国会得根据第39条第（1）款第（a）项规定选举产生的国会议员总数的2/3通过决议推翻总统的决定。

（1B）依第（1A）款通过的决议，应在该决议通过之日起视同已获总统作出或撤销该任命，或同意该任命或撤销任命。

（2）（a）适用本条的法定局主席或成员的任期不超过3年，任满可再连任。

（b）在第（1）款第（b）项规定的情形下对法定局主席、成员或首席执行官的任免，一律无效，除非得到总统认可。

（3）本条应适用于附件五第一节所规定的法定局。

（4）除第（5）款另有规定外，总统得依内阁的建议于政府公报发布命令，增列附件五第一节的法定局，但不得发布命令删减此类法定局。

（5）依第（4）款规定以命令在附件五第一节中增加法定局时，如果下令当天法定局储备金总额低于新币 1 亿元,则不得增加法定局。

第 22B 条　法定局的预算

(1) 每一个适用第 22A 条的法定局必须:

(a) 在每一财政年度开始之前,呈请总统核准该财政年度的预算,并由法定局主席及首席执行官提出报告,说明该预算执行时,是否可能动支并非由该法定局于本届政府期间积累的储备金。

(b) 呈请总统核准该财政年度的每一笔追加预算,并比照第(a)项提出报告说明该追加预算是否可能动支并非由该法定局于本届政府期间积累的储备金。

(c) 在财政年度结束的后 6 个月内,呈报总统下列事项:

(i) 一份完整的、具体的决算报告,载明法定局在该财政年度的收支;

(ii) 一份在财政年度结束时法定局的资产和负债的明细报告;

(iii) 一份来自该法定局主席和首席执行官的报告书,说明第(i)目及第(ii)目的报告是否载明执行的预算来自并非由该法定局在本届政府期间积累的储备金。

(2) 如果总统认为预算可能动支并非由该法定局在本届政府期间累积的储备金,则总统得拒绝批准任何法定局的预算或追加预算;如果他虽然认为该预算可能动支上述储备金,仍然批准该预算,则他应在政府公报公布其决定和意见。

(3) 财政年度开始时,如果总统仍未核准该年度的预算,法定局应依下列两项行事:

(a) 应在财政年度开始后 3 个月内呈报总统一份经修改过的该财政年度的预算以及第(1)款提及的报告书。

(b) 可在总统为核准以前动支预算,但不得超过该法定局在上一财政年度所获通过的预算总额的 1/4。

如果总统不批准经过修正的预算,法定局可在财政年度动支,但不得超过该法定局在上一财政年度所获通过的预算总额;上一财政年度的核定预算视同为本年度的核定预算。

（4）于财政年度中依第（3）款第（b）项规定动支的预算，应补列该年度呈报总统的修正预算。

（5）新加坡金融管理局管理新加坡货币的措施不得视为违反本条任何规定。该局是否采取货币管理措施，应由其董事长签署的证明书决定。

（6）适用本条的法定局，如有可能动支在该法定局在本届政府之前所积累的储备金，以进行某项业务计划时，应由总经理告知总统。

（7）总统可否决依第（6）款规定获悉的业务计划；如果他虽然认为该业务计划可能动支上述储备金，他仍然批准该预算，则他应在政府公报公布其决定和意见。

（8）在1991年11月30日后，依第22A条第（4）款的命令成立的法定局在附件五第一节予以规定，本条所称的法定局所获通过的上一财政年度的预算，应视为该新设立的法定局依命令设立当时财政年度的预算。

（9）就本条而言，当一个适用本条规定的法定局［在本款及第（10）款中称为"出让机构"］① 打算或已经将其储备金向下列主体出让时：

（a）政府；

（b）附件五第二节规定的公营公司［在本款及第（10）款中称为"受让公司"］；或

（c）另一个法定局［在本款及第（10）款中称为"受让机构"］。

如果满足下列条件，则不必考虑该出让是否可能动支或者已经动支该出让机构在本届政府前积累的储备金：

（i）在政府作为受让方的情况下，财政部长以书面方式承诺将出让的上述储备金增列至政府在本届政府之前积累的储备金；

（ii）在受让公司作为受让方的情况下，受让公司的董事会通过决议，将出让的上述储备金增列至该受让公司在本届政府之前积累的储备金；

（iii）在受让机构作为受让方的情况下，受让机构通过决议，或者依相关法律规定，将出让的上述储备金增列至该受让机构在本届政府之前积

---

① 本文宪法中类似此处的方括号中的文字均为修订的内容。——编者注

累的储备金。

（10）由出让机构依第（9）款出让的储备金，应在下列时间视为由作为受让方的政府、受让公司及受让机构在本届政府之前积累的储备金的一部分：

（a）如果出让机构任何财政年度的预算法案规定了储备金的出让，且该预算获得总统批准——在该财政年度开始之时；

（b）如果出让机构的追加预算法案中规定了储备金的出让，且该追加预算获得总统批准——在总统批准之日；

（c）在其他所有情况下——在储备金实际出让之日。

第22C条 公营公司主席的任命

（1）适用本条的公营公司应制定章程规定其主席或总经理的任免办法，但其主席或总经理的任免须经总统同意。

（1A）如果总统不同意总统咨议会的推荐，拒绝依第（1）款同意任命或撤销主席或总经理，则国会得依第39条第（1）款第（a）项规定选举产生的国会议员总数2/3通过决议推翻总统的决定。

（1B）依第（1A）款通过的决议，应在该决议通过日起视同已获总统同意任命或撤销任命任何人为主席或经理。

（2）（a）适用本条的公营公司主席的任期以3年为限，任满可再连任。

（b）适用本条规定的公营公司主席或总经理的任免，如果未经总统同意，则为无效。

（3）本条适用于附件五第二节所规定的公营公司。

（4）除受本条第（5）款的限制外，总统得依内阁的建议，于政府公报发布命令，增列附件五第二节的公营公司；但不得颁布命令删减公营公司。

（5）不符合下列条件的公司不得依前项规定增列为附件五第二节的公营公司（以颁布命令当日为准）：

（a）公司股东资金中，政府的资金占新币1亿元以上；并且

（b）不得为附件五第二节所规定的公营公司的子公司，这里所说的

"子公司"与公司法中对"子公司"的定义相同。

第22D条　公营公司的预算

（1）每个适用第22C条的公营公司董事会必须：

（a）在财政年度开始之前，呈请总统核准其财政年度的预算，并由公营公司董事长和总经理提出报告，说明该预算执行时，是否可能动支并非由该公营公司于本届政府期间积累的储备金。

（b）呈请总统核准该财政年度内的每一笔追加预算，并比照第（a）项提出报告，说明追加预算是否可能动支并非由该公营公司于本届政府期间积累的储备金。

（c）在财政年度结束后6个月内，呈报总统下列事项：

（ⅰ）公营公司在该财政年度的全部盈亏决算书，以及该公营公司本财政年度的资产和负债报表；

（ⅱ）一份来自公营公司董事长及总经理提出的报告，说明其盈亏决算书及资产负债报表载明公营公司是否动支并非由该公营公司于本届政府时期积累的储备金。

（2）如果总统认为预算可能动支并非由该公营公司于本届政府期间积累的储备金，则总统得拒绝批准任何公营公司的预算或追加预算；如果他虽然认为该预算可能动支上述储备金，仍然批准该预算，则他应在政府公报公布其决定和意见。

如果公营公司的预算是来自公营公司在非本届政府时期累积的储备金，总统应否决该公司的预算或追加预算，不过，尽管预算可能来自那些储备金，总统仍可核准该预算，但他须将其意见刊登在政府公报中。

（3）财政年度开始时，如果总统仍未核准该年度的预算，公营公司应依下列两项规定行事：

（a）应在财政年度开始3个月内呈报总统一份经修改过的该财政年度的预算以及第（1）款提及的报告书。

（b）可在总统为核准以前动支预算，但不得超过该公营公司在上一财政年度所获通过的预算总额的1/4。

如果总统不批准经过修正的预算，公营公司可在财政年度动支，但不得超过该公营公司在上一财政年度所获通过的预算总额；上一财政年度的核定预算视同为本年度的核定预算。

（4）于财政年度中依第（3）款第（b）项预支的预算，应补列该年度呈报总统的修正预算。

（5）适用本条的公营公司，如有可能动支在该公营公司于本届政府之前所积累的储备金以进行某项业务计划时，应由董事会及总经理告知总统。

（6）总统得否决依第（6）款规定获悉的业务计划；如果他虽然认为该业务计划可能动支上述储备金，他仍然批准该预算，则他应在政府公报公布其决定和意见。

（7）在1991年11月30日后，依第22A条第（4）款的命令成立的公营公司在附件五第一节予以规定，本条所称的公营公司所获通过的上一财政年度的预算，应视为该新设立的公营公司依命令设立当时财政年度的预算。

（8）就本条而言，当一个适用本条规定的公营公司［在本款及第（9）款中称为"出让公司"］打算或已经将其储备金向下列主体出让时：

（a）政府；

（b）附件五第一节规定的法定局［在本款及第（10）款中称为"受让机构"］；或

（c）另一个公营公司［在本款及第（9）款中称为"受让公司"］，

如果满足下列条件，则不必考虑该出让是否可能动支或者已经动支该出让公司在本届政府前积累的储备金：

（i）在政府作为受让方的情况下，财政部长以书面方式承诺将出让的上述储备金增列至政府在本届政府之前积累的储备金；

（ii）在受让机构作为受让方的情况下，受让机构通过决议，或者依相关法律规定，将出让的上述储备金增列至该受让机构在本届政府之前积累的储备金；

(iii) 在受让公司作为受让方的情况下，受让公司的董事会通过决议，将出让的上述储备金增列至该受让公司在本届政府之前积累的储备金。

(9) 由出让公司依第（8）款出让的储备金，应在下列时间视为由作为受让方的政府、受让机构及受让公司在本届政府之前积累的储备金的一部分：

(a) 如果出让公司任何财政年度的预算法案规定了储备金的出让，且该预算获得总统批准——在该财政年度开始之时；

(b) 如果出让公司的追加预算法案中规定了储备金的出让，且该追加预算获得总统批准——在总统批准之日；

(c) 在其他所有情况下——在储备金实际出让之日。

第22E条 中央福利基金

国会通过法案直接或间接地变更中央福利基金管理局对中央福利基金进行投资的权力时，总统得否决。

第22F条 总统获得信息的权力

(1) 总统在行使本宪法所赋予的职权时，有权要求获得下列信息：

(a) 内阁掌握的与政府相关的信息；

(b) 适用第22A条或第22C条规定的法定局或公营公司的成员掌握的与该机构或公司相关的信息。

(2) 总统得要求下列人员或机构提供与第（1）款所提及的政府、法定局或公营公司的储备金相关的资料，相关部长、成员、官员或董事均不得拒绝提供：

(a) 政府部门的任何部长或任何高级官员；或者

(b) 适用第22A条或第22C条规定的法定局或公营公司的总经理及执行董事。

第22G条 总统对于特定调查的同意

当反贪调查局局长在收到检举或申诉后企图对相关人员展开调查时，虽经总理否决，在得到总统的同意后可展开调查。

第22H条 总统得否决特定法案

（1）如果国会通过的法案直接或间接地限制或削减本宪法赋予总统的自由裁量权，总统得以书面方式否决该法案（旨在修改本宪法的法案除外）。

（2）总统依内阁的建议，得依据第100条［无论是在其依第（1）款规定否决国会通过的法案之前或之后］，将该法案或任何有关的条文是否直接或间接地限制或削减宪法赋予总统的自由裁量权的问题送交法庭。

（3）总统将相关问题提交法庭之后，如果法庭认为该法案或任何有关的条文并未直接或间接地限制或削减赋予总统的自由裁量权，则在法庭公开宣布决定当天，视同总统已经同意该法案。

（4）就本条而言，在收到法案30日内，如果总统未表示不同意该法案，且未依第100条规定将有关问题提交法庭，则在30日期限届满之日起，视同总统已经同意该法案。

第22I条 根据《维持宗教和谐法》而发布的限制令

如果内阁的建议与宗教和谐总统理事会的建议相冲突，总统得取消、变更、赞同或否决根据《维持宗教和谐法》发布的限制令。

第22J条 总统府经费以及总统的机要人员

（1）立法机关应通过立法提供总统府经费，以维持总统供职之需。

（2）依第22N条或第22O条的规定代行总统职权的人有权获得法定待遇。

（3）为维持总统以及代行总统职权的人任职所需的经费，应从统一基金中列支，并不得于总统任期或代行总统职权的人的任期内减少。

（4）除第（5）款规定的限制外，总统机要人员的任命、任期、惩戒、免职和撤职应由总统决定。

（5）总统得于咨询总理的意见后，从公共服务委员会推荐的公职人员名单中任命其机要人员；就此类人员而言，第（4）款（关于任命的规定除外）适用于他们以总统机要人员身份所做的工作，但不适用于他们以公职人员身份所做的工作。

（6）除根据第（5）款的规定被任命的人员外，总统其他机要人员的薪酬应从总统府经费中列支。

第22K条　总统享有的诉讼豁免权

（1）除第（4）款规定的情形外，总统不能因其执行公务的作为或不作为而在法庭中被起诉。

（2）在总统任职期间，不能因其私人的作为或不作为而在法庭中被起诉。

（3）总统的任职期间，不计入法律规定的诉讼时效。

（4）第（1）款规定的豁免，不适用于下列各项：

（a）法庭按照国会依第22L条规定通过的法案进行的调查；或

（b）选举法官依第93A条规定审理的诉讼，以决定总统选举的有效性。

第22L条　总统职位的出缺，以及总统的免职

（1）总统职位于下列情况下出缺：

（a）总统死亡；

（b）总统亲自致函总理，表明辞职的意愿；

（c）总统依第（3）款至第（7）款的规定去职；

（d）如果选举法官依第93A条规定行使职权，决定总统选举无效，而未依法当选总统者；或

（e）在现任总统任职届满之日，已公布当选总统者未能如期就职。

（2）（已废止）

（3）总理或国会1/4以上议员得在总统因身心疾病或犯下列罪行而不能行使职权时提出不适任动议：

（a）故意违反宪法；

（b）叛国；

（c）与滥用职权相关的不端及腐败行为；或

(d) 涉嫌欺诈、违背诚信或违背道德的行为。

并就动议提出详细说明,要求就动议事项进行调查。

(4) 依第(3)款规定提出的动议,如果经国会全体议员过半数通过,首席大法官应指派成立法庭,调查总统不适任的指控。

(5) 由首席大法官指派成立的法庭应由最高法院5名以上法官组成,其中包含首席大法官,除非首席大法官另有指示,该法庭得自行制定相应的程序规则。

(6) 裁决庭进行调查时,总统有权出庭陈述意见或由律师代为出庭;调查结束后,法庭应向议长提交调查报告,其中应说明相应的理由。

(7) 法庭向议长提交的报告中认为总统因身心疾病或犯相关罪行而永远不能行使其职权时,国会得以全体议员的3/4以上通过决议罢免总统。

第22M条 选举法官关于总统选举的决定

(1) 如果选举法官依第93A条规定行使管辖权并判定:

(a) 总统选举无效,且未能依法当选总统者,则应在判决日后半年内举行总统选举;或

(b) 其他任何人依法当选为总统,则该人应在判决后立即就职。

(2) 如果选举法官判定总统选举为无效,且无依法当选之总统,则在该判决前行使总统职权者应立即停止行使该职权。

(3) 选举法官宣告总统选举无效的判决,不影响判决前行使总统职权者在行使权力、履行职责的过程中所作所为的效力。

第22N条 总统职位出缺时代行总统职权的人

(1) 如果总统职位在现任者任期届满前出缺,则总统咨议会主席或国会议长(当总统咨议会主席不能行使其职权时)应在总统出缺日至新总统就职日期间代理行使总统职权。

(2) 如果总统咨议会主席和议长都不能行使其职权,则国会得依第(3)款规定任命一人于第(1)款所定期间内代理行使总统职权。

(3) 不符合总统候选人资格者,不得由国会依第(2)款的规定委任

代行总统职权。

（4）本章关于总统的免于被起诉的规定，适用于所有代理行使总统职权的人。

（5）依本条或第22O条代理行使总统职权的人，在任职之前，应依本宪法附件一规定的效忠誓词宣誓，并签署誓词，由首席大法官或最高法院其他任何一名法官监誓；但在任的总统咨议会主席或国会议长依法代行总统职权时，无须再次宣誓。

第22O条　总统暂时不能行使其职权

（1）在不违反第（2）款规定的前提下，总统因健康不佳、出国或其他原因暂时无法行使本宪法或相关法律规定的职权时，第22N条所述人员得暂时代行总统职权，并得在作出必要调整的情况下适用第22N条的规定。

（2）非经总统的同意，国会不得依本条规定任命任何人代行总统职权。

（3）如果总统因为某种原因而不能表明其同意某人依本条规定代行总统职权，可不适用第（2）款的规定。

第22P条　赦免

（1）在适当的情况下，总统得依内阁的建议——

（a）赦免任何犯罪中的从犯，如果该从犯提供的信息导致主犯（无论有一个还是多个主犯）被定罪；

（b）赦免在新加坡法院因为任何犯罪而被定罪的任何人（无论该赦免是否附有条件），或者决定暂缓执行对该罪犯的判决（无论是否有确定的暂缓期限）；或者

（c）免除判决的部分或全部，或者法律规定的其他刑罚。

（2）在某罪犯已经被法院判处死刑，且该死刑宣判已被上诉法院核准之后，总统应将由审理该案的法官和首席大法官（或主持审判该案的上诉法院法官）提交的报告致送总检察长，并向其告知下列事项：在检察长发

表自己的意见后，该意见将同报告一起送交内阁，以便使总统能依内阁的建议行使第（1）款赋予的权力。

第二章　行政

第 23 条　新加坡的行政权

（1）新加坡的行政权属于总统，该职权由总统、内阁或经内阁授权的部长依本宪法的规定行使。

（2）立法机关可通过法律将行政职权赋予其他人员。

第 24 条　内阁

（1）新加坡设立内阁。内阁由总理一人与依第 25 条规定任命的各部部长组成。

（2）以遵守本宪法的规定为前提，内阁对政府进行总的领导与管理，并集体对国会负责。

第 25 条　总理和部长的任命

（1）总统应遴选一位其认为极可能获得多数国会议员信任的议员为总理，并依总理的建议从其他议员中任命部长。

如果任命是在国会解散期间作出的，则前届国会议员可受任命；但在新一届国会首次集会后，前届国会议员不得继续留任内阁职位，除非该议员已经当选为新一届国会的议员。

（2）依本条的任命，应由总统以加盖国玺的文书任命。

第 26 条　总理和部长的任期

（1）遇有下列情形之一时，总统应以加盖国玺的文书宣告总理职位出缺：

(a) 总理亲自致函总统请求辞职；或

(b) 总统确信总理已不能得到国会多数议员的信任。

总统依第（b）项宣告总理职位出缺前，应告知总理，但在总理请求时，解散国会，而不作此宣告。

（2）总理以外的部长遇有下列情形之一时，其职位应出缺：

（a）总统依总理的建议以加盖国玺的文书撤销其任命；

（b）本人亲自致函总统请求辞职。

（3）卸任部长如果具备必需资格，可被再次任命为部长。

（4）（a）总理患病、出国或依第32条规定获准休假时，其在本宪法下的职权可由总统以加盖国玺的文书授权某部长行使；

（b）总统得以加盖国玺的文书撤销依据本款规定作出的授权；

（c）本款授予总统的权力，总统应依总理的建议行使，但总理因患病、请假或其他原因无法提出建议时，总统得全权决定。

第27条 誓词

总理与各部部长就职前，应在总统监督下作本宪法附件一所定形式的效忠宣誓及与其职位相关的恪尽职守的适当宣誓。

第28条 召集及主持内阁会议

（1）内阁会议的召开，须经总理核准。

（2）总理应尽可能出席并主持内阁会议。总理不能出席时，内阁会议由总理指定的部长主持。

第29条 内阁议事的有效性

即使无资格参加内阁会议的人曾到场、投票，或通过其他方式参加会议，内阁会议仍然有效。

第30条 为部长指定任务

（1）总理可用书面指令的方式——

（a）指定任何部长负责任何部门的事务或事项；

（b）撤销或变更前项指令。

（2）总理可保留任何部门的事务及事项自行负责。

第31条 政务次长

（1）总统得依总理的建议，以加盖国玺的文书，任命国会议员为政务次长，由其辅助部长履行相关义务与职能。

如果任命是在国会解散期间完成的，则前届国会议员得被任命为政务次长；但在新一届国会首次集会后，前届国会议员不得继续留任该职位，除非该议员已经当选为新一届国会的议员。

（2）第26条第（2）款和第（3）款及第27条适用于政务次长，其效力与其适用于各部部长时相同。

第32条　部长及政务次长的请假

总统得依总理的建议核准总理、部长与政务次长的请假。

第33条　部长及政务次长不得从事之事

内阁成员与政务次长不得兼任营利职位，不得积极经营商务企业。

第34条　常务次长

（1）各部设常务次长一人或一人以上，常务次长属于公职人员。

（2）（a）常务次长由总统依总理的建议从公共服务委员会推荐的候选人中选择任命。

（b）各部常务次长名额由总理负责分配。

（3）常务次长在部长指挥和监督下监办相应各部事务。

第35条　检察长

（1）设总检察署，并置检察长一人。检察长由总统依总理的建议从具有受任为最高法院法官资格的人员中任命。

（2）除非现任检察长已经死亡或依第（6）款被免职，总理依第（1）款向总统提出任命检察长的建议前，应咨询现任检察长的意见，如无在职者，则应咨询最近卸任的检察长的意见。无论在任何情况下，总理均应咨询首席大法官与公共服务委员会主席的意见。

（3）总理如确信由于第（2）款规定的人员患有身心疾病或因为其他原因实际上不宜向其咨询时，可不向其咨询。

（4）检察长的任期得为具体的期限，除非依第（6）款的规定去职，应于任期届满时卸任（但仍可再受任命）；无任期限制的检察长如无下列情况，应任职至60岁为止：

（a）检察长得随时亲自致函总统呈请辞职；

（b）总统得依总理的建议核准年满60岁的检察长留任，具体期限由政府与检察长商定。

（5）本条虽要求检察长在年满60岁时卸任，但其超过此年龄后行使检察长职权的行为并不会因为其未能及时卸任而无效。

（6）（a）总统得依总理的建议罢免检察长。但总理只有在以下情况下才能提出罢免检察长的建议：检察长因身心疾病或其他原因不能行使其职权，或有不端行为；并经过首席大法官与其为此目的而提名的另外两位最高法院法官组成的法庭的同意。

（b）依本款组成的法庭应制定内部议事程序与规则。

（7）检察长应就总统或内阁随时交付或指定的与法律相关的事项提出建议，执行其他具有法律性质的任务，并履行本宪法及其他制定法所规定的职务。

（8）检察长有权启动、进行或停止针对任何犯罪的诉讼程序。

（9）检察长履行其职务时，得在国内任何法院和法庭发表意见，并有优先出庭权。

（10）检察长的薪酬及津贴由统一基金列支，并得随时调整。

（11）在不违反本条相关规定的前提下，检察长的待遇依下列规定：

（a）依本宪法制定的法律的相关规定；或

（b）法律无规定时，由总统决定。

（12）检察长在职期间，其待遇不得削减。

（13）检察长得自选其待遇，其自选的待遇应视为最佳待遇，且不违反第（12）款的规定。

第36条　内阁秘书

（1）总统得依总理的建议任命一名公职人员为内阁秘书。

（2）内阁秘书在总理的领导下负责安排内阁会议议程、保管会议记录、将内阁决议通知相关人员或机构，并应担任总理随时指派的其他职务。

第三章 财政、契约与诉讼的能力

第37条 与财产、诉讼及合同相关的能力

（1）政府有取得、持有及处分各种财产的权力，并有签订契约的权力。

（2）政府可起诉，也可被起诉。

第五编附加条款 总统咨议会

第37A条 本编的解释

除上下文另有规定外，本编内下列名词定义为：

"主席"，指总统咨议会主席；

"咨议会"，指依第37B条设立的总统咨议会；

"成员"，指咨议会的成员，包括主席以及依第37C条任命的替补成员在内的所有成员。

第37B条 总统咨议会

（1）应设立一个由下列人员组成的总统咨议会：

（a）总统全权决定任命的成员两名；

（b）总统依总理的建议任命的成员两名；

（c）总统依首席大法官的建议任命的成员一名；

（d）总统依公共服务委员会主席的建议任命的成员一名。

（2）总统应任命咨议会中的一名成员为主席。

（3）咨议会成员任期6年，任期届满可再续任4年。

（4）在主席依第22N条或第22O条行使总统职权期间，他——

（a）不再担任主席；且

（b）不参加咨议会的会议。

（5）当主席因为疾病、请假等原因［包括第（4）款所规定的不适任资格］暂时不能参加咨议会的会议时——

（a）他应任命咨议会中的一名成员（不包括替补成员）代理行使主席职权；

（b）同时，应依第37C条的规定选择一名替补成员，代行第（a）项所涉及成员的职权。

第37C条 替补成员

（1）在依第37B条第（1）款任命的成员因疾病、出国或其他原因而暂时不能参加咨议会会议，或者依第37B条第（5）款第（a）项规定代行主席职权时，总统得任命替补成员，以代行该成员的职权。

（2）就依第（1）款规定的任命而言，总统——

（a）应全权决定任命一人为替补成员；且

（b）应要求总理在咨询首席大法官和公共服务委员会主席的意见后提名另外一人，并据此任命该人为另一替补成员。

（3）当依第37B条第（1）款任命的成员（委员会主席除外）——

（a）因疾病、出国或其他原因而暂时不能参加咨议会会议；或者

（b）依第37B条第（5）款第（a）项规定代行主席职权时，

应从根据第（2）款任命的替补成员中选择一人代行该成员职权——

（i）如果是从根据第37B条第（1）款第（a）项任命的两名成员中任选一名，则由总统选择替补成员；

（ii）如果是从根据第37B条第（1）款第（b）项任命的两名成员中任选一名，则由总理选择替补成员；

（iii）如果是从根据第37B条第（1）款第（c）项或第（d）项任命的成员中选任，则分别由首席大法官或公共服务委员会主席选择替补成员。

（4）只有具备第37D条规定的适任资格且不具备第37E条规定的不适任资格的人，才可以依第（2）款被任命为成员。

（5）依第（2）款任命的替补成员，任期为4年，除非该成员在任期届满之前——

（a）亲自致函主席，呈请辞职；

（b）丧失新加坡国籍；或

（c）出现第37E条规定的任何不适任资格的情形。

(6) 只有在某成员因疾病、出国或其他原因而暂时不能参加咨议会会议，或者依第 37B 条第（5）款第（a）项规定代行主席职权时，依第（3）款任命的替补成员才能行使该成员的职权（但不得行使主席职权），且该替补成员——

（a）得代理该成员就任何相关事项行使职权，即使该成员并没有资格处理该事项；

（b）得行使该成员的所有权力，并履行相应义务。

(7) 总统得依下列规定在任何时候撤回对某一替补成员的任命：

（a）如果相关替补成员是依第（2）款第（a）项的规定而任命的，则总统得自行决定；

（b）如果相关替补成员是依第（2）款第（b）项的规定而任命的，则总统应依总理的建议（但总理只有在咨询首席大法官和公共服务委员会主席的意见后方可提出此建议）。

第 37D 条　成员的任职资格

担任成员应具备下列资格：

（a）新加坡公民；

（b）年满 35 岁；

（c）新加坡居民；且

（d）不具备第 37E 条规定的不适任资格。

第 37E 条　成员的不适任资格

下列人员不得担任成员：

（a）经证实患有或曾患有精神疾病者；

（b）无力偿债者或未被免除责任的破产者；或

（c）曾被新加坡或外国法院判处有期徒刑 1 年以上或罚金新币 2000 元以上，而未获赦免者。

受外国法院判刑者，如其行为依新加坡法律并不构成犯罪，则该人不因此成为不适任资格之人。

第37F条　成员资格的终止

（1）新当选的新加坡总统就职时，即使主席任期尚未届满，其席位亦应出缺。

（2）咨议会成员于下列情况下出缺：

（a）丧失新加坡国籍；

（b）亲自致函主席呈请辞职；

（c）具备第37E条的不适任资格。

第37G条　关于成员资格争议的处理

（1）在成员的任命是否有效以及咨议会的席位是否出缺产生争议时，应成立法庭处理，该法庭由最高法院法官一名（由首席大法官指派）及咨议会指派的人员两名组成。

（2）依第（1）款设立的法庭应依下列各项开展工作：

（a）在私密环境中开庭；

（b）给予相关人员足够的机会传唤证人及陈述意见；并

（c）将裁决向主席报告。

（3）法庭的裁决为终审判决，不得再向其他法院上诉。

第37H条　效忠誓词及守密誓词

（1）主席或成员就职前，应依附件一第二部分及第八部分规定的效忠誓词及守密誓词宣誓，并签署誓词，由最高法院法官监誓。

（2）当依第37C条任命的替补成员依第37C条第（3）款代理行使依第37B条第（1）款任命的成员的职权时，第（1）款同样适用，除非该替补成员在任职期间已经就相关事项作过宣誓。

第37I条　总统咨议会的职能

总统依据第21条第（3）款或第（4）款咨询总统咨议会的意见时，总统咨议会应提供相关的意见及建议。

第37J条　总统咨议会的议事

（1）总统咨议会会议应该在秘密环境中进行；为提供总统依据第21

条第（3）款或第（4）款行使职权的相关意见及建议，咨议会得要求任何公职人员或法定局及公营公司的任何官员到会说明，与会官员非经总统正式授权，不得公开或泄露会议内容。

（2）总统咨议会向总统提出关于预算案、追加预算案或最终预算案的建议时，应说明下列事项：

（a）对于非全体成员一致通过的建议，应说明赞同票和反对票的票数；

（b）对于为否决预算案、追加预算案或最终预算案的建议，应说明否决的理由。

（2A）总统咨议会向总统提出关于第22条、第22A条、第22C条涉及人员的任命或撤职的建议时，应说明其建议是否为全体一致；如果不是的话，应说明赞同票和反对票的票数。

（2B）总统咨议会会议决议应由出席会议的成员以投票的方式作出决定，在赞同和反对的票数相等时，则由主席或主持会议者在现有投票之外另投一张决定票。

（3）除本宪法另有规定外，总统咨议会行使职权的程序及办法（包括法定开议人数），得由咨议会自行决定，但须经总统核准后方可实行。

第37K条　总统咨议会向总理及国会报告

总统咨议会向总统提出关于预算法案、追加预算法案或最终预算法案，以及任免第22条、第22A条或第22C条涉及的人员的建议时，应尽快将建议书副本送达下列人员：

（a）总理；以及

（b）议长，而议长则应尽快将副本送至国会。

第37L条　费用

（1）应向总统咨议会主席或其他成员支付费用，具体数额由总统决定；

（2）依第（1）款支付的费用应从统一基金列支，且不得于咨议会主席或成员任期内减少。

第37M条　职员的任命

总统咨议会有权任命咨议会秘书一名及为行使职权而需要的其他职员。

第六编　立法机关

第38条　新加坡的立法机关

新加坡的立法机关由总统和国会组成，行使立法权。

第39条　国会

（1）国会应由下列人员组成：

（a）在国会立法规定的选区中，通过普选而产生的议员；

（b）在国会选举中，为确保执政党以外的政党或政治团体在国会中有一定数目的代表，而设立的非选区议员，人数以不超过6人为限；

（c）总统依附件四的规定任命官委议员，人数以不超过9人为限。

（2）非选区议员或官委议员，在国会中无权投票决定关于下列事项的动议：

（a）修宪法案；

（b）预算法案、追加预算法案或最终预算法案；

（c）第68条规定的金钱法案；

（d）对政府的不信任投票；

（e）依第22L条的规定罢免总统。

（3）就本条及第39A条和第47条而言，"选区"应解释为为国会选举的目的而设立的选举区域。

（4）非国会议员当选为议长或副议长时，将自动成为新增议员，但第五编第二章及第46条的规定不适用于这些新增议员。

第39A条　集选区

（1）为保障马来人、印度人及其他少数族群在国会中有代表，国会得依法作出下列规定：

（a）由总统考虑选区的选民数后，宣布该选区为集选区，在该选区参选的候选人须以 3 至 6 人为一组；

（b）除了第 44 条规定的资格之外，集选区参选人还须具备的资格［包括符合第（2）款所规定的要求］。

（2）任何依第（1）款制定的法律应规定：

（a）由总统指定的每个集选区——

（i）参加竞选的集体候选人中至少有一名应属于马来族群；或

（ii）参加竞选的集体候选人中至少有一名应属于印度族群或其他少数族群。

（b）为集选区选举的进行而设立——

（i）一个审查候选人是否属于马来族群的委员会；以及

（ii）一个审查候选人是否属于印度族群或其他少数族群的委员会。

（c）参加集选区竞选的每个团体中的候选人须来自同一政党，代表其政党参选；或者全部是独立候选人。

（d）在普选中由集选区选出的国会议员数额的上限及下限。

（e）依第（a）项第（i）目指定的集选区数目。

（3）依本条制定的法律，不因其与第 12 条不符而无效，也不得视为是对第 78 条规定的歧视性措施。

（4）本条中下列各名词的含义如下：

"选举"，指为国会议员的选举；

"集体"，指在集选区中参选的 3 至 6 名候选人的全体；

"属于马来族群者"，指任何自认为属于马来族群的一分子、而且也被马来族群普遍接受为其中　分了的人，无论他在血统上是否属于马来族；

"属于印度族群或其他少数族群者"，指具有印度血统、自认为属于印度族群，而且也被印度族群普遍接受为其中一分子的人，或只属于马来或印度族群之外的其他少数族群的任何人。

第40条 议长

(1) 国会于普选后首次集会时，在处理其他任何事项前，应选举议长一人；除因国会解散的情形外，每当议长出缺时，国会须补选议长后方可处理其他事项。

(2) 选举议长的办法由国会决定，议长人选可为不兼任部长或政务次长的国会议员，亦可为非国会议员的人士，但非国会议员的人士，必须符合本宪法规定的议员候选人资格。

(3) 议长就职前，应在国会内依本宪法附件一规定的誓词宣誓，并签署誓词，但已依第61条宣誓者不在此限。

(4) 议长得随时亲自致函国会书记呈请辞职，并须于发生下列情形之一时去职：

(a) 于国会普选后初次集会时；

(b) 身为议员而当选议长者，因国会解散而丧失议员身份时，或受任为部长或政务次长时；

(c) 非国会议员而当选议长者，如当选为国会议员，因第46条第(2)款第(a)项或第(e)项所规定的原因而使其离职时。

第41条 议长的薪酬

议长的薪酬由国会决定，在统一基金内列支，不得于其任期削减。

第42条 副议长

(1) 国会应选出副议长2人；除因国会解散的情形外，当副议长出缺时，国会应尽快补选副议长。

(2) (a) 选举副议长的办法由国会决定，副议长人选可为不兼任部长或政务次长的国会议员，亦可为非国会议员的人士；但非国会议员的人士，如果不符合本宪法规定的国会议员候选人资格，不得当选为副议长。

(b) 副议长就职前，应在国会内依本宪法附件一规定的誓词宣誓，签署誓词，但已依第61条宣誓者不在此限。

(c) 副议长得随时亲自致函国会书记辞职，并须于发生下列情形之一时去职：

（i）于国会普选后初次集会时；

（ii）身为国会议员而当选副议长者，因国会解散而丧失议员身份时，或受任为部长或政务次长时；

（iii）非国会议员而当选副议长者，如当选为国会议员，因第46条第（2）款第（a）项或第（e）项所规定的原因而离职时。

（3）副议长的薪酬或津贴由国会决定，其薪金或津贴在统一基金内列支，不得于其任职期内削减。

第43条 议长职能的履行

议长缺位、请假或因故不能行使其职权时，由副议长代理行使本宪法规定的议长职权；副议长缺位、请假或因故不能行使其职权时，由国会选举其他人员代理。

第44条 国会议员的资格

（1）国会议员应具备本宪法规定的候选资格，并应依新加坡现行法律规定的方式选举，或依附件四的规定委任。

（2）符合下列各项者具有国会议员候选人资格：

（a）新加坡公民；

（b）被提名时年满21岁；

（c）其姓名载于当时选举人登记册上；

（d）被提名时为新加坡居民，且在被提名前已在新加坡居住满10年；

（e）如果非盲人或其他身体残障者，应能流利地说写英文、马来文、华文或泰米尔文中至少一种语言，以便能积极参与国会议事；

（f）无第45条规定的不适任的情况。

（3）关于某人是否具备第（2）款第（e）项规定的资格，应依新加坡现行法律规定；在现行法律没有规定的情况下，由总统以在政府公报中发布命令的方式加以规定。

第45条 不适任国会议员的情况

（1）除本条另有规定外，下列人员不得成为国会议员：

（a）经证实曾患且仍患有精神疾病者。

（b）尚未解除债务的破产者。

（c）在营利性机构担任职务者。

（d）曾被提名竞选国会议员或总统，或曾为被提名者的竞选代理人，未能在法定时限内依照法定方式申报竞选费用者。

（e）曾被新加坡或马来西亚法院判处1年以上有期徒刑或新币2000元以上罚金，未经赦免者；被马来西亚法院判决者，如其行为依新加坡法律不构成犯罪，则该人不因此具有不适任资格。

（f）自愿取得外国国籍、行使外国公民权或对外国宣誓效忠者。

（g）因被判违反关于国会选举的法律，或在有关国会选举的诉讼程序中经证实有构成犯罪的行为，而丧失资格者。

（2）第（1）款第（d）项及第（e）项的不适任资格得由总统撤销；如果未经撤销，适用第（d）项者自法定申报日期5年后，适用第（e）项者自刑满释放或缴纳罚金的时间起5年后，其不适任资格的情形自动消除；个人在取得新加坡国籍前的行为，不构成第1款第（f）项规定的不适任资格。

（3）第（1）款第（f）项所指定的"外国"不包括英联邦任何部分或爱尔兰共和国。

第46条 国会议员的任期

（1）国会议员当选或被任命后，于国会解散时，或依本宪法规定其议席已于国会解散前出缺时，不再为国会议员。

（2）有下列情形之一者，国会议员的席位即予出缺：

（a）丧失新加坡公民资格者；

（b）不再是支持其竞选的政党的党员，退出该党或被该党开除党籍者；

（c）以亲笔签名函向议长请辞议员席位者；

（d）在国会或其所属委员会会议中，未于任何一次会议结束前向议长请假获准，而在两个月内连续缺席者；

(e) 系第45条规定的不适任资格者；

(f) 因国会行使除籍权而被排除出国会者；

(g) 如为官委议员，任期届满者。

(2A) 当非选区议员后来被选区选为议员时，其原席位应予出缺。

(2B) 官委议员有下列情形者，其席位应予出缺：

(a) 在选举时为任何政党的候选人；

(b) 虽非任何政党的候选人，但当选为选区议员。

(3) 如果卸任议员仍具有适任资格，得再被选为或被委任为议员。

(4) 如果任何议员因为以下原因而出现了第45条第（1）款第（a）项、第（b）项、第（e）项或第（g）项规定的不适任资格情形：

(a) 经审判或其他方式而被宣布为破产。

(b) 经审判或其他方式而被宣布为患有精神疾病。

(c) 被新加坡或马来西亚法院定罪，并被判处1年以上有期徒刑或新币2000元以上罚金。

(d) 被宣判或被证实违反了与国会选举相关的法律。

如果该议员仍然有针对该决定上诉的机会（无论是不是已向法院或其他有权机关请假），该议员应立即停止在国会或所属委员会参加议事或投票；但从相关审判、宣判或定罪的日期之后180日内，该议员的席位不应出缺，除非出现第（6）款或第（7）款规定的情况。

(5) 在第（4）款所指的180日后，如果某一国会议员仍然具备第45条第（1）款第（a）项、第（b）项、第（e）项或第（g）项规定的不适任资格，则其议员席位应当出缺。

(6) 如果在经过上诉之后，该议员仍然具备第45条第（1）款第（a）项或第（b）项规定的不适任资格，则在满足下列条件的情况下该议员的席位应当出缺，即使前述180日的期限尚未到期：

(a) 他已再无上诉的机会；或者

(b) 由于未能在规定时间内提起上诉、发出通知，或者由于其他任何原因，该议员已失去原有的上诉机会。

本条规定不受第（5）款影响。

（7）在第（4）款所指的180日内，如果由于赦免、上诉的最终决定以及其他原因，该议员不再具备第45条第（1）款第（a）项、第（b）项、第（e）项或第（g）项规定的不适任资格，则在该议员不再具备不适任资格的第二天开始，他将有权在国会或所属委员会参加议事或投票。

（8）为了避免争议，第（4）款和第（7）款：

（a）不适用于国会议员的提名、选举或任命；就提名、选举或任命而言，第45条中提及的任何导致国会议员不适任的事件在其发生之时就即刻发生作用。

（b）不能使被提名的议员的任期超过附件四规定的期间。

第47条　禁止双重代表

选区议员不得同时代表两个以上的选区。

第48条　对不适任资格问题的决定

下列问题应由国会决定，国会的决定具有终局性：

（a）任何国会议员席位是否出缺；

（b）非国会议员而当选为议长或副议长者，于其当选为国会议员后，是否存在使其因第46条第（2）款第（a）项或第（e）项的规定而出缺其席位的情况。

国会为进行或议决可能影响前述决定的议事程序时（包括撤销不适任资格的议事程序），得行使延后决议的权力，不受本条影响。

第49条　补选

（1）国会议员席位（非选区议员席位除外）因国会解散以外的原因而出缺时，应依现行《国会选举法》的规定补选。

（2）立法机关得依法规定下列事项：

（a）除了第46条规定的情况外，非选区议员在何种情况下出缺；

（b）除国会解散之外的其他原因所造成的非选区议员议席出缺时的补缺事宜。

第 50 条　对无资格者参加国会议事的惩罚

（1）明知或理应明知其无资格参加国会会议或投票而参加会议或投票者，每参加一天，应处以新币 200 元以下的罚金。

（2）前项罚金得由总检察长在高等法院提起的诉讼中收取。

第 51 条　国会的职员

（1）国会设置书记一人，并依本宪法第九编的规定任命职员若干人辅助。

（2）国会书记由总统咨询议长与公共服务委员会的意见后任命。

（3）国会书记得随时以亲笔签名函向议长辞职；并得由总统与议长商议后依第（4）款的规定予以免职，但须受第（4）款规定的限制。

（4）国会书记因患身体或精神疾病或其他原因无法行使职权，或因行为失当而应予免职时，须经国会议员 2/3 以上的决议通过。

（5）非经议长同意，国会职员不得升任或转任其他的公共服务职位。

（6）在不违反第 159 条的前提下，国会议员的待遇，得由国会听取由下列人员组成的委员会的建议后决定：

（a）议长（作为委员会的主席）；

（b）总理提名的部长，以 3 人为限，其中应包括财政部长；

（c）公共服务委员会成员 1 人。

第 52 条　国会的议事规则

国会在不违反本宪法其他条款的前提下，制定、修改及废止其议事规则，以便议事进行与职权行使。

第 53 条　国会中使用的语言

除非立法机关另有规定，国会内的一切辩论与讨论均以马来文、英文、华文或泰米尔文进行。

第 54 条　国会会议的主持

议长应主持国会各次会议。

第 55 条 国会议事的有效性

国会议员的出缺（包括国会初次集会时或经重组之后），不影响国会议事的进行；纵使有无资格出席或投票的人出席或投票，国会的议事仍为有效。

第 56 条 法定人数

如有任何出席议员以在场议员（议长或主持会议的议员除外）不足全体议员 1/4 为理由提出异议，而依国会议事规则的规定休息后，如果议长或主持会议的议员确定在场议员不足全体议员 1/4，应即刻宣告国会休会。

第 57 条 投票

（1）除本宪法另有规定外，提交国会决定的一切问题，均由出席且有投票权的议员过半数决定，如果赞成与反对的票数相等，则视为不通过。

（2）非国会议员而当选为议长者不得投票；议员任议长或主持会议者仍然有固有投票权，但不得投决定票。

第 58 条 立法权的行使

（1）除第七编另有规定外，立法机关制定法律的权力，应以国会通过法案，并由总统加以核准的方式行使。

（2）法案经总统核准后成为法律，自其在政府公报公布之日起施行，但如在该法律中或其他新加坡现行法中另行指定施行日期的，则自该指定的日期开始施行。

第 59 条 法案的提出

（1）以遵守本宪法及国会议事规则的规定为前提，任何议员均可提出法案、动议及请愿案，国会应依国会议事规则进行辩论及处理。

（2）直接或间接涉及下列各项的法案及修正案，如财政部长认为该案为无实质性的附带事项时，除非总统应部长的要求提出建议，国会议员不得提出：

（a）课征税，增加税，取消、减少或退还现行税；

（b）政府贷款、提供担保或关于政府财政义务的法律修正案；

(c) 统一基金的保管、统一基金款项的支出账目或此种账目的取消或变更;

(d) 向统一基金交付任何款项、从统一基金支付、汇出或领取未经入账的款项或支付、汇出或领取的金额的增加;

(e) 为统一基金而收入的任何款项,或此种款项的保管或汇出。

(3) 法律案及其修正案,仅规定科处罚款、变更罚款或其他金钱处罚或要求缴纳牌照费规费或服务费者,不适用第(2)款的规定。

第60条　立法文字

送请总统同意后的法案应包含下列的立法文字:

"总统经新加坡国会的建议及同意,制定法律如下"。

第61条　效忠誓词

除本条另有规定外,国会议员在依本宪法附件一规定的效忠誓词宣誓并签署誓词之前,不得参与国会的议事。

议长选举得于国会议员宣誓并签署誓词之前举行。

第62条　总统致词

总统得向国会致词并致送咨文。

第63条　国会的特权

立法机关得以法律规定国会的特权、豁免或权力。

第64条　国会的会期

(1) 国会每年至少应有一个会期。前一会期最后一次会议与下一会期第一次会议之间最多不得相隔6个月。

(2) 国会各会期集会地点及时间,由总统于政府公报公布。

第65条　国会的休会及解散

(1) 总统得随时于政府公报中宣告国会休会。

(2) 总理出缺时,总统如确信虽然出缺已逾一段适度期间,仍无国会议员能获得过半数议员信任,则应于政府公报中宣告解散国会。

（3）总统得依总理的建议随时于政府公报中宣告解散国会；但是，除非总统确信总理仍可获得多数议员信任，总统没有义务依总理的建议解散国会。

（3A）当国会依第22L条第（3）款提出对总统行为进行调查的动议后，总统不应解散国会，除非有下列情形之一：

（a）提出的动议依第22L条第（4）款未获得通过；

（b）提出的动议依第22L条第（4）款获得通过，但依第22L条第（5）款任命的法庭认定总统并非永久不能行使其职权，或总统并未犯动议所指控的罪行；

（c）依第22L条第（7）款，罢免总统职务的最后决议未获通过。

（4）国会如未经提前解散，应自首次会议日起至5年期满时解散。

第66条　普选

国会解散后，应于3个月内举行普选，其日期由总统于政府公报公布。

第67条　议员的薪酬

国会议员的薪酬由立法机关以法律决定。

第七编　少数族群权利总统理事会

第68条　本编的解释

除上下文另有规定外，本编下列各词含义为：

"不利报告"，指理事会提出的报告，其中认为法律案或辅助立法的某些具体的条款构成歧视性措施。

"主席"，指理事会主席。

"理事会"，指依第69条设立的少数族群权利总统理事会。

"歧视性措施"，指那些实际适用时，或因直接损害某一种族或宗教团体成员利益，或因间接给予其他种族或宗教团体成员利益，而可能仅对某一种族或宗教团体成员不利的措施。

"成员"，指理事会的成员，包括主席。

"金钱法案",指只含有与下列一种或全部事项相关的条款的法案:

（a）税务的课征、废止、免除、变更或限制；

（b）为支付贷款或其他财政目的而课征统一基金或其他公共基金的费用，或变更或废止此种课征；

（c）赠与政府、任何机关或人士的款项，变更或撤销此种款项；

（d）公款的拨付、领受、保管、投资、汇出或审计；

（e）公债的举借或保证、该公债的偿还或配合此种公债的偿债基金的设立、变更、管理或撤销；

（f）从属于或附带于上述事项的任何一种从属事项。

"会议日",指国会集会的任何日期。

第 69 条 少数族群权利总统理事会的设立

（1）设立由下列人员组成的少数族群权利总统理事会：

（a）主席 1 人，其任期为 3 年；

（b）常任成员 10 人以下，其任期为终身；

（c）一般成员 10 人以下，其任期为 3 年。

（2）主席与各成员由总统经内阁的建议任命。

（3）主席及依第（1）款第（c）项任命的成员任满可连任。

第 70 条 短期任命

成员因疾病、出国或其他原因向主席请假 3 个月以上时，主席应将相关信息转告总统，总统得依内阁的建议任命在此期间的代理成员。

第 71 条 成员的任职资格

凡符合下列各款项者得被任命为成员：

（a）新加坡公民；

（b）年满 35 岁；

（c）新加坡居民；

（d）不具有第 72 条所规定的任何不适任资格的情形。

第72条　成员的不适任资格

有下列情形之一者不得被任命为成员：

（a）经证实患有或曾经患有精神疾病者；

（b）无力偿债或未被免除债务的破产者；

（c）经新加坡或马来西亚法院判处1年以上有期徒刑或新币2000元以上的罚金，未经赦免者；但被马来西亚法院判刑者，如其行为并未触犯新加坡法律，则该人不因此属于不适任资格之人；

（d）自愿取得外国国籍、行使外国公民权或对外国宣誓效忠者。

第73条　成员身份的终止

有下列情形之一的理事会成员，其席位应当出缺：

（a）丧失新加坡国籍；

（b）亲自致函向主席呈请辞职；

（c）在任职期间出现了第72条规定的不适任情况。

第74条　裁决关于成员身份的争议

（1）成员的任命或出缺产生争议时，应成立法庭决定，该庭由最高法院法官一名（由首席大法官指派）及理事会指派的两位成员组成。

（2）依前项成立的法庭应依下列各项执行工作：

（a）在秘密环境中开庭；

（b）给予当事人足够的机会以传唤证人并进行辩论；

（c）向理事会主席报告其裁决。

（3）法庭的裁决为终审判决，不得再向其他法院上诉。

第75条　效忠誓词及守密誓词

理事会主席与成员就职前，应依附件一第一、第七部分的效忠誓词及守密誓词宣誓，并签署誓词，由最高法院法官监誓。

第76条　理事会的一般职能

（1）国会或政府得将可能影响新加坡境内某一种族或宗教团体成员的事项交付理事会审议，理事会应于审议后提出报告。

(2) 交付理事会审查的事项，由国会议长或各部部长提交。

第 77 条　与法案及辅助立法相关的职能

如果理事会认为某法案或辅助立法将构成歧视性措施时，应促请相关机构注意。

第 78 条　将法案及法案修正案的副本致送理事会

(1) 适用本条的法案在国会通过后，在送请总统同意前，议长应即备妥该案认证本，并将其送交理事会。

(2) 理事会应审议该法案，并于收到该法案后 30 日内向议长提出报告，说明理事会是否认为其中任何条款构成歧视性措施，并列举该类条款。

(3) 国会于收到理事会的不利报告并对法案加以修正后，议长应将修正过的法案再次送交理事会。

(4) 理事会主席可向议长请求延长第（2）款规定的 30 日期限；议长在考量法案的冗长性或复杂性、理事会议程的繁多或其他充分理由后，得同意延长该期限。

(5) 议长收到理事会依第（2）款送达的报告后，应转交国会，不得无故拖延。如果于第（2）款所定的期限内，或依第（4）款延长期限之后，议长仍未收到关于该法案的报告，则可推定理事会认为该法案不包含歧视性措施。

(6) 适用本条的法案送请总统同意时，应由议长出具证明书叙述下列各项：

(a) 理事会认为依据法案立法后不构成歧视性措施；

(b) 未于规定或延长的时间内收到理事会的报告，推定理事会认为依据法案立法后不构成歧视性措施；或

(c) 虽然理事会认为法案中若干条款已构成歧视性措施，但将该法案送请总统同意的动议已由国会全体议员的 2/3 以上赞成通过。

(7) 下列法案不适用本条的规定：

（a）金钱法案；

（b）经总理证明系影响新加坡国防或安全的法案，或者是关于新加坡公共安全、和平或良好秩序的法案；

（c）经总理证明为紧急的法案，为大众利益计，不宜延迟制定。

（8）议长得以书面证明某一法案应视为使用第68条规定的金钱法案，该类法案送请总统同意时，应由议长出具证明书，该证明书具有终决性，不得向任何法院上诉。

第79条　理事会审核紧急法案的职权

（1）总理依第78条第（7）款证明为紧急的法案，经总统同意后，议长仍应备妥该法案认证本，并尽快将其送交理事会。

（2）理事会应审核该法案，并应于收到该法案后30日内向议长提出报告，说明理事会是否认为该法案包含歧视性措施，同时列举此种条款。

（3）议长应尽快将前款报告提交国会。

第80条　理事会审核辅助立法的职权

（1）辅助立法认证本应由主管部长于该法案公布后14日内送交理事会。

（2）理事会应审核该辅助立法，并应于收到该法后30日内向议长及主管部长提出报告，说明理事会是否认为该法案中包含歧视性措施，并列举此种条款。

（3）议长应于收到理事会关于该辅助立法的报告后于国会下次集会日将该报告送交国会。

（4）对辅助立法任何条款的不利报告依第（3）款送交国会后6个月内，除非有下列情况之一，主管部长应撤销该条款，并于政府公报中公布：

（a）该条款已被主管部长撤销或修正；或

（b）国会已通过确认该条款的法案。

（5）如果于第（2）款规定的时间内未收到关于该辅助立法的报告，

则可推定理事会认为该辅助立法不包含歧视性措施。

第81条 理事会审议特定制定法的职权

（1）理事会得审议于1970年1月9日有效的任何制定法，并提出其中是否包含歧视性措施的报告。

（2）理事会应将其报告送交议长，议长应尽快将该报告送交国会。

（3）理事会也应将其有关辅助立法的报告副本送交主管部长。

第82条 主席的职责

（1）理事会议由主席召集。

（2）主席应主持会议。

（3）主席出缺或因故不能出席时，理事会应选出其他成员为代理主席。

第83条 法定人数及投票

（1）理事会非有法定人数（成员8人，包括主席或主持会议的成员）出席，不得举行会议。

（2）理事会的决定应以出席并投票的过半数成员决定。

（3）主席或主持会议的成员有投票权，但不得投决定票。

（4）理事会就任何问题表决时，如赞成票与反对票同数，则视为不通过。

第84条 理事会议事应在秘密环境中进行

理事会议事应在秘密环境中进行。理事会依本编的规定审核法案或法律时，无权传唤反对者或证人。

第85条 理事会的报告

理事会依本章的规定报告其意见时，应叙明下列事项：

（a）对于非全体成员一致通过的报告，应说明赞成及反对的票数。

（b）对于不利报告，应说明得出该结论的理由。

第86条 在成员出缺的情况下议事的有效性

理事会成员的出缺，不影响其依第83条第（1）款的规定开会审议；

纵使有无资格参加议事者参加议事,该议事结果仍然有效。

第87条　部长的参议

总理得为法案审查工作的进行,授权相关部长、国务部长或政务次长出席理事会,并参与讨论,但不得投票。

第88条　理事会制定其议事程序的权力

除非本宪法其他部分另有规定,理事会得制定其议事程序及调整内部事务的规则,但须经总统批准后方可生效。

第89条　年度报告

(1) 理事会应在每年将其过去12个月的工作编纂成报告送交总统。

(2) 总统应尽快将前款报告致送国会。

第90条　薪酬与公费

(1) 理事会主席及成员的薪酬与费用由总统决定。

(2) 前项薪酬与费用的列支由国会决定。

第91条　职员的任命

理事会得任命秘书一人,职员若干人,处理本编规定的理事会事务。

第92条　制定规则的权力

总统得制定办法规定理事会与国会间的事务、理事会与制定辅助立法的机关间的事务以及其他与本编相关的事务。

第八编　司法机关

第93条　新加坡的司法权

新加坡的司法权由最高法院及依现行制定法设立的基层法院行使。

第93A条　与总统选举有关的案件的审理

(1) 所有与总统选举有关的案件的审判诉讼应由首席大法官或首席大法官为此目的提名的最高法院法官(本宪法称为选举法官)审判。

(2) 选举法官应依法进行总统选举诉讼的审判, 其裁决为终审判决。

(3) 与总统选举有关的诉讼程序, 应由依《最高法院司法法》第 80 条任命组成的法规委员会制定。

第 94 条　最高法院的组成

(1) 最高法院由上诉法院和高等法院组成, 各自的管辖权及权力由本宪法及相关制定法规定。

(2) 最高法院法官的职位不得于法官在职期间撤销。

(3) 具有最高法院法官任职资格的或从最高法院卸任的法官, 得依第 95 条被任命为首席大法官, 或因特殊目的 (视情况而定) 依第 95 条被指派为上诉法院或高等法院法官, 其任期由总统依总理的建议而决定。

(4) 为便利最高法院业务的开展, 总统得依总理的建议, 依第 95 条任命具有最高法院法官资格者一人为最高法院司法专员, 其任期由总统决定。司法专员承首席大法官之命, 审理某一个或若干个案件。司法专员之职权与高等法院法官相同, 其依法行使职权的效力也与法官相同, 也应享有法官的权力及豁免。

(5) 就第 (4) 款而言, 总统得任命具备最高法院法官资格者为司法专员, 司法专员只能听审指定的某一具体案件。

第 95 条　最高法院法官的任命

(1) 首席大法官以及上诉法院和高等法院的法官, 均由总统依总理的建议而任命。

(2) 总理依前款提出任命法官 (首席大法官除外) 之建议前, 应咨询首席大法官的意见。

(3) 依第 94 条第 (3) 款指定的视同最高法院法官参加开庭者及依同条第 (4) 款任命的最高法院司法专员, 以及首席大法官以外的法官的任命, 均适用本条之规定。

第 96 条　最高法院法官的任职资格

凡具有《法律职业法》第二节所规定的资格累计达 10 年以上的人,

或新加坡法律服务委员会成员，或兼具这两种资格的人，皆有受任为最高法院法官的资格。

第97条　最高法院法官及司法专员的就职宣誓

（1）首席大法官、经任命的高级法院或上诉法院的法官、被指定为视同法官参加开庭者以及经任命的司法专员，皆应于开始执行职务前，依本宪法附件一规定的就职誓词宣誓，由总统监誓。

（2）依第94条第（5）款被委任以审理某一具体案件的司法专员，如果他在过去12个月内曾被委任审理另一具体案件，则无须依第（1）款规定进行宣誓。

第98条　最高法院法官的任期及待遇

（1）除本条其他款项另有规定外，最高法院法官在年满65岁时应退休；总统得延长法官的任期，但延长的时间不得超过6个月。

（2）最高法院法官得随时以亲笔签名函向总统辞职，但法官除依第（3）款、第（4）款、第（5）款规定外不得被免职。

（3）最高法院法官因患身体或精神疾病或其他原因无法履行其职务，或有不端行为时，总理或首席大法官（于咨询总理的意见后）得向总统提出免职提议，总统应依第（4）款的规定成立法庭处理该免职提议，并得依该庭的建议革免法官的职务。

（4）法庭由5位以上现任或卸任最高法院法官组成，总统亦得指派英联邦之现任或卸任同等职位者。法庭庭长由其成员依下列顺任担任：首席大法官，依其任职的先后次序；法官，依其被任命为法官或同等职位的日期的先后（如果是在同一日被任命的，则年长者居先）。

（5）在裁决庭依第（3）款提出建议及报告之前，总统得依总理的建议，中止该法官之职务；如果被调查者是首席大法官之外的其他法官，总统在依总理的建议中止该法官的职务前，还应咨询首席大法官的意见。

（6）最高法院法官的薪酬由国会以法律规定，并在统一基金内列支。

（7）在不违反本条的情况下，国会得立法规定最高法院法官的除了薪酬之外的其他方面的待遇。

（8）最高法院法官的薪酬及待遇（包括退休权益）不得于其任期内减少。

（9）最高法院法官行使职权的效力，不因其已年满第（1）款规定的退休年龄而受影响。

（10）首席大法官请假由总统核定，法官请假由总统依法院首席大法官之建议核定。

第99条 对国会中关于最高法院法官的讨论的限制

国会非经全体议员的1/4以上提出实质动议，不得讨论最高法院法官之行为。

第100条 咨询意见

（1）当宪法的任何条款已经引发或可能引发争议时，总统得将相关问题提交一个由至少三位最高法院法官组成的法庭。

（2）在总统依第（1）款将相关问题提交给法庭之后，法庭应尽快研究并回答相关问题（以60日为限）；法庭应将其对于第（1）款中所涉问题的意见致送总统，并说明其意见的理由；法庭中的任何法官若不同意多数法官的意见，也应以相似的方式将其意见及理由致送总统。

（3）就本条而言，法庭多数法官的意见视同法庭的意见，该意见应该在法庭上公开宣布。

（4）任何法院都无权质疑法庭提出的意见；如果某法律或其中的任何法案的条文曾经由总统提交法庭，则任何法院都无权质疑此法律或条文的有效性。

第101条 "职位"的定义

本编中，就最高法院中的法官而言，"职位"指首席大法官、上诉法院法官或高等法院法官的职位（视情况而定）。

第九编　公共服务

第 102 条　公共服务

(1) 除本编另有规定者外，公共服务包括：

(a) 新加坡的武装部队；

(b) 新加坡的文官；

(c) 新加坡的法律服务司；以及

(d) 新加坡的警务人员。

(2) 除宪法另有明文规定外，公共服务人员的任用资格及待遇，得由法律规定，亦得由总统在不违背此类法律的前提下作出相关规定。

第 103 条　本编的解释

除上下文另有规定外，下列名词解释适用于本编除第 112 条、第 114 条和第 115 条之外的所有条款：

(1) "公共服务"不包括文官以外的服务。

(2) "公职"不包括下列职位——

(a) 首席大法官的职位；

(b) 总检察长的职位；

(c) 最高法院法官的职位；

(d) 公共服务委员会成员或法律服务委员会成员的职位；

(e) 督察级以下的任何警官的职位；

(f) 按日计酬的任何人员的职位。

"公职人员"一词应按上列各词作类推解释。

第 104 条　公共服务人员的任期

除本宪法另有规定外，公共服务人员的任期由总统决定。

第 105 条　公共服务委员会

(1) 设立公共服务委员会。委员会由主席 1 人，成员 5 人至 14 人组成，均由总统依总理之建议任命。

（2）主席必须为新加坡公民。

（3）总统得依总理的建议，任命一位以上公共服务委员会成员为副主席。

（4）总理依第（3）款提出任命副主席的建议前，应咨询公共服务委员会主席的意见。

（5）依第（3）款任命副主席时，应明确规定其任期；如果被任命者不再是公共服务委员会成员，则他也不得继续担任副主席。

（6）公共服务委员会成员不得担任其他任何公职。

（7）公共服务委员会在法定数3人（应包括主席或副主席）出席的情况下即可开议，不受成员出缺的影响，其议事结果亦不会因为无资格参加议事者的参加而无效。

（8）公共服务委员会主席及成员就职前，应依本宪法附件一规定的就职誓词宣誓，并签署誓词，由首席大法官或法官监誓。

第106条 委员会任命的不适任资格

（1）下列人员不得被任命为公共服务委员会成员，即使已经被任命者也将丧失其成员身份：

（a）公职人员；

（b）依新加坡现行法律（但不包括公司法或以前与之对应的制定法）规定而成立的公司的职员；

（c）国会议员或已经被正式提名的国会议员候选人；

（d）工会会员或工会分支协会或团体的会员；

（e）任何政治团体的职员。

（2）第（1）款第（b）项不适用于依法设立的任何大学的教员。

第107条 成员的任期

（1）除第106条另有规定外，公共服务委员会成员的任期为5年，任满可连任，并可于任期中亲自致函总统请求辞职或依本条之规定免职；除主席外，成员的任期可少于5年，但不得少于3年。

(2) 公共服务委员会成员因患身体或精神疾病或其他原因无法亲自行使其职权，或有不端行为时，总理或委员会主席（同总理磋商后）得向总统提出免职提议，由总统提交法庭（由首席大法官或由首席大法官指派的两位法官组成）审理；总统得依该庭的建议，以附有其签名的文书免除该成员的职务。

(3) 依前款成立的法庭应自定其行使职权的程序及办法。

第108条　委员会主席及成员的待遇

(1) 公共服务委员会主席及成员的薪酬及津贴由统一基金内列支，并得随时调整。

(2) 除本宪法另有规定外，公共服务委员会成员的待遇得通过下列方式确定：

(a) 由依本宪法制定的法律加以规定；

(b) 无法律规定时由总统决定。

(3) 公共服务委员会成员在职期间，其待遇不得削减。

(4) 公共服务委员会成员得自选其待遇，其自选的待遇应视为最佳待遇，且不违反第（3）款的规定。

第109条　委员会秘书

(1) 公共服务委员会成员设置秘书一人。秘书为公职人员，由总统依公共服务委员会的建议任命。

(2) 公共服务委员会秘书承委员会主席之命，安排委员会会议议程、保管会议记录、传达会议决议给适当人员与机关，并办理主席随时安排的其他事项。

第110条　公职人员的任用等

(1) 除本宪法另有规定外，公共服务委员会负责管理公职人员的任用、考核、升职、调职、免职及奖惩。

(2) 公职人员的晋升应以其工作资质、经验及业绩为基础。

(3) 依本条规定将任何人员免职或降级前，应给予其合理的辩护机会。

(4) 除第 110D 条另有规定外，第 102 条第 (1) 款第 (b) 项至第 (d) 项所列人员的免职或降职，不得由在其免职或降职之时有权任命从事该项服务的同级职员的机关的下属机关决定。

(5) 本条第 (1) 款中：

(a) "任用"不包括两个月和少于两个月的短期工作；

(b) "调职"不包括政府同一部门内的、不改变职员等级的平调。

第 110A 条（已废止）

第 110B 条（已废止）

第 110C 条（已废止）

第 110D 条　人事机构

(1) 除本条另有规定外，总统得依总理的建议以在政府公报中发布命令的方式设立一个或多个人事机构，以行使公共服务委员会依第 110 条行使的全部或部分权力和职能。

(2) 依第 (1) 款发布的命令应明确规定由人事机构行使的权力和职能，以及可以行使前述职权的公职人员的类别，但下列职权除外：

(a) 针对新加坡第一级公务员中任何公职人员的免职及惩戒；以及

(b) 公共服务委员会拥有的、与在行政服务或行政服务（外事服务部门）中任职于重要级别［依第 111A 条第 (1) 款的规定］或该级别以上的公职人员相关的权力，包括对该级别职员的任职和升职的权力，

命令中赋予人事机构的任命的权力，不包括罢免被任命者的权力。

(3) 如果总统依第 (1) 款以命令的方式设立人事机构以行使公共服务委员会的权力或职能，此权力或职能——

(a) 得由该人事机构行使，即使第 110 条第 (1) 款和第 (4) 款有不同规定；且

(b) 只要依命令由人事机构行使，则公共服务委员会须停止行使该权力或职能，除非第 (4) 款另有规定。

(3A) 人事机构得以书面方式将其全部或部分权力和职能（除了授权

的权力）授予人事机构的任何成员（并得附加其认为适当的条件），该成员将依授权条款行使相应权力和职能；但此类授权不妨碍人事机构行使任何权力和职能。

（3B）依第3A款得到授权的成员在授权范围内所做的任何行为或事情，将被视同由人事机构作出，且与人事机构所做具有相同的效力和效果。

（4）除第（7）款另有规定外，如果依本条设立的任何人事机构的决定对任何人造成了不法侵害，则受害者得在规定的期限内以规定的方式上诉至公共服务委员会，公共服务委员会的决定为终局决定。

（5）除第（6）款另有规定外，任何对第一级公务员有任免等权力的人事机构的成员得由总统依总理的建议任命；如果总统不同意总理的建议，则总统得拒绝依总理的建议任命。

（6）下列人员不得受任为依本条设立的人事机构的成员，即使已经被任命者也将丧失其成员身份：

（a）国会议员或已经被正式提名的国会议员候选人；

（b）工会会员或工会分支协会或团体的会员；

（c）任何政治团体的职员。

（7）总统得通过规章——

（a）规定与人事机构的成员的任命相关的事项；

（b）规定上述人事机构在行使其权力和职能时应遵循的程序；

（c）规定第（4）款提及的上诉方式；以及

（d）如对第（4）款的适用加以修正，要求受害者首先向总统指定的人或机构上诉，但不影响在此之后继续上诉至公共服务委员会的权利。

（8）本条不影响公共服务委员会依第116条第（3）款在1994年10月1日之前作出的指令或授权，也不适用于此类指令或授权下的任何权力和职能。

第111条 法律服务委员会

（1）设立法律服务委员会，管理新加坡法律服务司的所有职员。

(2）法律服务委员会由下列人员组成：

(a) 首席大法官（并由其担任主席）；

(b) 检察长；

(c) 公共服务委员会主席；

(d) 由总统依第 2A 款规定的提名人的建议而任命的 3 名至 6 名成员。

(2A）第（2）款第（d）项所指的成员由下列人员构成：

(a) 由首席大法官提名的成员，不得少于 1 人，但不得多于 2 人；

(b) 由公共服务委员会主席提名的成员，不得少于 1 人，但不得多于 2 人；

(c) 由总理提名的成员，不得少于 1 人，但不得多于 2 人。

如果首席大法官、公共服务委员会主席或总理（视情况而定）提名 2 人，则其中至少有 1 人必须具备《法律职业法》第二节所规定的资格累计 10 年以上。

(2B）不得依第（2）款第（d）项任命下列人员为法律服务委员会成员，即使已经被任命者也将丧失其成员身份：

(a) 公职人员；

(b) 依新加坡现行法律（但不包括公司法或以前与之对应的制定法）规定而成立的公司的职员；

(c) 国会议员或已经被正式提名的国会议员候选人；

(d) 工会会员或工会分支协会或团体的会员；

(e) 任何政治团体的职员。

(2C）除第（2B）款另有规定外，法律服务委员会中的任何一个依第（2）款第（d）项任命的成员的任期由总统决定（但不得短于 3 年，且不得长于 5 年），任期届满后可得重新任命，除非其在任期届满前亲自致函总统呈请辞职，或者依第（2D）款被免职。

(2D）在依第（2）款第（d）项任命的法律服务委员会成员因身心疾病或其他原因无法亲自行使其职权，或有不端行为时，如果总理或法律委员会主席（与总理咨商后）向总统提出免职提议：

(a) 如果总统同意此提议，则应将此事提交裁决庭（由首席大法官指派的两位法官组成）审理；且

(b) 如裁决庭建议免职，则总统应以附有其签名的文书革免该成员的职务。

(2E) 依第（2）款第（d）项任命的法律委员会成员：

(a) 在就职前，应依本宪法附件一规定的就职誓词宣誓并签署誓词，由首席大法官或其他法官监督；且

(b) 应得到相应津贴，该津贴从统一基金中列支。

(2F) 除本宪法另有规定外，依第（2）款第（d）项任命的法律委员会成员的待遇得在依本宪法制定的法律中加以规定，在法律没有规定的情况下，亦得由总统决定。

(2G) 依第（2）款第（d）项任命的法律委员会成员的待遇在其任期内不得削减；但如果法律委员会成员得自选其待遇，其自选的待遇应视为对其而言最佳的待遇。

(2H) 总统得依总理的建议指定依第（2）款第（b）、（c）或（d）项任命的法律委员会成员中的一名为法律委员会副主席，但总理在向总统提出此建议前须与法律委员会主席协商。

(3) 除现行法律或本宪法另有规定外，法律服务委员会负责新加坡法律服务司职员的任用、审核、升职、调职、免职及奖惩。

(4) 法律服务委员会得委派新加坡法律服务司的职员或专案小组（由委员会委派前述人员组成），在委员会的指挥和监督下处理本条第（3）款规定的各项业务，但不包括人事机构依第111AA条行使的职能。

(5) 除本宪法另有规定外，法律服务委员会得制定其内部议事的程序和规则。

(6) 设法律服务委员会秘书一人，其应该是：

(a) 一名公职人员；且

(b) 由总统依据法律服务委员会的建议任命。

(7) 法律服务委员会秘书承委员会主席之命，安排委员会会议议程、

保管会议记录、传达会议决议给适当人员与机关，并办理法律服务委员会主席随时安排的其他事项。

第111AA条　新加坡法律服务司的人事机构

（1）除本条另有规定外，总统得依总理的建议以在政府公报中发布命令的方式设立一个或多个人事机构，以行使法律服务委员会依第111条行使的全部或部分权力和职能。

（2）依第（1）款发布的命令应明确规定由人事机构行使的权力和职能，以及新加坡法律司中可以行使前述职权的职员的类别，但下列职权除外：

（a）针对新加坡法律司的职员的免职及惩戒；以及

（b）法律服务委员会拥有的、与前述命令指定的某一级别或该级别以上的职员相关的权力，包括关于该级别职员的任职和升职的权力，

命令中赋予人事机构的任命权，不包括罢免被任命者的权力。

（3）在提出有关第（2）款第（b）项中新加坡法律司职员级别的建议前，总理应咨询法律服务委员会总理的意见。

（4）如果总统依第（1）款以命令的方式设立人事机构以行使法律服务委员会的权力或职务，此权力或职务——

（a）得由该人事机构行使，即使第111条有不同规定；

（b）只要依命令由人事机构行使，则法律服务委员会须停止行使该权力或职务，除非第（5）款另有规定。

（5）除第（1）款另有规定外，如果依本条设立的任何人事机构的决定对任何人造成了不法侵害，则受害者得在规定的期限内以规定的方式上诉至法律服务委员会，法律服务委员会的决定为终局决定。

（6）除第（7）款另有规定外，依本条建立的人事机构的成员（可以是法律服务委员会的成员）得由总统依法律服务委员会的建议任命；如果总统不同意法律服务委员会的建议，则总统得拒绝依委员会的建议任命。

（7）下列人员不得受任为依本条设立的人事机构的成员，即使已经被任命者也将丧失其成员身份：

(a) 国会议员或已经被正式提名的国会议员候选人；

(b) 工会会员或工会分支协会或团体的会员；

(c) 任何政治团体的职员。

(8) 第（1）款规定的命令也可规定：

(a) 与依本条款设立的人事机构的成员的任命相关的事项；

(b) 该人事机构在行使其权力和职能时应遵循的程序；

(c) 第（5）款提及的上诉的方式。

第111A条 重要级别

（1）总统得以在政府公报中发布通报的方式在《行政服务方案》和《行政服务（外事服务）方案》中各指定一个级别为重要级别（在本条称为"重要级别"）；此通报发布之后，总统得指定前述方案中的另一级别为重要级别，但新指定的级别不能低于最初指定的级别。

（2）即使本宪法中有其他规定，从公共服务委员会提名的公职人员中任命任何人担任重要级别的职员，或将其晋升至该级别，都需要由总统依总理的建议方能作出。

第112条 津贴权利的保护

（1）凡适用于公职人员或其遗孀、子女、受扶养亲属、代理人，支领退抚金、慰劳金或其他津贴（本条统称"给予"）的法律，指相关日的法律，或相关日之后制定的、对当事人来说更为有利的法律。

（2）本条所谓的"相关日"指下列各日期：

(a) 于1963年9月16日前给付的给予，应指给予给付的当日；

(b) 于1963年9月16日后对该日（9月16日）前已任公职者给付的给予，应指该日的前一日；

(c) 对1963年9月16日当日或之后始任公职者给付的给予，应指其出任公职之日。

（3）领取人得依法自选其给予时，其自选给予的法律应视为最优法律且不违反本条的规定。

第 113 条　委员会拥有的与津贴相关的权力

（1）依法有权决定下列事项的人员或机构，非经公共服务委员会或法律服务委员会（视情况而定）的同意，不得拒绝、扣留、减少或暂停该给予：

（a）核准给予的支付；

（b）扣留、减少或暂停已核准的给予。

（2）如果法律没有对给予的金额加以规定，除非公共服务委员会或法律服务委员会同意给付较小的金额，应向领取人支付其有资格获得的最大金额。

（3）本条中所谓"给予"的定义与第 112 条的规定相同。

第 114 条　退抚金等津贴的列支

（1）发给公共服务人员的退抚金、慰劳金及其他津贴，应首先依《退抚金基金法》从退抚金基金中列支；如果有不足，再从统一基金中列支。

（2）立法机关得通过法律，规定用退抚金基金和统一基金之外的其他政府基金来支付公共服务人员的退抚金、慰劳金及其他津贴。

第 115 条　调职人员的退抚金权利

（1）无论宪法对公职人员的离职条件有何规定，任何公职人员得经政府核准（不得不合理地拒绝核准），辞卸原职，转迁至其他公职或其他公共服务机构，而其退抚金、慰劳金或其他津贴的支领权不受影响。

（2）本条所谓"其他公共服务"的定义与《退抚金基金法》的规定（1963 年 9 月 15 日前开始实行）相同。

第 116 条　与公共服务相关的规章

（1）除新加坡现行法律另有规定外，总统得制定规章以规定下列事项：

（a）公职的分类及职等；

（b）各职等公职人员的招聘、服务及升职等；

（c）公职人员的行为及惩戒。

（2）除本宪法另有规定外，公共服务委员会得自行制定其行使职权的程序及规则，并得授权政府机关或人员行使相关职权。

（3）公共服务委员会得视情况需要，以书面方式委派其成员、公职人员、其他人员、专案小组（由委员会委派，其职权为代表民众参与关于公职人员处分的讨论）或小组组员，在委员会的指挥监督下处理第110条第（1）款规定的各项业务。

第117条（已废止）

第118条　由公共服务委员会行使其他职权

国会得以法律形式规定由公共服务委员会行使其他职权。

第119条　委员会的报告

公共服务委员会与法律服务委员会应向总统提交年度工作报告，并将副本致送国会。

第十编　国籍

第120条　新加坡的国籍

（1）新加坡公民为公认的身份。

（2）新加坡国籍得依下列方式取得：

（a）出生；

（b）血统；

（c）登记，或于本宪法生效前注册；或者

（d）归化。

第121条　依出生而取得国籍

（1）除本条另有规定外，凡在1963年9月16日以后出生于新加坡的人，都属于新加坡公民。

（2）出生时有下列情形之一者，不根据第（1）款而成为新加坡公民：

（a）其父非新加坡公民，且享有外国派驻本国的使节所享受的诉讼豁免权；

（b）其父为敌国侨民且其出生于该敌国占领区内；

（c）其父母皆非新加坡公民。

（3）对于第（2）款第（c）项规定的情况，政府得依公平正义的原则，并权衡当时的情况后，赋予在新加坡出生者国籍。

第122条 依血统而取得国籍

（1）除第（2）款和第（3）款另有规定外，一个在1963年9月16日以后出生于新加坡境外的人，依下列规定在其出生时依血统取得新加坡国籍：

（a）如果此人在2004年《新加坡共和国宪法（修正）法案》第七节生效之前出生，且其父亲已因出生或登记而成为新加坡公民。

（b）如果此人在2004年《新加坡共和国宪法（修正）法案》第七节生效之后出生，且其父亲或母亲已因出生或登记而成为新加坡公民。

（2）除非符合下列条件，一个在新加坡境外出生的人不能依前款规定取得新加坡国籍：

（a）于出生后1年内（经政府核准得延缓的）到公民登记署或新加坡外交领事机构登记。

（b）此人不会因为出生而获得出生地所在国家的国籍——

（i）如果此人在2004年《新加坡共和国宪法（修正）法案》第七节生效之前出生，且其父亲已因出生或登记而成为新加坡公民。

（ii）如果此人在2004年《新加坡共和国宪法（修正）法案》第七节生效之后出生，且其父亲或母亲已因出生或登记而成为新加坡公民。

（3）在不影响第（2）款规定的情况下，如果在一个人出生时，其父亲或母亲是依血统而取得新加坡国籍的，则此人不能成为新加坡公民，除非该父亲或母亲已经：

（a）在此人出生之前在新加坡累计合法居住5年以上；或

（b）在此人出生之前的5年内，在新加坡累计合法居住2年以上。

（4）未成年人因血统而成为新加坡公民者，于21岁时应在12个月内依本宪法附件二规定的放弃、归顺与效忠誓词进行宣誓,且于政府要求时放弃其外国公民权或国籍,否则于年满22岁时丧失新加坡国籍。

第123条 依登记而取得国籍

(1)除本宪法另有规定外,凡居住于新加坡且年满21岁以上者,如果能向政府证明下列各项,即得以规定书表申请登记为新加坡公民:

(a)具有良好品格。

(b)于申请日前12个月一直居住在新加坡。

(c)于申请日前12年内在新加坡居住期间累计达10年以上,但下列人士可由政府免除本项所规定的限制:

(i)申请人于申请日前6年内在新加坡居住期间累计达5年以上;

(ii)在特殊情形下,政府认为应该赋予申请人新加坡国籍。

(d)有意在新加坡永久居住。

(e)具有马来文、英文、华文和泰米尔文之一的基本沟通能力,但政府得准许45岁以上的申请人以及或聋或哑的申请人免除本项所规定的限制。

(2)除本宪法另有规定外,已经与新加坡公民结婚的妇女,如果能向政府证明下列各项,得依法律规定的方式申请登记为新加坡公民:

(a)于申请日前在新加坡连续居住2年以上;

(b)有意在新加坡永久居住;

(c)具有良好品格。

第124条 未成年人的登记

(1)未满21岁者,如果能向政府证明下列各项,即可由其父母或监护人以法律规定的方式申请登记为新加坡公民:

(a)新加坡公民的子女;且

(b)正在新加坡居住。

(2)在特殊情形下,政府得使任何未满21岁者经登记成为新加坡公民。

第125条 登记的效果

除第126条另有规定外，凡依第123条或第124条的规定登记为新加坡公民者，自其登记之日起成为新加坡公民。

第126条 关于登记的一般规定

（1）凡未依本宪法附件二规定的放弃、归顺与效忠誓词宣誓者，不得依第123条的规定登记为新加坡公民。

（2）除非经过政府批准，凡依本宪法或依1957年《新加坡国籍条例》的规定放弃或被剥夺新加坡国籍者，不得依本宪法的规定登记为新加坡公民。

（3）凡依1957年《新加坡国籍条例》第13节或依本宪法第124条的规定登记而成为新加坡公民者，如果年满21岁而未于12个月内依本宪法附件二规定的放弃、归顺与效忠誓词宣誓者，于年满22岁时丧失新加坡国籍。

第127条 因归化而获得国籍

（1）年满21岁的非新加坡公民，如果能向政府证实下列各项情况，即可依本条第（4）款的规定向政府申请归化证书：

（a）已在新加坡住满规定的期间，有意于取得证书后永久居住于新加坡；

（b）品格良好；

（c）具有运用官方语言的充分沟通能力。

（2）申请归化证书者，应于申请日前12年内在新加坡或相关地区居住期间累计达10年以上，且申请日前12个月均居住在新加坡或相关地区。

（3）取得归化证书者，自取得证书之日起成为归化的新加坡公民。

（4）申请人领受归化证书前，须依本宪法附件二规定的放弃、归顺与效忠誓词进行宣誓。

第128条 国籍的放弃

（1）凡年满21岁且精神正常的新加坡公民，如果其已经成为或即将成为他国国民，得向政府登记其声明而放弃新加坡国籍，并于登记时丧失新加坡国籍。

（2）有下列情形之一者，政府得拒绝核准前款声明的登记：

（a）于新加坡参与战争期间所作的声明。

（b）受《入伍法》限制者所作的声明，除非——

（i）已依该法第 12 节的规定完成其服全职兵役的义务；

（ii）已依该法第 13 节的规定完成 3 年以上的预备役服务；或者

（iii）符合政府规定的其他要求。

（3）本条适用于未满 21 岁的已婚妇女，其效力与适用于年满 21 岁公民时的效力相同。

第 129 条　国籍的剥夺

（1）因登记或归化而成为新加坡公民者，如其国籍被政府依本条的规定撤销，即丧失新加坡国籍。

（2）政府于证实下列情况之一者，得以命令撤销前款所列公民的国籍：

（a）其登记或归化证书是以诈欺、伪报或隐瞒重要事实而取得的；

（b）其登记或归化证书系因政府工作人员的疏忽而取得。

（3）政府得以命令撤销下列人士的国籍：

（a）因归化而成为新加坡公民者，如果政府证实有下列任一情况时——

（i）曾有不忠于新加坡或背弃新加坡的言行；或者

（ii）在新加坡参与战争期间，非法与敌人通商或通信，或从事、协助其明知为助敌作战的工作。

（b）因登记或归化而成为新加坡公民者，如果政府证实有下列任一情况时——

（i）于其登记或归化后 5 年内，在任何国家被判处 12 个月以上的有期徒刑，或被判罚金新币 5000 元以上或等值外币的罚金，且其罪行未经赦免；或

(ii) 于其登记或归化后任何时间，曾从事妨害国家安全、公共秩序或重要公务的活动，或曾有危害公共安全、和平或良好秩序的犯罪行为。

（4）因归化而成为新加坡公民者，如未经政府核准而从事他国政府、地方政府或政府所属机构委派的职务或工作，且此职务或工作需要经过宣誓、证誓或者效忠声明的程序，则政府得于查明前述事实后，以命令撤销其国籍。

新加坡公民于1965年8月9日前任何行为，均不受本款撤销国籍的处罚。

（5）因归化而成为新加坡公民者，如持续在他国居住5年而且无下列任一情况时，政府得于查明相关事实后，以命令撤销其国籍：

（a）曾任职于新加坡政府机关或新加坡为会员的国际组织；

（b）逐年在新加坡领事馆登记其保留国籍的意向。

（6）依第123条第（2）款登记而成为新加坡公民的妇女，如其据以登记的婚姻关系已于结婚日后2年内解除（非因配偶死亡），政府得于查明事实后，以命令撤销其国籍。

（7）除非政府于查明事实后认为某人继续为新加坡公民将不利于公共利益，不得依本法第130条的规定撤销其国籍；如果政府在查明事实后认为撤销某人国籍将使其成为无国籍者，则不得依本条第（2）款第（b）项、第（3）款第（a）项和第（b）项第（i）目、第（4）款或第（5）款、第130条的规定撤销其国籍。

第130条 对丧失国籍者子女国籍的剥夺

新加坡公民如有下列任一情形时：

（a）放弃其新加坡国籍；或

（b）其国籍已依第129条第（2）款第（a）项或第134条第（1）款第（a）项的规定予以撤销，

该人（或其配偶）未满21岁的子女，即使已经依本宪法的规定登记为新加坡公民，政府仍得以命令撤销其子女的国籍。

第 131 条 关于国籍丧失的一般规定

放弃新加坡国籍或国籍被撤销者，不免除其丧失新加坡公民资格前的责任。

第 132 条 国籍注册的撤销

（1）于 1965 年 8 月 9 日前注册成为新加坡公民者，政府认定其注册有下列情况之一时，得以命令撤销其注册：

（a）其注册是以欺诈、伪报或隐瞒重要事实而取得的；

（b）其注册是因为政府工作人员的疏忽而取得。

（2）经注册成为新加坡公民者，撤销其注册并不免除撤销前因为其作为或不作为而引起的责任。

第 133 条 剥夺国籍的程序

（1）政府依第 129 条、第 132 条、第 134 条或第 135 条颁发命令前，应以书面方式通知当事人，并告知拟颁发命令的原因，及其依本条规定享有的将案件提交调查委员会的权利。

（2）前项当事人如于限期内请求将案件提交调查委员会，政府应予照办（当事人未提出要求时，政府也得提交该案）。调查委员会由主席 1 人（具有最高法院法官资格者）以及由政府指派的专案小组成员 2 人组成。

（3）调查委员会收到案件后，应依法进行调查，并向政府提交报告，政府拟定命令时应参考此报告。

第 134 条 因为取得外国国籍而丧失新加坡国籍

（1）如果政府证实某新加坡公民有下列情形，得以命令撤销其国籍：

（a）于 1960 年 4 月 6 日年满 18 岁者，于 1960 年 4 月 6 日后以登记、归化或其他自愿和正式行为（婚姻除外）取得外国国籍，或在 18 岁以前取得外国国籍，而在年满 18 岁后继续保有外国国籍；

（b）依第 123 条第（2）款的规定登记成为新加坡公民的妇女，因嫁给非新加坡公民而取得外国国籍。

（2）政府依本条下令撤销某人的新加坡国籍时，则此人自命令颁发日起丧失新加坡公民身份。

第135条 因为行使外国公民的权利而丧失国籍

（1）如果政府证实某新加坡公民有下列情形，得以命令撤销其国籍：

（a）年满18岁者，于1960年4月6日后自愿取得并行使外国法律专门保留给本国国民或公民的权利（不包括与护照的使用有关的权利）。

（b）年满18岁者，于1960年4月6日后向新加坡政府以外的官方机构申请发给或延长护照期限，或使用该官方机构发给的护照作为旅行证件。

（c）年满18岁者，持续在外国居住满10年（包括1986年1月2日之前居住外国的时间），且在此时期内无下列任一情形者：

（i）曾持用新加坡官方发给的身份证明或旅行文件入境新加坡；

（ii）曾任职于新加坡政府机构、新加坡为会员的国际组织或总统公告于政府公报的其他单位或组织。

（2）就本条第（1）款第（a）项而言，在新加坡境外的政治选举中行使投票权，应被推定为自愿取得并行使当地法律赋予的权利。

（3）政府依本条下令撤销某人的新加坡国籍时，则此人自命令发布之日起丧失新加坡公民身份。

第136条 马来西亚国籍的终止

新加坡公民已放弃其马来西亚国籍或于1965年8月9日前经马来西亚政府决定撤销其马来西亚国籍者，应视为已放弃或经撤销其在本宪法规定的新加坡国籍，不再为新加坡公民。

第137条 丧失国籍者子女国籍的剥夺

（1）凡依本章的规定撤销其国籍或公民注册时，该人（或其配偶）未满21岁的子女，即使已经依本宪法或1957年《新加坡国籍条例》登记或注册为公民，政府仍得以命令撤销其子女国籍或公民注册。

（2）除非政府于查明事实后认为某人继续为公民将不利于公共利益，不得依第（1）款的规定撤销其国籍；如果政府于查明事实后认为撤销某人的国籍将使其成为无国籍者，则不得依第（1）款的规定撤销其国籍。

第 138 条　关于存疑国籍的证明书

政府收到依规定方式提出的申请时，对于国籍在事实或法律方面有疑义者，得以规定格式发给证明书一份。但政府于查明事实后认为该证明书是在第 132 条第（1）款第（a）项或第（b）项规定的情形下取得者，得以命令撤销该证明书。

第 139 条　英联邦国籍

（1）依新加坡在英联邦的地位，新加坡公民凭其公民资格，与英联邦其他国家的公民共同享有英联邦公民的身份。

（2）除国会另有规定外，现行法律中适用于英联邦公民的法律同样适用于爱尔兰共和国的公民，尽管爱尔兰共和国并非英联邦国家。

第 140 条　附件三适用

除非立法机关另以法律规定，本宪法附件三中的补充条款对本编具有效力。

第 141 条　废止

（1）1957 年《新加坡国籍条例》应予废止。

（2）凡在 1963 年 9 月 13 日前，根据前款条例因出生、血统、登记或归化而取得新加坡公民国籍者，自本宪法施行日起继续依本宪法具有该身份。

（3）于 1963 年 9 月 13 日前依第（1）款所述条例的规定登记，即可因血统而取得新加坡公民国籍者，若未及依该条例登记，得于其出生后一年内（经政府核准得延缓），根据规定向政府或新加坡领事馆登记成为因血统而取得的新加坡公民者。

（4）尽管 1957 年《新加坡国籍条例》已废止，凡依该条例而成为新加坡公民者，仍须对其于 1963 年 9 月 16 日前根据条例规定可以撤销其国民身份的行为负责，如于上述日期后两年内已开始撤销该身份的程序者，政府得以命令撤销其国籍。

(5) 凡依第（4）款的规定已撤销国籍，并依 1957 年《新加坡国籍条例》的规定撤销国籍的程序已于 1963 年 9 月 13 日前开始者，则该程序应视为该款下的撤销程序，且继续为依本宪法施行前有效的该条例规定的程序。

第十一编　财政条款

第 142 条　本编的解释

（1）除上下文另有规定外，本编中下列名词的解释如下：

"发展基金"，指依《发展基金法》设立的发展基金；

"财政年度"，指于每年 3 月 31 日结束的、以 12 个月为一周期的时间段。

（2）就本编而言，在现任政府的任何财政年度收到任何净投资收入时——

（a）依据本条第（3）款而出具的书面证书上载明的产生于以往政府储备的净投资收益；或者

（b）如果没有依据本条第（3）款出具的书面证书，则该财政年度产生于以往政府储备的净投资收益的 50% 部分，将会从第（3）款所指的书面证书出具之日起被视为以往政府储备的一部分；如果没有出具这样的书面证书，则从第 147 条第（5）款所指的报告递交总统之日起被视为以往政府储备的一部分。

（3）财政部长须于 2000 年财政年度末及以后每一财政年度末，以书面形式对该财政年度产生于以往政府储备的净投资收益（回报不低于 50% 部分）咨呈总统，净投资收益作为相关资产孳息但不归入以往政府储备；该书面文件应被视为该部分投资收益最终的、确定性的证据。

（4）在本条中：

"2000 年财政年度"，指从 2000 年 4 月 1 日开始到 2001 年 3 月 31 日截止的财政年度。

"净投资收入",就某一财政年度而言,指以下收入扣除相关费用之后的部分——

(a) 政府在该财政年度通过政府储备金的投资而获得的股息、利息以及其他收入;和

(b) 政府在该财政年度通过提供贷款(无论贷款是在何时提供的)而获得的利息。

要扣除的相关费用包括:投资和管理该政府储备金的费用(不包括购买、处置及转变投资所产生的成本费用),偿债基金和借款需要支付的利息;扣除费用中不包括2000年财政年度以前贷款收到的任何利息和收入。

"某一财政年度从往届政府储备金中获得的净投资收入",指该财政年度的净投资收入中来源于对往届政府储备金的投资而获得的那一部分。

"往届政府储备金",指并非本届政府期间积累的储备金。

"实际回报率",指在某财政年度中,政府资产的投资收益在扣除所有资产投资和管理费用,并根据通货膨胀或通货紧缩进行调整之后,与政府相关投资资产总额的百分比。

"已实现资本利得",就任何相关资产而言,指处分相关资产产生的收入,并减去所有因处分相关资产而产生的所有成本和费用(包括实现资本损失)后的收益。

"相关资产"指:

(a) 由新加坡政府投资公司及其全资拥有的子公司(包括那些在新加坡境外注册的子公司)作为政府、政府全资拥有的公司,以及上述公司全资拥有的子公司的资产管理者管理的所有净资产;

(b) 作为新加坡政府银行的新加坡金融管理局从政府处获得的资金;以及

(c) 新加坡金融管理局所拥有的超过其负债的资产盈余,该部分不直接归于政府的资产和负债且不能包括在第(b)款之内,

减去以下负债:

(i) 政府依据《政府证券法》和《地方国库券法》借款而导致的所有

负债；以及

（ii）政府的其他所有以政府基金为形式的负债（不包括那些依据制定法被独立于其他政府基金而持有和管理的政府基金），且该负债不能包括在第（i）项之内。

第 143 条 非经法律授权不得征税

除非法律规定或者经过法律授权，不归新加坡或不为新加坡之用者不得征收任何国税或者地方税。

第 144 条 对贷款、保证等的限制

（1）政府不能提供担保或筹措贷款，除非——

（a）经国会授权，且经总统同意；

（b）由适用于本项的相关法律授权，且经总统同意；或

（c）由其他成文法律授权。

（2）由国会通过的、直接或间接地由政府借用资金、使政府提供担保或筹措贷款的法案，如果总统认为该法案可能动用非本届政府期间积累的政府储备金，则总统有权拒绝同意该法案。

（3）第（1）款第（b）项适用于以下法律：

（a）亚洲开发银行法；

（b）布雷顿森林体系法；

（c）（已废止）

（d）对外贷款法；

（e）财政程序法；

（f）国际发展联盟法；

（g）国际金融公司法；

（h）裕廊集团法；以及

（i）国际银行贷款法。

第 145 条 统一基金

新加坡应设立统一基金，用于收纳新加坡所有尚未依据现行法律分配

于特定目的的收入。

第146条 从统一基金等基金中提款

（1）除下列款项外，不得从统一基金中提取其他款项：

（a）从统一基金列支的款项；

（b）由预算法、追加预算法或最终预算法授权支付的款项；

（c）根据第148B条的规定，由国会表决通过，且经总统同意授权支付的款项；

（d）依据第148B条第（4）款由财政部长授权支付的款项。

（2）除非按照法律规定的方式，不得从统一基金中提款。

（3）第（1）款不适用于第147条第（2）款第（b）项第（i）目、第（ii）目、第（iii）目所规定的款项。

（4）除下列款项外，不得从发展基金中提取款项：

（a）依法用于推动新加坡发展的款项；

（b）由预算法案、追加预算法案或最终预算法案授权支付，或依据第148B条第（4）款由财政部长授权支付的款项。

第147条 年度预算和财政报告

（1）财政部长应在每一财政年度结束前准备好新加坡下一年度的年度收支预算，该预算一经内阁批准，即向国会提出。

（2）支出预算应分别标示下列两项：

（a）应由统一基金内列支的款项总额。

（b）与公共服务相关的支出中需要从统一基金中列支的款项总额，但不包括以下款项——

（i）政府为特定目的而进行的贷款，以及为该目的依法授权的拨款；

（ii）政府依据信托所取得，并要依据信托条件加以分配的款项和利息的总额；以及

（iii）政府所持有的，为依法设立信托基金而接受或核拨的款项。

（c）利用发展基金以支付其他各项支出所需的款项总额。

(3) 预算中的收入预算不应包含天课、捐赠、伊斯兰财库及其他类似的穆斯林收入。

(4) 财政部长在将收支预算提交给国会时，应同时提交：

(a) 关于年度收支预算是否有可能动支非本届政府期间积累的政府储备金的报告；

(b) 关于新加坡在上一个财政年度的资产和负债情况的说明。

(5) 财政部长应在每个财政年度结束后尽快备妥该年度的：

(a) 在统一基金账户中，该年度的实际收支的明细报告，以及贷款收支报告；

(b) 发展基金账户的收支报告；

(c) 所有依法设立的政府基金账户的收支报告；

(d) 该财政年度新加坡的资产与负债报告；

(e) 该财政年度新加坡的未偿债务的担保以及其他财政债务的报告；

(f) 财政部长认为合适的其他报告。

前面所提及的账户和报表在经审计通过后，应提交总统，并另附报告说明前述账户和报表是否已经动用或可能动用非本届政府期间积累的储备金。

第148条　统一基金和发展基金的支出权限

(1) 除第147条第（2）款第（b）项第（i）目、第（ii）目以及第（iii）目规定的支出外，从统一基金和发展基金中支出的款项，应载入预算法案，并依该法案规定从统一基金和发展基金中核拨相应款项。

(2) 如果出现下列情况之一，财政部长应备妥追加预算（或超支报表）：

(a) 已用于或预定用于特定业务和目的的款额，已经超出该年度预算法为该服务或目的所核拨的款项；或

(b) 已用于或预定用于某项在该年度预算法案中没有规定的服务或目的的款项（法定支出除外）。

该追加预算经内阁批准后，提交国会，由国会投票表决。关于经表决

的追加支出款项，财政部长应在财政年度结束前向国会提出追加预算法案，在相关项目下载明表决通过的预算总额，并在每一个财政年度结束前尽快向国会提交一份最终预算法案，该法案中应载明没有列入预算法案的任何款额。

（2A）财政部长在依第（2）款向国会提出追加预算或超支报表时，应同时提交一份报告，说明追加预算或超支报表（视情况而定）是否可能动用非本届政府期间积累的储备金。

（3）年度预算内的法定支出部分，无须经过国会表决，应直接从统一基金中列支。

（4）就本条而言，"法定支出"指依据下列各项从统一基金或新加坡的一般收入与资产中列支的支出：第18条、第22J条第（3）款、第35条第（10）款、第41条、第42条第（3）款、第108条第（1）款、第114条、第148E条、第148F条第（4）款，或新加坡任何其他现行法律。

第148A条　预算法案的否决

（1）如果总统认为某财政年度的收支预算、补充预算或超支报表（视情况而定）可能动支非本届政府期间积累的储备金，则他可以否决该财政年度的预算法案、追加预算法案或最终预算法案；如果在这种情况下总统批准了相应的法案，则他应该以书面方式告知议长其批准该法案的理由，并将上述理由登载于政府公报。

（2）如果总统否决某一财政年度的预算法案、追加预算法案或最终预算法案，且国会未能在总统否决之后的30日内依据第148D条的规定推翻总统的否决，国会得以决议授权在该财政年度从统一基金和发展基金中支出或追加支出（如果没有另外的法律授权）：

（a）如果总统拒绝通过某财政年度的预算法案，则国会授权动支的用于特定服务和目的的支出总额不得超过上一财政年度为该服务和目的所拨付的款项总额；或者

（b）如果总统拒绝通过某财政年度的追加预算法案或最终预算法案，则国会授权动支的用于特定服务和目的的支出总额不得超过第148C条第

（1）款为该服务和目的而从应急基金中预支的数额。

（3）就第（2）款第（a）项而言，为某一服务和目的而拨付的款项总额，得通过将依据该年度的预算法案、追加预算法案和最终预算法案（如果有的话）为该服务与目的所拨的款项相加而确定。

（3A）在国会通过第（2）款所指的决议后，财政部长应该向国会提交一份预算法案、追加预算法案或最终预算法案，并在其中相关项目下载明由国会表决通过的款额。

（4）总统在依第（1）款的规定审核追加预算法案或最终预算法案时，不必考虑追加预算法案或最终预算法案中依第148C条第（1）款预支给某项服务或目的应急基金所编列的金额。

（5）就本条和第148D条而言，自某个预算法案、追加预算法案或最终预算法案呈交总统之日起，如果总统未能在30日内表明其否决该法案的意见，则应视为总统已于第31日同意该法案。

第148B条　为未详细列举的目的而支出的权力

（1）在不违背第（3）款的限制的前提下，在年度预算法案通过前，国会得决议通过含有账目表决的预算，以授权动支该年度的部分支出，但授权动支的款项应列入该年度预算法案的相应条目内。

（2）受第（3）款的限制，如果由于某项业务的复杂性或不确定性，或者由于某种紧急的情况，国会得以决议通过信任投票，授权全年度或部分时间内的支出，不受第147条或第148条的限制。

（3）国会依第（1）款和第（2）款所作的决议，须经总统同意后才能生效。

（4）财政年度开始时，如该年度的预算法案尚未通过（不管是由于总统不同意还是由于其他原因），除法律另有规定外，财政部长在经内阁同意之后，得授权动用统一基金、发展基金或其他政府基金，以支付财政部长认为维持预算内所列的公共服务或其他发展目的所必需的费用，直至预算法通过立法时为止。但其授权任何机构的支出不得超过前一财政年度的预算法中为该服务或目的所编列总额的1/4。

第148C条 应急基金

（1）在下列情况下立法机关得通过立法分别为统一基金和发展基金设立应急基金，并且授权财政部长从相关的应急基金中预支款项：

（a）财政部长认为有紧急且未被预见的开支，而预算法没有为之设立款项或设立款项不足；并且

（b）总统同意前款预支款项。

（2）依第（1）款授权预支的款项支付后，应尽快将补列该款项的追加估算提交给国会表决，并将该款项载入追加预算法案或最终预算法案。

（3）如果财政部长打算从应急基金中预支款项，他应该向总统提交一份报告，说明该预支款项是否可能动用非本届政府期间积累的储备金。

（4）总统得拒绝从应急基金中预支款项，如果他认为这样做有可能会动用非本届政府期间积累的储备金。

第148D条 国会推翻总统拒绝通过预算法案的决定

（1）如果总统依第148A条否决某一财政年度某预算法案、追加预算法案或最终预算法案时（尽管总统咨议会建议总统同意相关法案），国会得由第39条第（1）款规定的国会议员总数的2/3投票通过决议推翻总统的决定。

（2）国会依前款通过决议时，在通过决议当天，视同总统已经同意相关法案。

第148E条 偿付债务、罚金等

（1）下面的款项应从统一基金列支：

（a）政府负担的一切债务；以及

（b）法院或法庭以政府为被告所裁定的罚金或赔偿。

（2）本条中所指"债务"包括利息、偿债基金费用、偿债、分期还债，以统一基金抵押贷款所需的支出，以及相关劳务的开支与贷款的偿还。

第148F条　总审计长的任命

（1）总审计长由总统依总理的建议任命，但总统可以不接纳总理的建议。

（2）总理在依第（1）款向总统提出任何建议前，应先与公共服务委员会主席商议。

（3）总审计长的职责在于审查和报告政府所有部门、公共服务委员会、法律服务委员会、最高法院、所有基层法院和国会的账目。

（4）总审计长应依法行使对其他政府账目、其他公共机关账目和其他公共基金管理账目的监督权。

（5）除第（7）款和第（8）款另有规定外，总审计长的任期为6年，期满自动停职，但不影响其得到重新任命的资格。

（6）（已废止）

（7）总审计长得亲自致函总统呈请辞职。

（8）总统得依总理的建议罢免总审计长。但总理只有在下述情况下才能提出罢免检察长的建议：检察长因患身体或精神疾病或其他原因不能执行职务，或有不端行为；并经过首席大法官与其为此目的而提名的另外两位最高法院的法官组成的法庭的同意。

（9）依第（8）款所组成的法庭得制定其行使职权的程序及规则。

（10）国会应通过决议规定总审计长的薪酬，该薪酬从统一基金内列支。

（11）总审计长的报酬和其他待遇不得在其任职期间削减。

第148G条　告知总统特定事务的责任

（1）总审计长和总会计长若认为政府的某项业务计划可能会动支非本届政府期间积累的储备金，则他们有义务将此情况告知总统。

（2）如果总统在得知此类情况后，得否决此业务计划。

（3）如果总统虽然认为某项业务计划可能会动用非本届政府期间积累的储备金，但他并没有依据第（2）款否决此业务计划，则总统应该在政府公报中公布自己的决定和理由。

第148H条 总统关于政府债务的意见的公布

如果总统认为政府的某项未经总统同意的债务可能动支非本届政府期间积累的储备金，则他应向总理写信说明自己的意见，并将该意见在政府公报中公布。

第148I条 政府储备金的转让

（1）即使本编有其他规定，当政府打算或已经将其储备金向下列主体出让时（无论出让是依据成文法律还是其他方式完成的）——

（a）附件五第二节规定的公营公司［在本款及第（2）款中称为"受让公司"］；或

（b）附件五第一节规定的法定局［在本款及第（2）款中称为"受让机构"］。

如果满足下列条件，则不必考虑该出让是否可能动支或者已经动支政府在本届政府前积累的储备金：

（i）在受让公司作为受让方的情况下，受让公司的董事会通过决议，将出让的储备金增列至该受让公司在本届政府之前积累的储备金；

（ii）在受让机构作为受让方的情况下，受让机构通过决议，或者依相关法律规定，将出让的储备金增列至该受让机构在本届政府之前积累的储备金。

（2）由出让机构依第（1）款出让的储备金，应在下列时间视为由作为受让方的受让公司或受让机构在本届政府之前积累的储备金的一部分：

（a）如果出让机构任何财政年度的预算法案规定了储备金的出让，且该预算获得总统批准——在该财政年度开始之时；

（b）如果出让机构的追加预算法案中规定了储备金的出让，且该追加预算获得总统批准——在总统批准之日；

（c）在其他所有情况下——在储备金实际出让之日。

第十二编　防止颠覆的特别权力以及紧急状况下的权力

第149条　防止颠覆的法律

（1）当某一群体在新加坡境内或境外采取下列行动或即将采取下列行动，国会为制止或防止该行动而制定的法律、增修法律，或者依第（3）款而制定的法律，即使抵触第9条、第11条、第12条、第13条或第14条，或者超出了本条以外的国会立法权限，也仍然有效：

（a）引起民众恐慌、或者针对众多公民的人身或财产的有组织的暴行；

（b）煽动对总统或政府的背叛；

（c）挑拨国民中不同种族间或其他阶级间的恶意与敌对情绪，并有引发暴行的可能；

（d）以非法手段改变任何依法建立的秩序；或者

（e）妨害新加坡国家安全。

（2）依第（1）款制定的法律，即使未经废除，亦应于国会通过撤销该法律的决议时失效，但这不影响已依该法律所做的任何事情的效力，也不影响国会依本条制定新法的权力。

（3）当对总统或部长依据本条援引的法律所作的决定或采取的措施产生争议，而在任何法院进行诉讼时，无论诉讼程序开始于1989年1月27日之前还是之后，该争议应该依国会制定的法律解决；依本款的规定而制定的法律不因第93条的规定而无效。

第150条　紧急状态宣告

（1）总统得于确认国家安全及经济受严重紧急情势威胁时，发布紧急状态宣告。

（2）如果紧急状态宣告是在国会休会时发布的，则总统应尽快召集国会，并在必要的情况下于国会开会前颁发具有法律效力的命令。

（3）紧急状态宣告与依第（2）款颁发的命令应呈送国会。宣告与命令如尚未废止,则于国会通过撤销其效力的决议时失效,但这不影响已经依据该宣告或命令所采取行动的效力,也不影响总统依第(1)款发布新宣告或依第(2)款发布的任何命令。

(4)受第(5)款第(b)项限制,紧急状态宣告实施期间,国会得制定应付紧急状态的法律,不受本宪法其他规定的限制。本宪法[除第22E条、第22H条、第144条第(2)款、第148A条之外]或者任何成文法中有关通过法律须先获得赞同或者提前协商的规定,或者法律通过后其实施须受限制的规定,或者法案须向最高元首提出以取得其同意的规定,均不适用。

(5)(a)除第(b)项另有规定外,依本条所颁发的命令,与国会在紧急状态宣告施行期间为应付紧急状态而制定的法律,即使违反本宪法中的其他条款,也不因此无效。

(b)所有违反下列目的的法律均不能因为前款规定而生效:

(i)(已废止)

(ii)(已废止)

(iii)本宪法关于宗教、国籍或语言的规定。

(6)自紧急状态宣告停止实行之日起6个月期满时,依该宣告而颁发的命令,以及该宣告实施期间依据本条制定的法律,均停止其效力;但在这6个月内的作为或不作为,均受前述命令或法律的约束。

第151条 预防性拘留的限制

(1)当根据本编制定的法律或者条例规定预防性拘留时,

(a)除第(3)款另有规定外,有权机关应当尽快将拘留原因和拘留的事实依据通知被拘留者本人,并应当尽快让其提出针对拘留令的陈述;

(b)除非根据第(2)款设立的咨询委员会已经对根据前述第(a)项提出的陈述进行了考虑,并针对该陈述向最高元首提出建议,不得对任何公民进行超过3个月的拘留。

(2)根据本条设立的咨询委员会,由主席和两名其他成员组成。主席由总统从现任、曾任或者具备最高法院法官资格的人当中选任,另两名成员由总统在咨询首席大法官的意见后任命。

（3）本条并不要求任何机关披露其认为将危害国家利益的事实。

（4）如果为实现本条的目的而设立的咨询委员会建议根据本编制定的法律或颁布的法令释放某人，且咨询委员会的建议未被羁押该人的机关接受，则无需总统同意，不得羁押或继续羁押该人。

第151A条　国防和安全措施

（1）第22B条第（7）款、第22D条第（6）款、第148G条第（2）款和第（3）款以及第148H条，不适用于任何国防和安全措施。

（2）就第（1）款而言，"国防和安全措施"，指由总理和国防部长依国防部常任秘书和国防部队总司令的建议且证明属于对新加坡的国防和安全必要的任何责任或措施；由总理和国防部长亲自签署的证明书是其中所载事项的结论性的证据。

第十三编　一般条款

第152条　少数族群以及马来人的特殊地位

（1）政府应保障新加坡少数族群和少数宗教团体的利益。

（2）政府在行使其职权的过程中，应承认马来人作为新加坡土著居民的特殊地位，应保护、保障、扶助、培育、增进他们在政治、教育、宗教、经济、社会、文化等方面的利益，以及他们的语言。

第153条　穆斯林宗教

立法机关应以法律规定穆斯林的宗教事务，并规定设立专门理事会，向总统提出关于穆斯林宗教事务的建议。

第153A条　官方语言以及国语

（1）马来文、华文、泰米尔文和英文，是新加坡的四种官方语言。

（2）国语是马来语，并使用罗马字体。

但本条受下列限制：

（a）不得禁止或阻碍任何人使用、讲授或学习任何其他语言；

(b) 本条不影响政府保护和支持新加坡境内其他任何社区的语言的使用和学习的权利。

第 154 条　对政府雇员的公平待遇

除本宪法另有规定外，政府机构内同级别职员应该享受同等待遇，不因其种族而受歧视，但受其雇佣合同中相关条款的限制。

第 154A 条　豁免

总统可在政府公报中发布命令，免除适用第 144 条规定的财政业务，使其不再受该条的约束。

第 155 条　经授权的宪法重印

（1）总检察长得经总理授权，汇集新加坡宪法的最新版本以及能够适用于新加坡的马来西亚宪法条款，以综合单行本的形式发行新加坡宪法重印本。

（2）总统得随时授权检察长印发新加坡共和国宪法最新重印本，并列入至授权日为止已生效实行的宪法修正案条文。

（3）依第（1）款和第（2）款印发新加坡共和国宪法重印本，应视为至该重印本所标示的日期为止的现行新加坡共和国宪法的权威版本；在更新的重印本印发之前，不得在任何法院、以任何目的对已有重印本提出质疑。

（4）总检察长依第（1）款和第（2）款印发新加坡共和国宪法重印本时，应具有《法规法》（修正版）第四节授予法律修正专员的权力。

（5）检察长依第（1）款的规定准备编辑宪法统一重印本时，有权考量决定下列事项：

（a）合并两部宪法的现行条款，以作为随新加坡脱离马来西亚而独立后所必需或权益的变更；

（b）按其认为适当的次序，重新编排新加坡与马来西亚宪法的章节与条款，省略马来西亚宪法中不适当或不能适用于新加坡的条款；

（c）如果两部宪法对于相同事项均设条款，应将新加坡宪法的条款列入统一重印本，并省略马来西亚宪法中相同的条款；

（d）检察长行使其在本条下的权力时，或行使为求新加坡宪法重印本的完善而可能需要的权力时，应做的其他一切必需的和必然的事情。

第156条（已废止）

第十四编　过渡条款

第157条　已经施行的议事规则

1958年新加坡宪法所规定的国会会议议事规则，于本宪法生效前已在施行的，除依第52条经修正或废止者外，应为国会的议事规则。

第158条　继续任职的公职人员

除本宪法另有规定外，于本宪法开始施行前已任公职者，应于本宪法施行后继续担任同类公职。

第159条　继续任职的公职人员的任职待遇

（1）除本宪法另有规定外，于本宪法开始施行前已任公职，且自本宪法生效后继续任职者，有资格继续获得原有的待遇，且其待遇不得于其任职期间削减。

（2）凡得自选待遇的人，其自选的待遇应视为最佳待遇，且不违反本条的规定。

第160条　财产的继承

依本条的规定，本宪法施行前属于新加坡的财产和资产，应于本宪法开始施行时，置于新加坡共和国的名义下。

第161条（已废止）

第162条　现行法律

依本条规定，本宪法开始施行后，一切现行法律应继续施行；本宪法开始施行时，尚未开始生效的法律也得于本宪法施行时或实施后依据本条开始施行。但自宪法施行后，为避免抵触本宪法，前述法律应予以必要的修正、变更、限制及删除。

第 163 条　1991 年 11 月 30 日前担任总统的人应继续任职

（1）于 1991 年 11 月 30 日前已担任总统的人，应继续任职至其原任期届满为止，并行使 1991 年新加坡共和国宪法修正案赋予民选总统的所有职权与责任。前述总统如于任期届满前出缺，则应自出缺日开始 6 个月内举行新总统选举。

（2）1991 年新加坡共和国宪法修正案不影响 1991 年 11 月 30 日以前对任何人的任命，该人应继续任职，如同他是依宪法修正案的规定任命的一样。

（3）经过修正的宪法应受下列规定的限制：

（a）首届政府的任期自 1991 年 11 月 30 日开始，至首次大选后，总理与部长依第 27 条的规定宣誓就职日之前一日止；

（b）法定局或公营公司应于 1991 年 11 月 30 日后 3 个月内开始其第一个财政年度，并开始适用第 22B 条及第 22D 条的规定；

（c）关于法定局或公营公司于 1991 年 11 月 30 日后 3 个月内开始的第一个财政年度，第 22B 条和第 22D 条所讲的法定局或公营公司上一财政年度的核定预算，应解释为其第一个财政年度开始前的年度预算；

（d）自 1991 年 11 月 30 日开始的首届政府，于其第一个财政年度适用第 148A 条的规定时，应视同国会已决议通过上一财政年度的预算法或最后预算法，从而授权核拨发展基金以支付上一财政年度的支出。

附　件

附件一　誓词格式

［第 20 条第（3）款、第 27 条、第 37H 条、第 40 条第（3）款、第 42 条第（2）款第（b）项、第 61 条、第 75 条、第 97 条、第 105 条第（8）款及第 110C 条第（8）款］

一、总统就职誓词

我……已当选新加坡共和国总统,在此郑重宣誓(声明):我将竭力尽忠职务,无惧无私,无好无恶,超越党派,对共和国竭诚效忠,并保存、维护、保卫新加坡共和国宪法。

代行总统职权的人就职誓词

我……总统咨议会主席/国会议长,依据新加坡共和国宪法被委任行使总统职权,在此郑重宣誓(声明):我将竭力尽忠职务,无惧无私,无好无恶,对共和国竭诚效忠,并保存、维护、保卫新加坡共和国宪法。

二、效忠誓词

我……已被任命为……在此郑重宣誓(声明):我将对新加坡共和国竭诚效忠,并保存、维护、保卫新加坡共和国宪法。

三、国会议员就职誓词

我……已当选为新加坡国会议员,在此郑重宣誓(声明):我将竭力尽忠职务,对新加坡共和国真诚效忠,保存、维护、保卫新加坡共和国宪法。

四、总理就职誓词

我……已被任命为新加坡总理,在此郑重宣誓(声明):我将始终依法履行作为总理的义务,竭力尽忠,无惧无私,无好无恶。

部长及政务次长就职誓词

我……已被选任为新加坡部长/政务次长,在此郑重宣誓(声明):我将始终依法履行作为部长/政务次长的义务,竭力尽忠,无惧无私,无好无恶。

五、公共服务委员会主席及成员就职誓词

我……已被选任为新加坡公共服务委员会主席/成员,在此郑重宣誓(声明):我将无惧无私,无好无恶,为隶属于公共服务委员会职责的事务坦诚提供意见与建议,且除非因履行职责的必需,不直接或间接向未经授权的人披露此等事项。

六、首席大法官、法官及司法专员就职誓词

我……已被任命为……在此郑重宣誓（声明）：我将忠实履行司法责任，依照新加坡共和国法律与惯例，为所有人主持正义，无惧无私，无好无恶，保存、维护、保卫新加坡共和国宪法。

七、少数族群权利总统理事会主席及成员守密誓词

我……已被任命为少数族群权利总统理事会主席/成员，在此郑重宣誓（声明）：除非因履行职责的需要，不直接或间接地向未经授权的任何人透露理事会审理中的任何事项。

八、总统咨议会主席或成员守密誓词

我……已被任命为总统咨议会主席/成员，在此郑重宣誓（声明）：除非因履行职责的需要，不直接或间接地向未经授权的任何人透露理事会审理中的任何事项。

附件二 放弃、归顺与效忠誓词

［第122条第（1）款、第126条第（1）款及第（3）款与第127条第（4）款］

我……在此郑重宣誓（声明）：必不行使因任何外国国籍或公民的身份而享有的权利、权力与特权，绝对完全放弃对外国君主或国家的效忠。我再郑重宣誓（声明）：必对新加坡共和国真诚效忠，遵守法律，做新加坡真实、忠贞与忠诚的公民。

附件三 国籍

（第140条）

1. 第十编所列的政府职务，得由总统指定部长执行。本附件所提及的"部长"也应作相应的解释。

2. 政府依第十编所作的决定不得向任何法院上诉或复审。

3. 部长得将下列职务交付政府公职人员办理：第十编规定的部长职

务或本附件内关于登记注册的公民资格、公民登记册的保管及依据第129条第（1）款、第（2）款、第（3）款第（2）项、第（6）款及（7）款及第133条行使的职务。但经部长指派的公职人员，于执行职务时所做的决定，受该决定损害的人得向部长申诉。

4. 部长为执行第十编及本附件内的职务，得制定规则与办法，并得在特殊情况下（包括与非居民相关的案件），依第133条设立一个调查委员会，以明文方式进行。

5. 政府依第122条与第141条的规定，准许延长出生登记期限的权力，既可在登记完成前也可在登记完成后行使。

6. 部长依第133条第（1）款的规定发给书面通知时，得送往当事人的最新地址，如当事人未满18岁（且非已结婚妇女），则送往其父母或监护人的最新地址；如地址不详且无法查明，得于政府公报公告。

7. 部长应负责编制并维持下列各项文件：

（a）经登记而成为新加坡公民的登记册；

（b）经归化而成为新加坡公民的登记册；

（c）依第138条发给新加坡国籍证书的人的登记册；

（d）依第十编的规定撤销或视为已被撤销公民资格的人的登记册；

（e）已放弃新加坡国籍的人的登记册；

（f）依新加坡宪法第56条在1965年8月9日前注册成为公民的人的登记册［第56条已废止］；

（g）依本宪法被取消注册的人的登记册；

（h）以上各项所有人的姓名案引（依字母排列）；

（i）依第121条第（3）款授予国籍的人的登记册。

8. 部长如有理由相信依前款所制的登记册内有错误时，应通知关系人；如果关系人对相关问题作出说明，部长应在登记册上就错误作必要更正。

9. 除第（8）款的规定之外，各登记册应为册内所载事项的结论性证据。

10. (1) 有下述犯罪行为者,判处 2 年监禁,并处或者单处罚金新币 1000 元:

(a) 故意提供虚假陈述,诱使部长批准或者拒绝批准根据本宪法第十编提出的申请;

(b) 伪造或者非法篡改证书,或者非法使用或者持有伪造或非法篡改后的证书;

(c) 未遵守依据第(4)款制定的有关缴纳证书的条例;

(d) 假冒他人,或者谎称其是或者不是特定证书的发放对象。

(2) 本款所谓"证书"意指:

(a) 依第 123 条或第 124 条颁发的归化证书或登记证书;

(b) 依第 122 条或第 140 条颁发的出生登记证书;

(c) 依 1957 年《新加坡国籍条例》颁发的登记证书或归化证书;

(d) 依 1957 年《新加坡国籍条例》或本宪法第 138 条颁发的公民证书。

11. 凡出生于已登记的船舶或飞机上,或在任何国家的政府所有而未经登记的船舶或飞机上的人,应视为出生于该船舶或飞机上的登记地或出生于该国。

12. (1) 第十编所指某人出生时其父亲或母亲的身份或来历,对于在其父亲或母亲死亡后出生的人,应解释为指其父亲或母亲死亡时的身份或来历。

(2) 如果其父亲或母亲死亡于本宪法施行前,而其出生于本宪法开始施行时或施行后,则假定其父亲或母亲于本宪法生效后死亡,依本宪法的规定其父亲或母亲得使用的身份或来历,应视为其所具有的身份或来历。

13. 对新加坡境内的弃婴,如果不知或无法查明其父母,除有相反证据,应视为因出生而取得新加坡公民身份,并应以其被发现的日期为其生日。

14. 凡符合第 122 条第(1)款或其他条款的规定,在出生后 1 年内取得国籍的人,视其为因出生而具有该国籍。

15.（1）对非婚生子女而言，第十编所谓的"父亲"、"双亲"或"双亲之一"，均应解释为指称其母亲，因而不适用第（12）款的规定。

（2）依新加坡现行法律规定依法院命令领养的养子女，第十编所谓的"父亲"、"双亲"或"双亲之一"，应解释为指称收养人。

16. 为计算第十编所谓的"在新加坡的居住期间"，凡符合下列规定的人，仍得列入计算：

（1）离开新加坡的总日数不超过12个月；

（2）虽然离开新加坡的总日数超过12个月，但离开是经过政府批准的（无论是一般的批准还是特殊的批准）。

在上述某特定日前已在新加坡居住的人，而该特定日又在上述12个月期间内的人，则应视其为在该特定日居住于新加坡的居民。

17. 为计算第十编所谓的"在新加坡的居住期间"，下列各项不得列入计算：

（a）下列人员在新加坡居住期间——

（i）在新加坡境外征召，且为新加坡之外的其他国家的陆海空军队服务的全职人员；

（ii）在新加坡境外录用而在新加坡服务的外国政府文职人员。

（b）非法居住于新加坡的任何时期。

（c）在监狱服刑的时期或被依法拘禁的时期，但为医疗或戒毒而停留在精神病院或其他合法机构的时期不在此限。

（d）依移民法的规定，持合法护照在新加坡暂时停留的时期，但经部长核准的人不在此限。

18.（1）部长批准或拒绝批准依第十编所规定的申请时，如果相关问题是在其自由裁量的范围内，则部长无须说明任何理由，且其决定具有终局性。

（2）部长在拒绝前项申请前，应将该项申请送交顾问委员会。该委员会由总统任命的3名成员组成。部长在做决定时，应参考顾问委员会提交的报告。

附件四 官委国会议员的任命

[第39条第（1）款第（c）项与第44条第（1）款]

1.（1）在大选后国会首次集会后6个月内，如果国会决议在其任期内设官委议员，本附件有关国会的规定应予生效。

（2）依本宪法的规定，总统在国会依前项作出决议后6个月内，得从国会特别甄选委员会提名的名单中任命官委议员。

（3）国会特别甄选委员会由议长和7名由国会甄选委员会任命的成员组成，议长担任主席。

（4）除第46条另有规定外，官委议员任期两年半，自其受任命之日起算。

（5）在收到特别甄选委员会的建议后，总统应延长在2002年新加坡共和国宪法修正案第（4）款第（a）项生效前任命的官委议员的任期，以便使这些官委议员的总任期达到两年半。

2.（1）特别甄选委员会在向总统提出官委议员提名名单前，应考虑公众推荐的人选。

（2）公众依第（1）款规定向特别甄选委员会提出推荐人时，应有提案人1人、附议人1人以及其他至少4人签名推荐，且前述人士均应为登记在案的选民。

（3）在提名任何人担任官委议员前，特别甄选委员会应尽可能以适当的方式咨询国会其他议员的意见。

3.（1）特别甄选委员会应从依本附件第2条推荐给该委员会的人中选出9名以下人选，提请总统任命为官委议员。

（2）被提名者应曾为公共服务作出过突出贡献，或曾为新加坡赢得荣誉，或在艺术、文学、文化、科学、商业、工业、专业、社会或社区服务以及工会运动中取得杰出成就；在决定提名人选时，特别甄选委员会应尽量秉持独立，超越党派与观点等方面的偏见。

4.（1）官委议员因任期届满而出缺时，总统应尽快依本附件第1条的规定从特别甄选委员会提名的人选中选任官委议员继任。

（2）除因国会解散或官委议员任期届满外，当官委议员出缺时，特别甄选委员会得向总统提名继任人选，由总统任命为官委议员。

5. 自 1990 年 9 月 10 日后，总统应尽快从特别甄选委员会提名名单中任命 6 名以下官委议员。

6. 特别甄选委员会依本附件第 3 条提请总统任命的官委议员人数不足 9 名时，该委员会得随时提名 1 名或 1 名以上人选请总统任命为官委议员，但用这种方式任命的官委议员和依本附件第 3 条任命的官委议员的总数不得超过 9 人。

7. 特别甄选委员会依本附件第 4 条、第 5 条和第 6 条行使提名权时，应适用本附件第 2 条和第 3 条第（2）款的规定；委员会依本附件第 4 条第（1）款行使职权时，得于官委议员出缺前受理公众的推荐人员。

附件五　主要法定局和公营公司

（第 22A 条和第 22C 条）

第一节

1. （已废止）
2. 中央福利金管理局。
3. 住房与发展委员会。
4. 裕廊集团。
5. 新加坡金融管理局。

第二节

1. 新加坡政府投资公司。
2. MND 控股公司。
3. 淡马锡控股公司。

（孙谦、韩大元主编：《世界各国宪法·亚洲卷》，中国检察出版社 2012 年版）

（郑海平　译）

总统选举法(摘译)

总统选举法令:"这是总统选举法中跟政党有关的部分。"

(二)选 举

6. **表决时间和选举令**

(1)总统选举投票过程如下:

(a)要在现任任期届满之前清空总统办公室,一般而言,现任的任期会在总统办公室清空后的六个月以内结束;(b)但有些情况下,总统办公室则是在现任任期届满三个月以内清空。

(2)总理应该以公开的形式为每次选举发布一个法令给选举主任。

(3)每个这样的法令应该以规定的形式发出,并说明提名日应该不早于总理令发出的第五天并不晚于该令发出后的第一个月,确定提名的具体地点。(在这个法令中所提到就是指提名的地方)

(4)收到法令后,选举主任必须以本法规定的方式举行选举。

7. **通知选举时间和地点**

一收到总理发出法令,选举主任就必须至少在提名日的前4天以指定的形式在宪报上发布通知,告之关于总理令发布发面的消息和候选人提名的时间和地点。

7A. **选举失败**

(1)每当选举失败,总理随时可以发出举行另一次选举的法令。除非该选举失败是因为一名候选人在大选活动已被报道并形成争议后和投票日之前这一时间段死亡，在这种情况应适用第16条（7）、（8）款。

（2）一场失败的选举的最初法令和与按照本法令规定所做的与本次选举相关一切事宜都将失效。

（3）如果根据第（1）款发布了一个新的法令，那么第6和第7条也将应适用于该令状。

（4）如果没有候选人在该选举中被提名或在选举中当选，选举则完全失败。

8. 资格证书

（1）每个希望当选总统的人应在第6（1）（a）项提到的日期后的任何时候或者，第6（1）（b）项所指的日期的前3个月，以较早者为准，但在任何情况下不得晚于选举令发出后的第三天，以规定的方式向总统选举委员会申请证书。

（1A）为了选举，第（1）款中的证书应该证明，该委员会必须确定提出申请的人是一个诚信的人，品行和声誉俱佳的人；他申请的地方也表明（b），他希望根据宪法第19（2）（g）（iv）项使自己具备合格的条件参与竞选，资格证还要证明该委员会认为，申请人曾在宪法第19（2）（g）（iv）项中所描述那样在公共或私营部门的有关组织或部门3年以上的工作经历，这样的行政和经济管理能力使他能有效地执行总统办公室的职能和职责。

（2）收到第（1）款中提到的申请表后，（a）如果总统选举委员会认为申请人是一个诚实、品行和声誉俱佳的人；（b）或者认为申请人在管理政治和经济事务方面的能力使他能够有效地履行总统的职责，选举委员会应该在不迟于提名日的前天为申请人颁布条款（1）中提到的资格证明书，该证明书包括相关的认证，

（3）任何该等证明书应是最终的法律效力，不会受到任何法院提出上诉或复核。

8A. 总统选举委员会的豁免权

（1）总统选举委员会不用为诉讼中以下相关人员的相关行为负责，

（a）与委员会所发出的声明相关的人或行为，不管这个声明是口头的还是书面的，在该声明当中，委员会根据本法使自己不用为其任何职能负责任；（b）委员会也不用为其在履行该条款中规定的职责的过程中所起草的任何文件负责。

（2）除了本部分提到的权利外，第（1）款还不能限制或干涉总统选举委员会作为被告的任何其他的权利、特权与豁免权。

9. 提名文件

（1）按照"宪法"的规定，任何符合总统选举资格的人可以提名为总统选举的候选人。

（2）每名候选人由2个提名人和附议人分别签署提名书的方式来提名，同时必须不得少于4名其他人的名称出现在所有选民登记册。

（3）提名书上必须包含以下内容：（a）提名人的名字，身份证号码和职业；（b）一个由申请人签署的声明，以表明他同意提名；（c）一个由提名人签署的法定声明说明（i）他有资格被选为总统；（ii）在提名日当天，他不属于任何政党。

（4）每名候选人须在他的提名时向选举主任递交两份证明书：（a）一份由政治捐款注册处处长根据"政治捐赠法"（Cap. 236）第18（4）款颁发的捐赠证明书；（b）一份根据第8条颁布的证明书。

（5）如果法定声明不是按第（3）款（c）项要求的那样制定的，或者不是按照第（4）款要求的那样交付的，那么候选人提名就应被视为是无效的。

（6）选举主任需要在第7条中所指的通知发出的时期和提名日中午12点之前的任何时间，向注册选民提供他们所要求的表格。

10. 候选人保证金

（1）候选人或者他所代表的人需要向选举主任或者由其授命的人缴纳保证金，缴纳时间在第6条、12条中所提的法令发布日和提名日中午之前，缴纳金额等于议会选举法"第28（1）款"所要求的保证金的3倍。

（1A）如果没有根据本条缴纳保证金，根据第13条，他的候选人资格则视为被取消。

（2）选举主任必须立即根据本条为每一笔缴存的保证金开好收据，并把保证金存进国库，并必须根据该法案的条款来处理这笔保证金。

（3）根据第（1）款规定应当以法定货币或通过银行汇票或保付支票缴纳保证金。

（4）如果候选人没有被提名为选举中的候选人，或选举已经完全失败或候选人根据本条缴纳保证金后根据第13条退选，保证金应退还给缴纳人。

（4A）如果候选人在缴纳保证金后和投票前过世，如果保证金是他缴纳的，则保证金应当返回其遗产合法代理人，如果不是他缴纳的，则应当返回给缴纳人。

（5）如果已缴纳保证金的候选人没有当选，且他的票数不超过票数总数的八分之一，保证金应当予以没收，并存到综合基金中。

（5A）在任何其他情况下，保证金应该退还给候选人：（a）一旦候选人宣誓或确定其当选为总统，保证金应退还给候选人；（b）如果该候选人未能当选，选举结果一公布后，保证金也应予以退还。

（6）本节需要注意的：（a）支持票而不是反对票将被视为最终的票数；（b）"保付支票"是指由付款行为其面值担保证明可以用来支付的支票。

（7）选举主任须在根据第7条发出的令状发出通知，在通知中指明根据第（1）款要收缴的保证金总额。

11. 在提名日当天的议程

（1）提名日当天的11点至中午12点选举主任须在提名现场，接收提名书和由政治捐款注册处处长根据第8条发出的政治捐款证书及其他证书（在该法案当中是指提名证）。

（2）每个这样的提名书和证书应由本人及其提议者、附议者和至少4个支持者在提名日当天的11点到中午12点之间（这两个时间都包含在内）到提名现场亲自送交给选举主任，一式两份。如果没有规定交付，选举主任则应当拒绝接收。

（3）选举主任须立即安排将提名文件的副本张贴在提名地点中显眼的位置。

（4）选举主任应允许候选人和他们的提议者、附议人及支持者和由候选人指定的另外一个人（如果有的话），在提名日当天的上午11点和中午12点30分之间到场，检查选举主任候选人收到的提名书。

（5）任何候选人可在选举的提名日下午12点30分前，以书面的形式向选举主任指出提名书中提到他名字的地方哪些可以省略，哪些可以由他的名字首字母来代替。

11A. 提名书的修改

（1）根据第（3）款，如果选举主任检测到提名书存在：（a）错误或遗漏，或可能的错误或遗漏，且这些错误或遗漏可能构成拒绝提名书或反对的提名书的理由；（b）任何可能影响该提名书的有效性，并且选举主任认为可以在提名日当天中午12点前纠正过来的地方，选举主任要在他根据11条或12条作出决定以前视情况给予候选人或想被提名的人一个合理的机会——在提名日当天中午12点前纠正错误或遗漏。

（2）根据第（3）款，如果候选人和寻求提名的人注意到提名书中的错误或遗漏［或者通过选举主任根据第（1）款或者是根据第12条提出的反对发现的］，在提名日当天中午12点前的任何时间，候选人或寻求提名的人，可采取必要的行动来纠正他的提名文件中任何此类错误或遗漏。

（3）第（1）或（2）款不可以授权任何候选人或寻求提名的人来代替别人：（a）作为选举的候选人；（b）作为提议者、附议者或支持者。

（4）本条与第82条的"错误"含义相同。

12. 反对提名书

（1）可以且只可以在以下所有或几种理由的基础上提出反对：（a）对候选人的情况说明不充分不足以了解候选人；（b）提名书不符合该法的规

定或者未根据本法送达；(c) 从提名书的内容中很容易就可以发现，候选人不符合当选总统的资格条件；(d) 没有遵守第 10 条。

(2) 针对提名书的反对意见必须在提名日当天上午 11 点和下午 12 点 30 分之间提交给选举主任，否则不予通过。

(3) 反对意见必须由反对者以书面的形式提出，并须指明反对的理由。

(4) 选举主任可自行根据第 (1) 款的任何理由提出反对。

(5) 选举主任须尽快确定一切反对意见的有效性，并告知有关的候选人他的决定，而且，如果反对意见通过，选举主任还必须告之他的决定的理由。

(6) 如果选举主任没有批准反对意见，他的决定应是最终决定，不得被任何法庭传召，但如果他批准了反对意见，根据第 71 条他的决定很可能被申请重判。

13. **退选**

(1) 候选人可在提名日当天中午 12 点之前，而不是之后，亲自发布一个由他签署的退选通知给选举主任宣布退选。

(2) 选举主任应当立即将通知被张贴在提名现场的显眼处。

14. **有权出席提名活动的人**

只有以下的人，有权出席第 11 和 13 条中所规定的提名过程：(a) 候选人；(b) 每个候选人的提议人，附议人及支持者；(c) 有每个候选人书面委托的另一个人，如果有的话 (d) 选举主任或由选举主任授权的其他人士，以在上述法律程序协助他；(d) 得到选举主任可以出席这些程序的书面许可的任何其他人。

15. **非竞争性选举**

(1) 如果提名日当日，在选举主任对收集到的反对意见作出决定以后，只有一个人提名候选人。那么，选举主任应该立即：(a) 宣布这个提名的候选人当选为总统；(b) 在宪报公布当选人的名字。

（2）如果在选举提名日中午12时前，只有一个候选人提名，根据第11和第12条，没有什么可以阻止选举主任在中午12点半以前行使他的权力。

16. 竞选

（1）如果提名日当日，在选举主任对收集到的反对意见作出决定以后，有两个或两个以上的提名候选人。那么选举主任就要：（a）立即推迟选举，以便根据该法的规定来进行投票表决；（b）给每一个候选人的选票上与名字相对的一面印一个批准记号。

（1A）根据第（3A）款，选举主任可以在其权力范围内，候选人可以自己挑选一些符号，再由选举主任将这些符号分配给他们。

（2）在第（1）款中，被批准的符号是指一些由选举主任为本法通过在党报上发表通知的形式批准的符号。

（3）根据第（1）和第（1A）款，选举主任通过抽签的形式决定如何将批准记号分配给每个候选人。

（3A）分配给候选人的符号不得有种族或宗教意义也不能表明或暗示政党倾向。

（4）根据本法在分配符号产生的纠纷中，选举主任的决定具有最终的决定不容置疑。

（5）根据第6（1）款，选举主任应该在党报正式发布通知说明：（aa）选举举行的时间——不得早于在党报上发布通知后（在这里是指选举日）的第10天且不得晚于其后的第56天；（ab）在选举当中是否会采用直接记录的电子投票系统，如果运用，则需要简单介绍下这个系统以及选举中将采用这系统的选区；（b）各选举站选举的日期和具体的时间，各候选人的名称（选票将会按通知上候选人的名字的排列顺序来排列），分配给每个人的符号，以及他们的提议人和附议人的名额；（c）选举站的地点。

（6）在计算第（5）（a）项中的时间时，时间域中的最后一天只有是星期天或者法定节假日，才会被计算进去。

（7）如果说选举活动已经报道并形成舆论后，有一个候选人在选举开始之前死亡，选举主任一确定死亡事实后：（a）应该马上取消选举的通知；（b）并且在党报上发布通知另择日期、时间、地点进行候选人提名，新的提名时间一般至少4天以后才会确定下来。

（8）在第（7）款这样的情况下，选举中的所有的程序应该重新开始，除非在取消选举活动时被提名的人认为没必要重新提名。

17. 投票日应在公开的节假日

所有的投票日应该是公开的节假日，就仿佛它已经被特地指定在除了目前与节假日有关的法律文件中提到的那几天之外的那几天。

18. 选区和选举站

（1）选举主任划分选区时应该考虑：（a）在每个划分的选区内建立足够数量的投票站；（b）如果有必要，在每个投票站内多设几个选举点；（c）把选民（包括海外选民）分配到方便其投票的投票站。

（2）选举主任可能免费地将新加坡的所有或部分学校作为投票站来举行选举。

（3）学校被用做投票时，选举主任应该给被用做投票站的新加坡学校以适当补偿并支付管理人员的花销。

（4）投票站应该包括由选举主任强制划定为投票站的处所或地区。

19. 投票站的工作人员

（1）选举主任可能会任命（也可能取消任命）一个或多个人（在本法当中是指投票站工作人员）到投票站去主持工作。

（2）如果投票站中有两个或两个以上主任，选举主任可以任命其中一位作为总负责人，他可以监督投票站所有的主任以及站内所有的投票活动安排。

（3）每个投票站的工作人员都应该有一本部分选民登记册的复本，复本当中应该包含选民在报名的登记册上的名称。

（4）如果某名投票站主任因为生病或者其他原因而不能主持选举工作，且此时选举主任没有时间去任命其他人，这时候投票站的主任可以委托一个代理来替他主持工作。

（5）投票站主任应该尽早将根据第（4）款所作的所有安排告诉给选举主任，这样的安排可能会被选举主任撤销，但是不损害代理人已经所做的事情的合法性。

（6）选举主任如果认为需要的话可以主持一个投票站的活动。在这种情况下，本法关于投票站主任相关的条款也适用于选举主任。

20. 投票站要提供的便利

（1）投票站主任在投票开始之前应该在投票站显眼的地方张贴一个通知，上面用英语、马来语、中文、泰米尔语标明每个候选人的名称以及分配给每个候选人的符号。

（2）候选人的名字应该按照姓氏的首字母进行排序，如果有两个候选人姓氏相同，那么就按照名的首字母来排序。

（3）选举主任有义务为每个投票站提供合理的设备方便本选站的选民能在经过筛选后在他们的选票上作标记，并能根据本法的条款来进行投票。

（4）选举主任决定，或者授权给选举站的主任或总负责人来决定以什么样的方式有权在本站投票的选民当中分配第（3）款中提到的设施。

（5）一场选举不能因为没有遵循第（3）款或第（4）款或投票站的不正式性而受到质疑。

21. 选民的登记将成为投票权的确凿证据

（1）由于选举日当天客观环境的原因，根据本法或议会选举法（Cap. 218）不能在选民登记册上登记的人将无权参与选举。

（2）如果第（1）款中提到的没有权利投票的人在选举当中投票了，他的行为将构成犯罪并将被处以不超过新币1500元的罚款或者不超过9个月的监禁或者是以上两种并罚，从被判罪的那天起，3年以内，他（她）将不能进行选民注册，根据本法也不能参与任何选举，也不能被选举为总统或者国会的议员。

（3）根据国会选举法在选举时候进行的选民登记将是决定某人有没有权利在选举当中投票的确凿的证据。

（4）目前名字在注册表上的人的投票权利，在审裁官没有将其名字从注册表上删去之前，不受任何将悬而未决的诉讼的影响。

（5）第（4）款中提到的人在诉讼结果还没确定下来的时候所投的票同没有诉讼要发生的选票一样有效，并且不受随后的决定的影响。

（6）在这一部分当中，审裁官是指根据国会选举法第12条任命的审裁官员。

22. 获准进入投票站

（1）在第（2）款和第（3A）款的影响下，没有人被允许到投票站投票除非分配给他一个入场许可证。

（2）如果某个选区的选民被雇为投票站的主任、警官或者投票站其他官方身份，那他就不方便在其被分配的选举站进行投票了，选举主任可能会通过一个资格证授权给这个选民，让他（她）在其他投票站投票。他也被视为分配到这个投票站了。

（3）第（2）款中所提到的许可证由选举主任亲手交给（他或她）并且还要说明选民的名字、序号，以及选民登记册中的描述。还要说明他的确的职务是投票站主任、警官或投票站其他公职。

（3A）海外的选民也应该有权利进行投票，他们往往由注册官员根据国会选举法（Cap.218）第13A（3）款分配到海外投票站。

（4）如果选举主任没有根据第33C（3）（b）项或第36C条在党报上通知另选其他投票时间的话，投票应该根据第16（5）款指定的当天的上午8点开始，在当天的下午8点结束。

（5）投票站主任要：（a）维持选举站的秩序；（b）核对每次获准投票的人数；（c）排除除了候选人、每位候选人的投票代理、选举主任、选举主任书面授权的人、值班的警官以及其他在投票中担任公职的人以外所有其他人。

（6）每位候选的代理人中只有一位可以获准进入投票，除非，在投票中设立了两个或两个以上的投票地点，这样的投票地点，只允许一位候选人的投票代理进入。

（7）没有根据第45（1B）款的要求将名字告诉投票站主任的投票代理将不允许进入投票站。

（8）如果某人在投票站行为不检或者没有遵守投票站主任的合法的命令时，投票站主任或由投票站主任书面授命的人会立即命令现场或附近的警官将其带离投票站，或者被选举主任将其带走。

（9）根据第（8）款被带走的人除非得到了投票站主任的许可否则不可再次进入投票站。

（10）根据第（8）款被带走的人如果被起诉在投票站里犯罪了，在被带到法庭之前他将一直被拘留。

（11）本部分所赋予的权力不能被用来剥夺那些有权利在选举站中投票的人在选举站中投票的机会。

22A. 海外选民的投票

（1）根据第52条，想要在竞争性的选举中投票的海外选民要在（a）由登记官根据国会选举法（Cap. 218）的第3A条分配给他投票的海外投票站投票；或者根据第18（1）款分配给他和选区的投票站投票，但是不可以在同一次选举当中同时在以上两个地方投票。

（2）竞选时海外投票站投票的时间不得少于4小时，同时要在新加坡的投票日之前举行，除非每场海外投票站的投票活动应该在新加坡投票日结束之前结束。

（3）排除本部分中所提到的例外情况以及规定条款下的规则以下，海外选举站的投票（包括提前的投票）活动应该与新加坡国内投票时所举行的投票活动采取同样的方式。

（4）部长可以制订规则在海外选举站投票中运用本法的条款时作适当的调整，尤其包括任命海外投票站的主任，投票活动结束时的程序，将装有选票的投票箱密封好安全地寄送给新加坡选举主任。

（5）除非由此出现了相反的企图，否则根据第（4）款制定的规则制定的范围应该延伸到海外已经以下主体采取了或可能忽略采取的行为上去：（a）任何助理选举主任或投票站主任；（b）任何监察投票代理人或选举代理人；（c）与已经在海外投票站已经举行或者将要举行的投票活动相关的新加坡市民（或者是选举人或者是被选举人）。

23. 投票和选票

（1）在没有采用 DRE 投票系统的投票中，以投纸票的方进行投票，每个选民有一票（在本法中指选票）。

（2）根据第 11（5）和（6）款，每张选票应该：（a）包含一份用英语写的候选人清单，清单上要像他们各自的提名书中介绍的那样描述他们，并且以他们名字的英文首字母来进行排序，如果有两个或多个候选姓氏相同的话，则应该根据他们名字的英文首字母来进行排序，清单还要包含分配给每个候选人的记号；（b）采取规定的形式；（c）能够折叠起来；（d）在背面印有数字；（e）在封面上附着有同样数字的存根。

（3）证明这张选票的官方标志应该包括图案、设计、水印以及由选举主任批准的标志，以选举主任批准的方式将这些官方标志固定、贴、套印或标注（书写或其他形式）在选票上。

24. 投票箱

（1）投票箱应该设计成这样子，在投票箱被密封或锁上以后，可以向里面投票但是无法在不破坏封条和锁的情况下从箱子里取票。

（2）投票站的主任应该在投票开始之前在投票站内人员的监督下：（a）展示每个投票箱在投票活动开始时都是空的；（b）关上投票箱；（c）并且将投票箱密封并锁好避免投票箱被人完好无损地打开。

（3）根据第（2）款，投票箱被密封和锁上后，投票站的投票主任应该密切关注投进箱里的选票，并且在投票结束之前，不得打开投票箱。

（4）第（2）和（3）款适应于投票活动中使用的每个投票箱，如果一个投票箱（不是在投票活动开始时所用的投票箱）在使用之前展示过并且根据第（2）款被密封和紧锁住了，那么就完全条例以上的条款了。

25. 投票方式

（1）每个有权投票的选民，应当有一张选票，并有一票表决权。

（2）投票主任或在其授权下行事的人应将选票交给选民。

（3）在选票寄给选民之前，除非选票上已经有足够的官方标志来证明这张选票的合法性，否则每张选票都由投票站主任将这些官方标志或者剩下不完整的部分标志或者由投票站主任创造的标志固定、张贴或标记（书写或其他）在选票上。

（4）选民一收到选票应该立即赶往投票站由投票站主任或其下属指定的投票的地方，就近在那里秘密地在选票做上记号，这样他就可以根据本法提供给选民的指示来投票。

（4A）然后，选民应该将选票折叠起来避免别人看到他的选择，然后将折叠好的票放进投票箱。

（5）每一选民不得无故拖延投票，在将选票投进投票箱后就立即离开投票站。

（6）投票站主任或者由他授权的人可以询问投票人是否理解本法中介绍的投票方法，如果他认为合适的话，在候选人代表出席的时候，在投票人的申请表上解释本法中所介绍的投票方法；在做这些的时候他应该小心避免选民将这些行为误解成劝选民投某位候选人的指示和意见。

（7）对于因为失明或者其他生理原因而无法按照本法的规定的方式来进行投票的选民，投票站的主任应该针对这样的选民在选票上做标志，并且将他们的选票放进投票箱。

（8）投票站的主任在投票进行时，应该采取必要的措施来保证没有选民在预留用来投票的地方不当延迟投票。

（9）在投票举行的时候，投票站的主任应该在投票站外面张贴通知，通知以规定的形式，用英语、马来语、中文、泰米尔语给参加投票的选民以指导。

26. 强制性投票

（1）每个选民应该记录下他在登记的选区中的每次选举中的投票。

(2) 投票站的主任在每次选举结束以后，都要准备好一张清单并且将其保存好，这张清单上有每位在选举活动中没有投票的选民的序号、名字以及在登记册上的关于他的说明。

(3) 尽管有第32（10）和（12）款，但是选举主任为了制作第（2）款中的清单和因此开展相关的调查，而撕开包含选民登记册的标记的复本的包装，检查并保留这些复本的行为是合法的。

(4) 选举主任应该将其根据第（2）款制作的清单送交给注册官。

(5) 注册官一收到这样的清单就要将出现在清单上的人的名字从选民注册表上删去。

(6) 注册官要在党报上通知他已经收到了从选举主任发来的清单，并且说明，清单或其复本在当天所有的合理的时间内公开接受监督，地点则是在注册官的办公室、每个选区或其附近的地方或者在通知上指定的海外注册中心。

(7) 名字出现在注册官根据第（6）款发布的通知的清单上的人要申请将其名字保留在选民注册表上。

(8) 如果第（7）款中的申请人能够说明注册官他没有投票有一个合理并充分的理由，那么他将不会受到处罚，名字也将继续保留在登记册上，如果他不能说服注册官，他必须向注册官缴纳新币50元的罚款才能使名字保留在注册表上。

(9) 注册官确定申请人没有投票的行为有合适的并且充分的理由的第二天，或者已经向注册官缴纳新币50元的罚金后的第二天，根据第（8）款，除第（11）款中的例外情况以外，要将他们的名字保留在注册表上。

(10) 如果根据第（8）款，名字应该保留在注册表上的人已经通知国家注册专员他的地址有变、他不再居住在原选区了的话，他的名字应该改在他现在居住的选区合适的注册表上。

(11) 根据第6条，选举令已经发布，在提名日之前（如果投票活动将要开展，那就是在投票日之前），将不能把名字补进注册表。

27. 选民声明

（1）投票站的主任在选民拿到选票之前，可能在其权力范围内要求选民提供主任认为必要的个人身份证明，作出并签署规定的声明。

（2）所有这样的声明应该免税。

（3）任何人如未能提供有关证据证明他的身份，或拒绝作出或签署任何声明，投票站主任可能会拒绝给他一张选票。

（4）任何人如果故意在声明当中相似陈述，应即属犯罪，一经定罪，可处罚款不超过1500元或任期不超过9个月的监禁，或两者并施。

28. 损坏的选票

（1）如果由于没有注意保管好他的选票以至于选票受损不方便使用，选民将受损的选票寄给投票站主任，并说明并非对投票站主任不满，他就会很快收到一张新选票来代替已寄出的选票（在本法中，此类选票指受损的选票）。

（2）受损的选票会马上被投票站主任宣布无效。

29. 递交选票

（1）如果某人是作为注册表上的选民的代表，他在其他人已经投票给这个选民之后申请一张选票时，在以规定的形式为由投票站主任管理的身份宣誓后，马上就能获得一张选票，并能像其他选民一样投票。

（2）这种选票（在本法中是指被递交的选票）的颜色跟其他选票的颜色不同。在被放进投票箱之前，需要投票站的主任将选民的在注册表上的名字，以及将被写进被递交的选票列表的序号都写在选票上。

30. 选举结束

选举结束的时间确定下来以后，就能再向选民寄送选票了，除非，此时选民在投票站现场，且选民是已寄出的选票的要寄的对象，在这样的情况下，选民可以投票。

31. 选票结束的程序

（1）选举活动一结束，在候选人和他们的投票代理都在场的情况下，每个投票站的主任将选票分类装进不同的包裹当中,并且盖上他自己印章,如果候选人或者候选人的代理愿意的话也可以盖上他们的印章。(a) 没有使用的或者损坏的选票应该放在一起;(b) 做了标记的选民注册表;(c) 票根;(d) 递交选票的清单。

(2) 没有开封的选票箱由选举站的主任来保管并且盖有他的印章,如果候选人或者候选人的代理愿意的话也可以盖上他们的印章。这样,选票箱就不会被打开,并且无法在不破坏封条的条件下放进东西。

(3) 每个投票站的主任要把每个这样的包裹和投票箱安全地送交给选举主任,选举主任在计票处,在那里根据本法的条款每张投进的选票都要被算进去。

(4) 如果选举主任根据第31A(1)款指定了一个投票站作为计票处,这个投票站的主任,就要保证投票站里每个包裹和投票箱在点票之前安全。

31A. 计票地点的计票

——(1) 选举监察人可作出以下指示——

(a) 在新加坡任何投票站(一个或多个)所投的票在他指定的时间和计票地点(这个地方可以是也可以不是投票站)进行计票;

(b) 如果根据第(a)项规定,当被指定的计票地点不止一个时,投给每位候选人的总投票票数在他指定的其他时间以及地点(在本法中简称为主要计票地点)进行确定。

[12/1993;19/2001]

(1A) 所有海外投票站的投票须在选举监察人所指示的新加坡内的地点(一个或多个)进行计票。

[19/2001]

(2) 选举监察人须根据第(1)或者(1A)款的规定,在投票日之前至少2整天之前向每位候选人或他的主要选举代理人发出书面形式的指示通知。

[12/1993;18/1999;19/2001]

（3）如果所有用来投票表决的投票站所进行的投票根据第36C条的规定而延期，选举票数的计票行为也须推迟到其他时间，具体时间为选举监察人给每位候选人或其主要选举代理人发出的书面通知中所注明的时间。

［11/2010］

（4）如果任何用来投票表决的投票站所进行的投票根据第36C条规定，被暂停、押后推迟或者废弃以及重新开始，在其他投票站所进行的有关投票的计票行为，按照这一条的所列明的指示，计票须在首述的投票站投票的同一计票地点进行计票，即使其他投票站的投票已经结束，须推迟到其他时间，具体时间为选举监察人给每位候选人或其主要选举代理人发出的书面通知中所注明的时间。

［11/2010］

32. 计票

——（1）每名候选人或其任何一名选举代理人可委任一名代理人（在本法中简称为监察点票代理人）出席计票过程，须向选举监察人提供书面的通知，写明所委任的监察点票代理人的名字以及地址。

［18/1999］

（2）每名候选人或其任何一名选举代理人所委任的出席各计票地点计票过程监察点票代理人的人数不得超过一名，第31A条第（1）款的指示对每一计票地点作出了规定。

［12/1993；18/1999］

（2A）选举监察人须在所出席的候选人们以及其监察点票代理人们在场的切实可行情况下尽快对计票作出安排——

（a）如果按照第31A条（1）款的指示的规定，计票地点只有一个——在他收到在新加坡进行的投票过程中所使用的所有投票箱之后；或者

（b）如果按照第31A条第（1）款的指示的规定，计票地点超过一个，在以下情况之后——

（i）如果计票地点即投票地点，在投票结束时已遵照了第31条所规定

的程序；并且

（ⅱ）负责各个计票地点的助理选举监察人已在其计票地点收到了所有的投票箱，这些投票箱里装有在新加坡的投票站（一个或多个）的所投的票，按照指示的规定，这些票须在该计票地点进行计票，除有来自选举监察人的任何关于推迟或延期计票的指示。

[19/2001]

（3）可以出席计票过程的人员包括：选举监察人、其助手以及工作人员、候选人和他们的监察点票代理人，除非获得选举监察人的批准，其他人士不得参与。

（4）在选举监察人进行计票之前，其本人或者其授权的人，须在出席的候选人们以及其监察点票代理人们在场的情况下，将每一个投票箱打开，并取出其中的选票，与各个投票箱中所含有的全部选票混合在一起。

（5）选举监察人在计票时，须保持投票的正面朝上，并采取适当的预防措施，以防止任何人看到印在投票上的数字。

（6）选举监察人须在切实可行的范围内连续进行计票，并在其会拒收并视为无效的任何选票上签注"拒绝"字样。

（7）选举监察人不得计入重复的选票，须将这些选票根据他们所支持的候选人放入单独的文件袋内，每个文件袋须标记上候选人的姓名并且进行密封保存；除非为了进行第71条规定下的申请，才可被取出。

[42/2005]

（8）如果按照第31A条第（1）款的指示的规定，只有一个计票地点，当在新加坡的所有投票站的投票在每一个单独的计票地点完成之后，或者如果根据第32B条的规定允许进行重新计票，重新计票完成之后，选举监察人须立即采取如下行动：

（a）如果在海外依法有权在选举中进行投票的选民的人数少于，2名得票最多的候选人之间的票数差额，选举监察人须宣布，得票最多的候选人获选；或者

（b）如果在海外依法有权在选举中进行投票的选民的人数等于或者超

过2名得票最多的候选人之间的票数差额,选举监察人须公布支持参与选举的每位候选人的在新加坡境内的票数,并宣布对海外选民所投选票进行计票的日期和场所。

[19/2001]

(8A) 如果按照第31A条第(1)款的指示的规定,计票地点超过一个,当其所负责的投票地点在新加坡的投票计数工作其完成之后,并且如果如果根据第32B条的规定允许进行重新计票,重新计票完成之后,选举监察人须立即在每一计票地点——

(a) 向出席的候选人们以及其监察点票代理人们公布,每位候选人所获的选票数;

(b) 准备一份法定格式的记录(在本法中简称为计票记录),记录包含其所在的计票地点的每名候选人所获的选票数,以及计票的其他结果,并且核实该记录;

(c) 通过任何可用的方式,将其所在的计票地点的计票结果传送到主要的计票地点;并且

(d) 将计票记录密封在一个信封之内,在安全保管之下将信封寄发或者递送到该选举分区的主要计票地点。

[12/1993;42/1996;19/2001]

(8B) 除非获得选举监察人的批准,任何人除了以下人士——

(a) 选举监察人以及其任命的其他官员和工作人员,这些人员的工作是协助他将各个计票地点每位候选人所获的投票数加起来以及确定各候选人在投票中所得的总票数;以及

(b) 各个候选人以及他们的主要选举代理人,
在将选票加起来的计算过程中,可以出现在主要的计票地点现场。

[12/1993;18/1999]

(8C) 在主要的计票地点,一经收到所有计票地点的计票结果之后,选举监察人须通过将各个结果中所记录的各候选人所获的票数加起来,来确定选举中各候选人所获的总投票数。

[12/1993；18/1999]

（8D）当按照第（8C）款的规定，确定了各候选人在选举中在新加坡各个投票站所获得投票的总数，或者根据第32B条的规定允许进行重新计票，重新计票完成之后，选举监察人须立即采取如下行动：

（a）如果在海外依法有权在选举中进行投票的选民的人数少于，2名得票最多的候选人之间的票数差额，选举监察人须宣布，得票最多的候选人获选；或者

（b）如果在海外依法有权在选举中进行投票的选民的人数等于或者超过，2名得票最多的候选人之间的票数差额，选举监察人须公布支持参与选举的每位候选人的在新加坡的票数，并宣布对海外选民所投的选票进行计票的日期和场所。

[19/2001]

（9）当计票（包括根据第32B条所进行的重新计票）完成之后，如果出现任何两位候选人所得票数相同的情况，并且额外的一票将使这两名中的任何一名候选人被宣布获选，该将额外的一票投给哪位候选人的决定须在候选主任在场的情况下，通过抽签的方式由候选主任决定。

[19/2001]

（10）选举监察人根据第（8）款或第（8D）款作出任何声明之后，他须确保每一计票地点以及主要计票地点都遵守了以下的程序：

（a）每一计票地点以及主要计票地点的所有选票以及有关选举的其他所有文件，都被密封装在单独的文件袋内，并放置在任何一个或多个投票箱内；

（b）这一个或几个投票箱须被密封，选举监察人以及出席的意欲盖章的候选人们或者其监察点票代理人须在密封条上盖章；

（c）须在安全保管之下将密封的一个或多个投票箱寄发或者递送到选举监察人处；

（d）除第（11）款另有规定，密封箱（一个或多个）内的选票以及其他文件须被安全保管的期限为6个月；并且

(e) 6个月的期限结束之际,这些选票以及其他文件须予以销毁,除非总统另有指示。

[19/2001]

(11) 选举法官可以发出命令,要求在其认为方便的时间和地点,对按照本法要求所密封起来的任何选票或者有关选举的其他任何文件进行检查、复制或制作,时间地点受制于法官所列的条件。

(11A) 任何选举法官不得随意发出以上命令,除非选举法官确信,所要求的检查、复制或者制作是为了提起或者维持第71条规定下有关选举的某一起诉或者申请。

[12/1993;42/2005]

(12) 除了本章节所提及的内容外,在选票或者文件依照第(10)款被密封起来后,任何人不得被允许对其进行查阅。

32A. 对海外选民选票的计票

——(1) 任何海外投票站的含有投票的所有密封好的投票箱必须在,选举投票日之后不超过十天之内送达新加坡的选举监察人办公室,以完成对这些票进行计票。

[19/2001]

(2) 选举监察人须对海外选民所投选票的在新加坡境内的计票地点(一个或多个)作出安排,具体地点为其依照第31A条第(1A)款规定所作的指示。

[19/2001]

(3) 除第(1)款另有规定,当新加坡的选举监察人收到投票期间海外投票站所使用的所有密封好的投票箱之后,对海外选民所投选票进行计票所作的相关安排,须在出席的候选人们以及其监察点票代理人们在场的情况下,切实可行情况下尽快提供相应安排。

[19/2001]

(4) 第32条、第32B条以及第33条适用于对海外选民所投选票的计票工作(包括重新计票,如果有的话)。

[19/2001]

（5）如果选举监察人已经根据第 32 条第（8）款（b）项或第（8D）款（b）项作出声明，海外选民投给每位候选人的选票的票数须加到选举监察人所宣布的新加坡境内所投的选票票数，分别加给每位候选人，并且，选举监察人须立即公布总票数最高的候选人获选。

[19/2001]

（6）当选举监察人根据第（5）款作出任何声明，他须确保遵守下列程序：

（a）对海外选民的投票进行计票的每一地方，其有关选举的所有选票和所有其他文件须被密封在不同的文件袋中，并且被放置在任何（一个或多个）投票箱中；

（b）这一个或几个投票箱须被密封，选举监察人以及出席的意欲盖章的候选人们或者其监察点票代理人须在密封条上盖章；

（c）在安全保管之下将密封的一个或多个投票箱寄发或者递送到选举监察人处；

（d）除第 32 条（11）款另有规定，密封箱（一个或多个）内的选票以及其他文件须被安全保管的期限为 6 个月；并且

（e）6 个月的期限结束之际，这些选票以及其他文件须予以销毁，除非总统另有指示。

[19/2001]

32B. 重新计票

——（1）除第（3）款以及第（4）款另有规定，参加选举的任何候选人或者其监察点票代理人可以——

（a）如果他出席的是为选举指定的单独的计票地点，并且该地点的计票已经完成；或者

（b）如果他出席的是为选举指定的主要计票地点，并且为选举所设的全部计票地点的选票已在该主要计票地点完成累计，向选举监察人申请对选举中的所有投票进行重新计票。

［19/2001］

（2）除第（3）款以及第（4）款另有规定，如果根据本条提出了重新计票的申请，选举监察人须允许并且执行对所有投票的重新计票。

［19/2001］

（3）根据本条规定，对任何选举的投票进行重新计票的申请不得或不允许超过一条。

［19/2001］

（4）在不违背第（3）款的情况下，根据本条规定，当得票最多的候选人的票数与任何其他候选人所得票数的差额超过选举中总投票数（不包括拒绝票以及重复票）的2%，不得提出重新计票的申请，也不允许进行重新计票。

［19/2001］

（5）在出席单一计票地点或主要计票地点的候选人们或监察点票代理人们，视具体情况而定，被赋予了合理机会行使本条所赋予的权利之前，不得根据第32条采取措施宣布任何候选人获选。

［19/2001］

（6）如果选举监察人批准了重新计票的一份申请，这一计票地点的投票，如果地点多于一个的话，每一计票地点的投票，须按照第32条和第33条所列步骤重新进行计票并且累计。

［19/2001］

（7）本条和第33条在作出必需的修改后，适用于对海外选票的重新计票工作。

［19/2001］

33. 被拒绝的票

——（1）选举主任须只能将以下选票拒绝为无效选票：

（a）不带有完整官方选票认证标志的任何选票或者没有监选员签字的选票；

（b）任何给不止一名候选人投票的选票；

(c) 除了背面印刷的编号,写有或者标有任何可以识别选民身份内容的任何选票;

(d) 未经填划的任何选票;以及

(e) 任何有疑问而作废的选票。

[18/1999]

(2) 如果选举监察人确认在一张选票上所作的任何填写,清楚表明选民的意图以及他所投票支持的候选人,选举监察人不得以该填写不符合本法所给以指导选民填写的所有方面为唯一理由,而拒绝该选票。

(3) 在拒绝一张选票之前,选举监察人须将其展示给每一位候选人或其监察点票代理人(如果出席的话),并且听取其就此提出的意见,并采取一切适当的预防措施,以防止任何人看到印在选票背面的编号。

(4) 选举监察人决定任何选票是否该被拒绝的决定须是决定性的,不得在根据第71条提出的申请中进行质疑。

[42/2005]

33A. DRE 投票系统的批准

——(1) 除非根据第6条,在选举令状日期前 DRE 投票系统获得批准,任何 DRE 投票选举系统不得用于任何投票表决,进行批准的人士为——

(a) 审计长;或者

(b) 部长与审计长协商后所任命的任何人士。

[19/2001]

(2) 审计长或者根据第(1)款被委任的人不得批准在任何选举中使用 DRE 投票系统,除非在选举监察人以及出席的任何政党的代表人在场的情况下,对系统进行了必要的测试之后,并且确认 DRE 投票系统符合以下条件——

(a) 允许保密投票;

(b) 允许每个选民对所有提名选举的候选人进行投票;

（c）运行高效安全，并且准确计算为每位候选人所投的选票票数；

（d）当记录的投票数超过法定可投的票数，被设置为检测投票错误并拒绝投给任何候选人的所有选票；

（e）允许每个选民清楚地看到投票显示；

（f）免受于欺诈性的或未经授权的操作或运行操控；

（g）不管发生电力激增还是停电，确保保存在 DRE 投票机里的所有投票数据均被保持；并且

（h）能够提供对 DRE 投票系统的运行审核的记录，以及检验记录以及计票准确性的记录，但这不允许任何选民进行鉴定。

[19/2001]

（3）除第（1）款另有规定，任何 DRE 投票系统不得在任何选举分区的任何投票表决中使用，除非选举监察人根据第 16 条的通知，指定该选举分区的投票表决中使用 DRE 投票系统。

[19/2001]

（40）如果按照本条规定，在任何选举分区的任何即将举行的投票表决中使用了 DRE 投票系统，为了指导选民，选举监察人可以在该选举分区内的一个或多个公共场所内，对任何使用 DRE 投票系统进行一次或多次展示。

[19/2001]

33B. **DRE 投票机器以及设备的批准**

——（1）选举监察人须负责在其根据第 16 条的发出通知，所指定的每一选举分区内的每个投票站提供以下的——

（a）充足数量的第（2）款规定下获批的 DRE 投票机以及其他直接记录电子投票设备，供分配到该投票站的选民进行投票；

（b）允许放置 DRE 投票机器的展位或其他合理的设备，使分配到该投票站的选民能够通过观察记录对其选票的筛选，并且按照本法条款规定以及据此作出的任何规定进行投票；并且

（c）充足数量的其他获批使用的 DRE 投票机、直接记录电子投票设

备，以及如果该投票站所有或者任何 DRE 投票机发生任何故障，获批的其他投票设备。

[19/2001]

（2）审计长或者由部长根据第 33A 条第（1）款所任命的任何人，须在不早于投票日之前的 4 整天，进行检查并且开展或者安排对将在投票站使用的每台 DRE 投票机以及直接记录电子投票设备进行检查或测试，如果确认在投票表决中将使用的任何 DRE 投票机以及设备运转正常，他须在不迟于投票日前夕——

（a）批准检测过的 DRE 投票机以及设备在投票表决中使用；

（b）对获批的 DRE 投票机进行编号；

（c）用自己的印章进行密封，并且确保获批的 DRE 投票机以及直接记录电子投票设备在投票日之间没有被使用，在安全保管之下，将其寄发到选举监察人处，在投票日之前选举监察人须对其进行安全保管；

（d）创建一份记录，记录的内容包括每台获批的 DRE 投票机识别编号，以及分配到各有关投票站的相应记录；

（e）在投票日之前，向要求提供副本候选人或其选举代理人提交副本记录。

[19/2001]

（3）根据第（2）款对 DRE 投票机以及直接记录电子投票设备进行的检查和检测须按如下执行——

（a）进行的日期、时间以及场所为选举监察人在投票日之前不少于 5 整天，发布的公示中所指定的日期、时间以及场所；并且

（b）须在该日期、时间以及场所，在候选人或其可能出席的选举代理人或监察投票代理人在场的情况下进行。

[19/2001]

33C. 投票前对 DRE 投票系统进行的测试等

——（1）在第 16 条第（5）款下所发的通知指明的在任何选举分区的投票表决开始的前一刻，选举分区内的每一投票站的监选人须在投票站现场的人的视线内——

（a）确保递送到投票站供投票表决使用的每一台 DRE 投票机以及直接记录电子投票设备，依据第 33B 条第（2）款获得了批准并且仍然保持密封且没有被使用过；

（b）安装获批的在该投票站供投票表决使用的 DRE 投票机以及直接记录电子投票设备；

（c）对每一台按订明方式安装的 DRE 投票机以及直接记录电子投票设备进行检查和检测，确保其正常运作，必要时采取纠正措施（包括维修或更换）——确保正常运转；并且

（d）对供投票表决使用的 DRE 投票机进行解封。

[19/2001]

（2）在投票站中使用投票中用到的 DRE 投票机以及直接记录电子投票设备的监选员须进行定期检查或者督促检查，检查机器和设备在投票进行过程中是否被篡改和损坏或发生故障。

[19/2001]

（3）如果在投票开始使用 DRE 投票系统之前或者之后的任何时间，一投票站的监选员确定送到投票站的获批的 DRE 投票机或直接记录电子投票设备不能够及时更换或者维修，并且投票不能继续使用其余的获准的 DRE 投票机和获准的直接记录电子投票设备，在基本不干扰投票有序进行的情况下，在获得选举监察人批准后，监选员须——

（a）如果投票已经开始，立即停止在该投票站进行的投票；并且

（b）对该投票站的投票作出以下必要安排——

（i）在同一天开始或者恢复（视具体情况而定）使用符合本法条款规定的相同 DRE 投票系统或者选票，并在选举监察人所指定的其他时间结束；或者

（ii）延期并且在选举监察人在宪报刊登公告中宣布的其他日期（该日期为随之的一个星期内）重新使用符合本法条款规定的相同 DRE 投票系统或者选票。

[19/2001]

33D. DRE 通常投票系统程序

（1）除本条例第 33B 条和 33C 条另有规定外，任何根据本条规定、任何使用任何 DRE 投票系统的投票表决须以同样的方式进行，即在表决下执行第 17 至 34 条，并应被视为其目的是投票表决该法案。

（2）所有核准的 DRE 投票机上显示的图像在任何投票和选票，都应以电子形式投票使用的选票来表示。

（3）部长可订立规例来修改应用程序的任何本法规定投票使用 DRE 表决系统的行为，特别是包括规定经营 DRE 投票系统，如果有的话，这样在表决时开启和关闭程序的主持人员培训投票，即其表决方式、点票和安全发送或传输使用 DRE 投票机投票计数，包括叙述的记录。

34. 投票表决结果和公报上的投票声明

（1）根据第 32（8）(a) 项或（8D）(a) 项的规定，所有由海外选民投票计数或宣布第 32A（5）款下的结果后，选举主任应视情况而定，立即编写一份声明——以规定的形式进行投票表决，并宣布该人当选总统，这些将在宪报刊登。

（2）按照该法的规定，如果根据第 15 或 32 条，总统候选人在就任前死亡，总理应立即根据第 6 条的规定令状发出新的命令，认为该法应进行必要的修改，这也适用于令状。

35. 不符合本法规定

（1）因为任何未能遵守与本法有关选举的任何条款，如果它出现选举的是根据该条款中规定的原则进行的话，那么就并没有选举应视为无效的失败，这样也不会影响大选结果。

（2）凡在该法中，任何行为或事情需要做或授权都必须考虑到候选人或其代理人的存在，非指定的时间和地点的任何候选人或代理人出席，如果该行为或事件已经做了，那么，这些行为或事情都无效。

36. 选举的保密维护

（1）每名人员、书记员、翻译人员在出席候选人和委托代理人的投票站或点票前，都须行使保密誓言，这是实质上规定的形式。

（2）选举主任有权根据第（1）款管理规定采取任何宣誓。

（3）每名人员、书记员、翻译人员、候选人和代理人出席投票站都应保持和维护投票的保密性，除了一些由法律授权的目的，不得透露在选民登记册上的关于任何人的姓名或号码信息，这些人还没有申请选票或投票，这都应在投票前保密。

（3A）在主持官员的自由裁量权下，任何投票站投票的选民在投票结束前的任何时间的总人数可能被泄露的候选人或授权的代理人在投票站参加。

（4）出席的官员、书记员、翻译人员、候选人或代理人在投票站不得——试图在获取候选人信息并干涉任何选民投票——不得将在投票站获取的关于选民即将或已投给候选人的信息，以及在投票站给选民的投票背面上的号码透露给任何人。

（5）每名官员、书记员、翻译人员、候选人和出席点票代理人应维护和协助维护投票保密，并不得——试图打探选票背后的计数，或将关于选票投给哪个候选人的计数情况告知他人。

（6）任何人，除了审裁官依本法授权的目的而行事或由审裁官授权，在选民拿到选票后，在选民将选票投到选箱前，或者在选民经授权使用核准的 DRE 投票机记录他的选票后，以及在他记录选票前，任何人不得与任何选民沟通或有意沟通。

（7）任何人在违反本条的行为，应即属犯罪，一经定罪，应处罚款不超过新币 1500 元或任期不超过 9 个月的监禁，或两罚并处。

选举的推迟与休会

36A. 提名日，延期等

（1）尽管该法案在任何选举的提名日之前的任何时间有着任何其他规定，但是总理提名日可能推迟到另一天，或更改提名的地方，这是由于——（a）骚乱或公开暴力；（b）骚乱或公开暴力的威胁；（c）风暴、暴雨、洪水或发生的同类自然灾害；(d) 健康的危害；(e) 火灾或消防安全设备的激活（如洒水或报警）；或者 (f) 安全助理、文员、候选人及其他人士根据第 11 条授权出席提名的地方或是与举步维艰的提名程序的执行行为有关的任何其他原因。

(2) 根据第 (1) 款，提名的地方或任何变化，规定的任何推迟提名日——(a) 可能是借描述推迟提名日或提名的地方的变化，视情况在宪报刊登公布；(b) 如果根据第 (a) 项并不可行，那么以公布通知的方式发表将确保足够的宣传，向公众说明推迟提名日或提名的地方的变化，视情况而定，如此作出的任何延期或变更应是有效和足够的任何日期或地点，应视情况而定被视为代替由令状的日期或地点在提名日或提名固定起来。

36B. 变动小时候选人提名等

(1) 尽管该法案在任何选举的提名日之前的任何时间有着任何其他规定，但是总理提名日可能推迟到另一天，或更改提名的地方，这是由于——(a) 骚乱或公开暴力；(b) 骚乱或公开暴力的威胁；(c) 风暴、暴雨、洪水或发生的同类自然灾害；(d) 健康的危害；(e) 火灾或消防安全设备的激活（如洒水或报警）；或者 (f) 安全助理、文员、候选人及其他人士根据第 11 条授权出席提名的地方或是与举步维艰的提名程序的执行行为有关的任何其他原因。

(2) 根据第 (1) 款，提名程序的时间到另一个时间的任何变化——(a) 刊登的公告在宪报公布提名程序描述时间的变化；(b) 如果根据第 (a) 项并不可行，那么就公布通知的发表方式，这样将确保足够的任何变化的宣传应是有效和足够的，这种变化就是广大市民提名程序描述时间的变化。

(3) 根据第 (1) 款的提名程序，在改变时间的情况下，选举主任可指定在一天中的其他时间，但是——(a) 应指定选举主任接受提名表格的 1 个小时内；(b) 应指定相当期间 90 分钟的反对任何提名文件的制作；(c) 须注明最后时间为第 10 条的目的，候选人必须让他的存款在提名论文之前，可能会纠正错误，也可能退出竞选。

（4）根据第（1）款，时间的任何变化，同时根据第 7 条选举令，代替固定时间发出通告应被视为小时，如果提名程序固定，第 9 至 15 条适用这样的修改是必要的。

36C. 休会等，投票站

（1）尽管该法案在任何选举的提名日之前的任何时间有着任何其他规定，但是总理提名日可能推迟到另一天，或更改提名的地方，这是由于——（a）骚乱或公开暴力；（b）骚乱或公开暴力的威胁；（c）风暴、暴雨、洪水或发生的同类自然灾害；（d）健康的危害；（e）火灾或消防安全设备的激活（如洒水或报警）或者（f）安全助理、文员、候选人及其他人士根据第 11 条授权出席提名的地方或是与举步维艰的提名程序的执行行为有关的任何其他原因。所有这些投票站的选举投票可能推迟到另一天，除了选举投票且按宪法第 17（3）款规定的。

（2）尽管该法案在任何选举的提名日之前的任何时间有着任何其他规定，但是总理提名日可能推迟到另一天，或更改提名的地方，这是由于——（a）骚乱或公开暴力；（b）骚乱或公开暴力的威胁；（c）风暴、暴雨、洪水或发生的同类自然灾害；（d）健康的危害；（e）火灾或消防安全设备的激活（如洒水或报警）或者（f）安全助理、文员、候选人及其他人士监察投票代理人或选民在投票站内，或肢体行为投票的困难，已经出现或可能出现在该投票站投票之前或期间，选举主任会，第（3）款的规定，执行下列操作之一：（i）暂时停止一段时间不超过 2 小时，或不改变该投票站的位置，在该投票站投票；（ii）休会推迟到另一天在该投票站投票，或不改变该投票站的位置；（iii）全放弃，然后重新启动，在另一天的投票站投票，或不改变该投票站的位置；（iv）早期终止在该投票站投票；（v）在海外投票站投票的情况下，放弃了在该投票站投票，如果他满意投票站，该处无法启动或恢复或完成。

（3）任何海外投票站的投票，如果恢复或持有一个推迟的投票该处的地方，必须关闭最迟在投票日投票结束之前；在新加坡，"宪法"第 17

(3) 明确规定任何推迟的投票地点举行任何投票站投票表决必须在限定的时间内进行。

(4) 根据第 (1) 款或 (2) 款，在行使任何权力之前，选举主任须——(a) 通知刊登宪报公告宣布临时停牌、休庭、延期、遗弃、重新启动或提前终止（视情况而定）的投票在有关投票站，并在适用的情况下，指定日期和时间，并在该投票站恢复投票，并视情况而定，重新启动或暂停、延期、推迟或放弃投票表决的地方举行；(b) 根据第 (a) 项，如果出版并不可行，通知公布的方式将确保足够的宣传，广大市民须暂停休会、推迟、放弃、重新开始或提前终止（视情况而定）投票及（如适用），并在该投票站恢复投票的日期和时间，应视情况而定重新启动或暂停、延期、推迟或放弃投票表决的地方举行，如此作出的任何延期、恢复、重新启动或其他变化应是有效和足够的竞逐的选举通知的日期或地点，以代替提供任何日期或地点，这些应被视为是在投票日或投票地方固定起来的。

(5) 如果根据第 (2) 款的规定，选举主任可以改变任何投票站的位置；根据第 (4) 款发出通知行使任何权力，也应包含位于投票站的地址。

(6) 任何临时停牌、休庭、延期、放弃、重新开始或提前终止，视情况可能是，在投票站的投票；行使任何权力是依据第 (1) 款或 (2) 款应以规定的形式进行。

(7) 本节中的任何内容都不应限制第 33C (3) 款所指的任何权力的行使范围之内。

36D. 押后的投票表决

根据第 33C (3) 款或第 36C 条，凡以任何理由，只有那些选民投票暂停或推迟的目的建立在任何投票站投票——(a) 是谁登记的选民；(b) 谁有权在该投票站的投票；(c) 谁没有投票，有权投票的日期和时间，并在该投票站投票恢复或推迟投票的地方举行，视情况而定。

36E. 休会等，计数

(1) 尽管该法案在任何选举的提名日之前的任何时间有着任何其他规

定，但是总理提名日可能推迟到另一天，或更改提名的地方，这是由于——（a）骚乱或公开暴力；（b）骚乱或公开暴力的威胁；（c）风暴、暴雨、洪水或发生的同类自然灾害；（d）健康的危害；（e）火灾或消防安全设备的激活（如洒水或报警）；或（f）任何其他原因相关的安全助理、文员、计票、候选人或监察点票代理人出席计数的地方，难以计数的肢体行为，已出现或可能出现之前或期间在该点票的地方点票，选举主任——（i）暂时停止计数，计数一段时间不超过 2 小时的地方，或不改变该点票地点的位置；（ii）休会推迟计数，计数到另一天的地方，或不改变该点票地点的位置；（iii）全放弃的点票的票，点票的地方，如果他是满意，计数该处不能恢复或完成，并要算的票的数量不会影响选举的结果，在投票点放弃重新计票的情况下，宣布选举结果使用第一计数结果；（iv）根据第 31A 条计数方式，在所有投票站所指明了方向、计数和重新启动的时间内，通过"宪法"第 17（3）款分隔的投票点票地方和点票投票的人同意，如果他满意，计数该处不能恢复或完成，并要算票数的数量会影响选举结果。

（2）根据第（1）款的规定，在行使任何权力之前，选举主任须——（a）宣布等出席有关计数点票的候选人和他们的监察点票代理人，临时停牌、续会、推迟或放弃（视情况而定）点票计数的地方，并在适用的情况下，计数和点票的日期和时间恢复，或将持有的地方暂停、延期、推迟或放弃计数，视情况而定；（b）刊登宪报公告宣布临时停牌的通知，休庭，推迟或放弃（视情况而定）点票计数关注的地方，如适用，指定的日期和时间和计票，计数的地方，并视情况而定，恢复或将持有暂停、延期、推迟或放弃计数的地方。

（3）根据第（1）款的规定，如果选举主任改变任何计数的位置，那么根据第（2）款的公告及发出通知的话，行使任何权力也应包含的地址重新位于计数。

（4）在每次暂停点票在任何计算的地方——（a）所有计算选票，没算入的选票，和所有其他关于计票点的计数情况的文件应密封在单独的包中,并放置在任何投票箱;(b)那些投票箱,将由选举主任盖章封印,候选人或计票代理人也要签章。

(5)在重新计票后任何临时中止或暂停点票,选举主任或由他授权的人,这样的候选人和他们的监察点票代理人出席的存在,显示每个这种密封的投票箱前不间断取出其中的无数的选票。

(6)根据第(1)款,任何临时停牌、续会、推迟或计票作废,任何点票、计票或投票的地方暂停、延期、推迟或计票作废,应当以规定的方式进行。

(7)在本条中,任何关于选票的计算说明都包括重新计票的说明。

36F. 休会等,加算的选票

(1)尽管该法案在任何选举的提名日之前的任何时间有着任何其他规定,但是总理提名日可能推迟到另一天,或更改提名的地方,这是由于——(a)骚乱或公开暴力;(b)骚乱或公开暴力的威胁;(c)风暴、暴雨、洪水或发生的同类自然灾害;(d)健康的危害;(e)火灾或消防安全设备的激活(如洒水或报警);或(f)任何其他原因有关的安全助理、办事员添加票,候选人或其选举代理人提出的主要计数或加算的选票的物理行为困难,已经出现或可能出现之前或期间,除了主要计数票,选举主任——(i)暂时停止添加票按本金计算一段时间不超过2小时,或不改变主要计数的位置;(ii)休会除了推迟票;(iii)主要计数到另一天的地方,有或无改变主要计数的位置。

(2)根据第(1)款的规定,在行使任何权力之前,选举主任须——(a)宣布这样的候选人及其选举代理人出席此外主要计数的地方,临时停牌、延期或推迟(视情况而定),另外主要计数票(如适用),应视情况而定,添加票主要计数的地方是日期和时间恢复,或将持有票的暂停,押后或推迟另外的地方;(b)全力在宪报刊登公告宣布临时悬挂,此外票主要计数,并在适用的情况下,暂停或延期(视情况而定)指定的日期和时间,并视情况而定,在另外票本金计数的地方是恢复或地方票的暂停,押后或推迟另外举行。

(3) 根据第 (1) 款的规定, 如果选举主任的变化主要计数的位置; 那么根据第 (2) 款的公告及发出通知的话, 行使任何权力也应包含的地址重新位于主要计数。

(4) 根据第 (1) 款, 任何临时停牌、暂停或延期 (视情况而定) 按本金计算的任何电源, 因行使根据票数; 此外, 除了票或, 除了恢复暂停, 休会或推迟的另外的地方, 应按规定的方式进行。

("*Presidential Elections Act*:*Part of Presidential Election Law which is related to political parties*". access through Singapore Attorney General Chambers http://statutes. agc. gov. sg/aol/search/display/view. w3p; ident = b50a7acf - 5bf0 - 49c9 - b11a - deff4817b9c7; page = 0; query = CompId%3A62d63b5e - cab0 - 4686 - bb5d - f65a67d3adde; rec = 0; resUrl = http%3A%2F%2Fstatutes. agc. gov. sg%2Faol%2Fbrowse%2FtitleResults. w3p%3Bletter%3DP%3Btype%3DactsAll#P1II - .)

(徐启启、郄晓良、王新 译)

议会选举法

议会选举法：与政党有关的新加坡现行议会选举法案内容。通过新加坡总检察署获得。

议会选举法案
第 218 章

原始法案：1954 年第 26 法令

2011 年修订版

2011 年 4 月 15 日

适用于议会选举的法案规定。

1954 年 11 月 12 日

第一编 基本知识

1. 短标题

该项法案也被称为议会选举法案

2. 说明

（1）除非另有规定，在本法案中——"投票箱"即一个装选票的容器；"选票显示"，即电子视频显示、图片显示或者选票屏幕显示；

"候选人"，即被提名为议会任一席位的被选举人；

"国家选举登记专员"，即根据国家登记法（Cap. 201）任命的国家登记专员；

"联系地址"与任何人有关，即国家登记法案第8条第（2）款所规定的个人联系地址。

"直接记录电子选举器"或者"DRE选举器"指任何机械、电子或者电光设备——

（a）可以通过选民在选票显示器上标记、记录他投票选举任一候选人或者候选小组的投票来激活；（b）也可以通过电脑程序来实现选举的运作；（c）也可以即时地把选举记录存储在机器里的一个存储器里；（d）并且对这个机器上的选票显示器所标记和记录的选票进行分类和唱票，并且包括在这个机器运作过程中用到的任何电脑程序；

"直接记录电子选举系统"或者"DRE选举系统"指任何使用DRE选举器的选举系统；

"选举"，即选举议会成员的选举活动；

"选举广告"，即选举中使用的海报、标语、通知、广告、传单、插图、文章等各种宣传材料——（a）促进各竞选政党、各候选人或候选人小组可以获得竞选成功；（b）能够提高各竞选政党、各位候选人或候选人小组在某选区的声望和地位，尽管选举的宣传材料可能被认为用来实现其他目的，尽管宣传材料并没有明确提及任何政党或候选人的名字，但是宣传材料必须只能用于选举宣传。宣传材料不包括印有选举信息的任何形式的徽章、钢笔或铅笔、气球等材料；

"选举人"，即已经进行了登记，并有选举人资格，能够在选举中参加投票的人；

"选区"，即第8条规定的现行的各个选举区域；

"大选"，即议会解散后议会成员的重新选举；

"选举小组"，即根据第27B条规定，在任一集选区得到提名任命的由三至六人组成的候选人小组；

"集选区"，即根据本法第8A条第（1）款（a）项规定的选区；

"议员"，即组成议会的成员；

"海外选举人",即根据第 13 条或 13A 条规定的作为海外选民登记入册的选举人;

"海外投票站",即根据本法第 36A 条第(2)款规定,因以下若干前提之一而由选举督察批准在新加坡境外设立的投票站:(a)新加坡驻外大使馆,特派高级使团,外交使团,常驻使团,领事馆(或其他类似情况);(b)被因公任命而长期居住或行动于官方在海外的指定地方的人员:(i)驻外大使,高级专员,领事馆总领事;(ii)常驻代表;(iii)或其他高级外交或领事办公室;

"海外登记中心",即根据第 10 条第(4)款规定在海外设立的选民登记中心;

"议会",即根据新加坡宪法成立的新加坡国会;

"政党",即根据社会法案(Cap. 311)成立的政治性党派;

"投票区",即根据本法第 9 条规定在某一选区内划分出的选民投票地点;

"投票站",即根据本法第 36A 条规定并由选举督察批准设立的任一选民投票站,包括海外投票站;

"总统选举",即根据总统选举法(Cap. 240A)规定进行的选举;

"主选举代理人",即根据本法第 62 条第(5)款规定由某一选举小组任命的作为本小组候选人的代理人;

"公共权力组织",即法人团体,董事会或根据成文法规定为了履行某种公共职能而成立的权威机构,但是根据镇议会法(Cap. 329A)成立的镇议会除外;

"公布",即使用任何形式、任何工具(无线电报或其他工具)广播和传播互联网上广为人知的东西;

"登记或选举人登记",即任一选举区的选民登记,选民必须在本选区的投票区进行登记;

"登记官和助理登记官",即根据本法第 3 条任命的登记官和助理登记官;

"选举督察"，即根据本法第3条任命的选举监察人；

"审裁官"，即根据本法第12条任命的审裁官；

"选民"，即不管名字是否出现在选举人名册中申请在选举中参加投票的人。

（2）制定本法的目的——（a）作为任何一项选举取得成功的参考和指南——（i）与任一政党有关，与任一选举中以党的名义推举候选人或候选人小组有关；（ii）与候选人或候选人小组有关，与他们在任何一场选举中的推举有关；（b）作为"选举广告"定义中第（a）项或第（b）项涉及活动内容的参考，这类行为参考应包括对选举中其他政党、候选人或候选人团体选举前景的破坏或损害，对其他政党、候选人或候选人团体的选举站的破坏或损害；（c）作为候选人或候选人小组的参考。任何个人或团体，无论是自己还是由他人寻求提名为候选人（无论是否是任何政党的成员），在选举令状签发日期公布之时和之后都要以此为参考和指南。

3. 官员任命

（1）选举部长将随时在自己认为合适时任命登记官和选举督察官以及助理登记官。

（2）助理登记官拥有同登记官相同的权利和义务。

（3）除非另有规定，本法案中对登记官的规定适用于助理登记官。

（4）选举部长根据本条款作出的任命决定可以随时由部长本人撤销。

4. 任命职员和翻译人员

（1）登记官和选举督察官可以根据需要来任命相关职员和翻译人员。

（2）上述第（1）款的任命事项可以随时被撤销。

5. 选举人资格

（1）根据第6条和第7条，在任何一年份的规定日期中，任何人只要——（a）是新加坡公民，（b）是新加坡常住居民，（c）年满21周岁，都应该登记该年度的选举人名册。（1A）根据第1条（b）项的规定，即使这个人在规定日期不是新加坡居民，如果从这个特定日期开始的三年时间里这个人在新加坡居住时长总计达 30 天，那么在一年中的规定日期这个人应该被认为是新加坡常住居民。

（2）为了选举人名册的准备和修订，任何一位新加坡公民或拥有新加坡身份证件的人，抑或根据国家登记法（Cap.201）在一年中的规定日期一以及日期之前被认为应该签发身份证件的人或者未被撤销身份证件者（除非有证据显示应该撤销）应该被认为——（a）在那一年的规定日期是新加坡常住居民，（b）在那一年的规定日期满 21 周岁，即使从国家登记专员的登记册里显示在规定日期未满 21 周岁，（c）在规定日期国家登记专员的登记册中显示这个人居住某一选区或某一选区的投票地区的最新居住地址，这个人被认为是新加坡常住居民。

（3）尽管有第 2 条规定，但在准备和修订选举人名册时，登记官可以删除任何一个人的名字，如果他有理由相信在规定日期国家登记专员的登记册显示这个人的最新居住地址已经不存在或被用做居民区或是在新加坡之外的某个地方时。

[19/2001]

（4）根据本节第（1）、（1A）和（2）款的规定，规定日期应该是 7 月 1 日或是根据政府公报公布的法令，由选举部长指定的类似日期。

[42/1996；19/2001]

（5）根据本节第（4）款，在任一年中准备和修改选举人名册开始日期与登记册的批准日期这两个日期里，不能下达任何法令。

[42/1996]

（6）拥有身份证件的人的联系地址应被视为最新的地址登记入国家登记专员的登记册。

[19/2001；14/2008]

6. 取消选举人资格

（1）下列情况中，任何人不应登记入选举人名册——

（a）如果有如下行为之一：

（i）通过登记、归化或其他自愿的正式的行为（婚姻除外）获得或者申请获得外国国籍身份的；(ii) 自愿宣称拥有和享受外国法律规定的专属于外国公民的权利（除了与护照相关的权利）的；(iii) 公开宣称或宣誓对任一外国政府效忠和服从的；(iv) 向新加坡之外的任一地方政府申请签发或恢复护照并用作旅行证件的；

（b）因被国内外法庭判罚服刑期超过 12 个月的，或被判处死刑，或被授予代替服刑的；

（c）被任一成文法宣布神志不清的；

（d）根据本法和总统选举法（Cap. 240A）规定，因贪污腐败或其他违法行为而丧失选举资格的，或因选举法官举报而丧失选举资格的，或因本法第 55 条或总统选举法第 37 条被定罪的；

（e）领取由议会提供的服役全薪的，除非在新加坡有永久居住处；

（f）2008 年法案 14 删除该项；

（g）根据本法第 13 条第（3）款和第 43 条第（5）款的规定从登记册中除名的，或根据第 43 条第（8）款或第 8A 条规定未在登记册恢复名字的；

[27/1991；18/1994；19/2001；14/2008]

（h）根据总统选举法第 26 条第（5）款的规定在选民登记册中除名的，或根据该法第 26 条第（8）款未在登记册恢复名字的。

（1A）不违背本章第（1）款规定的情况下，根据第 5 条第（1A）款的规定不被认为是新加坡常住居民的不得将名字写在或保留在选民登记册中——

（a）在新加坡之外任何监狱、监牢或其他拘留地方受监禁服刑的；

（b）因违反任一成文法律被判服刑超过 12 个月或被新加坡任一法院批捕并认为他的违法行为和收到的判处仍然有效；

（c）因任何违法行为违反新加坡法律被判处服刑超过 12 个月的，或被新加坡任一法院批捕并裁定对违法行为的判处仍然有效的。

[19/2001]

（2）根据本章第（1）款（b）项的规定，选举人资格不应被取消，除非他被新加坡境外法院判处的罪名也适用于新加坡法律。

[19/2001]

（3）根据本节第（1）款（a）（ii）项规定，在新加坡外，

(a) 参加任何一个国家的、政府的或省级选举投票的；

(b) 参加任何一个大都市或市区的地方政府选举的，应该被视为主动的自愿宣称和履行外国法律赋予该国公民的权利。

[14/2008]

7. 多元投票

（1）根据本法规定，一个人只能在一个选区进行选民登记。

（2）任何作为选民参加投票的人——（a）未在自己登记的选区投票的；（b）在任何一场选举中在同一个选区多次投票的；（c）在任何一场选举中在多个选区参加投票的——将被视为违法行为。

[19/2001]

（3）在任何一个人根据第（2）款被定罪之前，在考虑到特定情况、特殊环境之后，法院可以减轻或者免除根据本法第79条所作的处罚。

8. 选区

（1）选举部长将随时通过政府公报指定适用于本法的各个选区的边界和名字。

[22/1984]

（2）新加坡选区数量应该是第（1）款规定的所有选区数。

[22/1984]

8A. 集选区

（1）根据本法规定，在选举小组基础上选举议会成员，为确保必须有马来族或者印度族或其他少数民族的成员参加议会，根据本条规定，总统应该在政府公报中——

(a)（综合考虑任一选区的选举人数后）公布某一选区为集选区，并指出该集选区必须确定候选人小组之后才能举行选举活动，候选人小组人

数为三到六人；

（b）并且规定在每一个集选区里——（i）参与选举的每一个候选人小组至少有一名马来族成员；（ii）参与选举的每一个候选人小组至少有一名印度族或其他少数民族的成员。

[10/1988；9/1991；42/1996]

（1A）在任何时候，至少有八个非集选区。

[42/1996]

（2）所有集选区推举的议员人数应不少于大选中全部应选议员人数的四分之一。

[10/1988；9/1991；42/1996]

（3）根据本节第（1）款的规定，被指定为集选区的数量应是全部集选区的五分之三；未构成整数时，应当四舍五入到整数。

[10/1988]

9. 投票区

（1）当新加坡的选区有变动或者增加新的选区，选举登记官应——（a）从变动后的和新增加的选区里划分出投票区；（b）分配给每个投票区一个能够明确识别的字母；（c）在政府公报中用第一附表表2的形式公布——（i）投票区所在选区已被重新划分；（ii）而且重新给各投票区配发明确的字母标识。

（2）有突发情况时选举登记官有权改变被划分出投票区的选区；作出修改决定后，选举登记官要在政府公报中发布通知指出本章第（1）款（c）项所列出的情况。

（3）根据第（1）款作出的任何变动，以及变动后选区选举人名册的认证批准根据第20条第（1）款规定从公布之日起生效，但是在提交认证批准前，选举人名册的修订应根据选区的变动。

第二编 选举人的登记及选举人名册的修订

10. 选举人登记

(1) 根据第8条规定,一旦有任何通知公布,在国家登记专员的帮助下,登记官员应在那年为每个选区准备各自的选举人名册,并且把那些符合第5条规定同时又不违背第6条的选举人的名字记录在册。

(1A) 在大选前,选举部长会要求选举登记官员准备好根据第(1)款更新的选举人名册。

(2) 为了完成选举人的资格确认,登记官员会作调查,如果他认为有必要。

(3) 任何选区的登记工作完成时,登记官员必须在政府公报上发布通知,说明登记已经完成,并且在一天之中任何合理的时间内,登记官员办公室是开放的,登记簿或者登记簿的复印件接受大家的检查。

(4) 为了完成海外选举人登记工作,登记官认为在新加坡驻外大使馆、高级使团、外交使团、领事馆或者在新加坡境外的领土上设立登记中心是实际可行的,登记官员可以设立一些海外登记中心。

[19/2001;14/2008]

11. 要求和异议

(1) 任何人,只要他认为自己有资格成为选举人,即使他的名字已经从登记簿中删去了(即要求者),他就可以要求登记官员把自己的名字写在登记簿里。

(2) 第(1)款的所有要求必须被记录在第一附表的表3里,并且从政府公报公布登记工作完成之日起,在两周之内送交登记官员。

(2A) 根据第(2)款规定,当两周期满时,在21日内,登记官员必须把包含提要求的人的姓名和地址的通知张贴出来,如果可能的话,张贴在提要求人所居住的选区里或选区附近,或者张贴在第10条第(3)款所提到的专门的海外登记中心。

[19/2001]

（2B）根据第（1）款规定，可以在海外登记中心发表声明，同时，根据第13A条规定，要求者可以申请登记为海外选举人。

[19/2001]

（3）任何选民，只要他的名字出现在任一选区的登记簿里，他就可以反对把自己的名字写在这个登记簿里，也可以反对出现在登记簿里的其他人的名字，甚至可以反对在这个登记簿里加入任一要求者的名字。

（4）根据本条和第12条规定，任何一个对选举人名册有异议的人被称为反对者。

（5）对选举人名册提出的任何异议，必须以文字的形式，按照第（1）款的规定记录在第一附表的表4里，并且从登记官在公报中发布登记工作完成的通知之日起，在两周之内，必须送交登记官。

[14/2008]

（6）对登记簿加入要求者的名字提出的任何异议，必须按照第（1）款的规定，以文字形式填在第一附表的表5里；并且从根据第（2A）款发布包含要求者名字的通知之日起，在6日之内，送交登记官。

（7）2005年第18法案删除此项。

（8）在收到对包含和加入在登记册的名字的异议后，登记官员必须尽快向被提出异议者送去通知函。

（8A）异议通知必须列在第1附表的表6中。

（9）登记官员必须尽快对所有的要求和异议作一个公开调查，给出一个不少于6天的清晰的书面调查通知，包括对每个要求者和异议者以及收到被提出异议通知的人展开调查的日期、时间和地点。

（9A）在公开调查中，任何出现在登记官名册里的人如果被调查组感兴趣或受到调查组影响，可以亲自出面说明情况，也可以书面委托形式授权代理人来完成。

（9B）尽管第（9）款有规定，在没有公开调查的情况下，如果没有任何异议，登记官可允许任一要求，如果登记官认为要求合理，可以将要求者的名字写入登记册里，并把要求者的名字登记在海外选举人名册里。

（10）当有人对登记册里的名字提出异议，登记官员必须召集异议者或其书面授权代理人，要求给出提出异议的初步理由和证据。

（11）如果获得初步证据，登记官员应要求被异议者提供相应的具有选民资格的证据：

（a）如果被异议者没有向登记官提交证明自己选举人资格的满意证据，登记官应把被异议者的名字从登记册中删去，或者拒绝把该人的名字记录在登记册里。

（b）如果这个人的资格得到充分证明，登记官应把他的名字保留在或者写在登记册里，并且如果可行的话，把这个人的名字写在海外选举人名册里。

[19/2001]

（12）在调查异议理由的当天，异议者或其书面授权代理人没有出现，或者出现，但是没有给出初步证据，那么——

（a）如果是对选举人名册里包含的某个人名字提出异议，在不召集该选举人出面证明自己选举人资格的情况下，登记官应把该选举人的名字保留在登记册里；

（b）如果是对选举人名册里某个要求者名字提出异议，登记官应要求被异议者出具选举人资格的证明；——（i）如果要求者出具的证明不能令登记官满意，登记官应拒绝将其名字写在登记册里；（ii）如果要求者的选民资格得到证明，登记官应把要求者的名字记录在登记册里，如果可以的话，把他作为海外选举人登记在册。

[19/2001]

（13）如果某项异议被登记官推翻，而且这项异议无合理正当理由，登记官可以通过书面形式命令持异议者向被异议者赔偿不超过新币50元的数额，只要登记官认为能够补偿持异议者带来的时间损失。

（14）一旦某项异议被推翻，根据第12条规定，如果持异议者向审裁官申诉而审裁官认为没有合理正当理由撤销了申诉，他可以通过书面的形式命令持异议者向被异议者赔偿不超过新币50元的数额,只要他认为这能够弥补由于持异议者的起诉给被异议者带来的时间损失。

(14A) 如果申诉得到审裁官的认可,他有权力修改或取消登记官要求持异议者赔偿损失的命令。

(15) 如果登记官或审裁官的命令是执行地区法院为了收回资金的命令,根据本章规定获得的任何补偿都能够被收回。

(16) 2005年第18法案取消此项。

12. 向审裁官申诉

(1) 只要选举部长觉得合适,可以随时任命审裁官受理反对登记官决定的申诉。

(2) 如果任何要求者、持异议者或被异议者不满意登记官的决定,在决定作出10日之内,可以向审裁官提出申诉。

(3) 根据本章规定,所有的申诉必须以文字的形式出现,并且简短陈述申诉理由。

[18/2005]

(4) 审裁官必须公开听取这些申诉,并通知相关各方受理申诉的时间。

(4A) 审裁官自行决定是否听取证词。

(4B) 审裁官对申诉裁决是最终的和结论性的,并且不得在任何法庭受到质疑。

(5) 当审裁官对登记者提出的申诉作出决定后,他必须向登记官发出书面声明。在这份声明中包含他决定加入登记册的名字,也包括他决定从登记册中删掉的名字,登记官员必须对登记册作出相应的修改。

(6) 2005年第18法案删去此项。

13. 登记册的认证

(1) 在要求和异议得到裁决后,登记官必须尽快用第一附表的表7的形式批准各选区选举人名册。

(1A)根据第 12 条，在申诉中止期间，登记官可以根据本条规定颁发登记册，但是也可根据审裁官在申诉中的决定相应地加入或从已颁发的登记簿中删除任何人。

(2)在登记册颁发 7 日之内，本法的任何规定都不能阻止登记官改正文书方面或者其他的错误。

(2A)上述第（2）款有关的任何改正都不影响具有选举人资格的人在登记册中包含或者保留他们的名字。

(3)尽管有第（1）、（1A）和第（2）款的规定，登记官一旦收到登记的公民已不是宪法规定下的新加坡公民的信息，或从登记出生与死亡的官员那里得到一些选举人去世的消息，登记官应把这些人的名字从登记册中删去。

(4)尽管可能与本法发生冲突，在向选区颁发选举人名册之后的任何时间，除了根据第 24 条规定选举令签发日和在该选区举行选举那天，登记官可以从登记册中删去选举人的名字，只要他有理由相信该选举人填在登记册中的联系地址已经不存在了，或者已经不再是其居住地址或联系地址。

(4A)根据第（4）款规定被删除名字的人，必须从他的名字被删除时起，以书面的形式通知国家登记专员，告知其住址或联系地址的变更，登记官应将其名字转到相应的登记册。

[18/1999；14/2008]

(5)根据第（4）款或第（4A）款的规定，登记官员不能删去或改变任何选举人的名字，除非在决定删去或改变选举人名字至少两周之前，通过政府公报发布作出变动的建议和所有相关人员的名单以及时间和地点，接受监督。

(5A)根据第（5）款的规定，在登记官认为不指出相关人的名字合适时，通知可以不包含这些内容。

(6)登记官根据第（4）款的规定从登记册中删除一些人，但是根据第（7）款规定，登记官有权——(a)恢复那些由于错误或者粗心大意而被从登记册中除名的人；(b) 根据他们的申请将被除名时还没有转移到相应的登记册上的人的名字记录在合适的登记册上。

(7) 某选区根据第 24 条规定签发选举令后，根据第（6）款（b）项规定，登记官不能在该选区再添加任何选举人名字，直到提名公布日之后，登记官才能在记录册里添加选举人名字，如果有民意测验，就在民意测验之后。

13A. 海外选举人登记

(1) 不是新加坡的常驻居民，但是名字在某选区的选民登记册里，并且有资格把自己的名字写在或者保留在选民登记册里的选举人，可以在该选区举行选举前的任何时间内，向登记官申请把自己作为该选区的海外选举人——(a) 登记在任一海外登记中心的登记册里；(b) 登记在该选区的某些地方或是该选区附近的某些地方作为一个海外选举人而被登记在册。

[14/2008]

(2) 根据第（1）款规定，任何想要作为海外选举人被登记在册的申请必须提供——

(a) 关于他身份的令人满意的证据；

(b) 他离开新加坡的日期以及他在境外使用的邮箱地址；

(c) 一份他是新加坡公民的证明，并且满 21 周岁的证明；(ca) 一份——(i) 关于他没有通过注册、移入或其他自愿的正式的行为（不包括结婚）而成为新加坡以外的国家公民的证明；(ii) 一份关于在新加坡以外的国家，他没有主动宣称拥有和享受该国法律赋予其公民的权利（不包括与护照有关的任何权利）的证明；(iii) 一份关于他没有发誓、宣称或者承认自己是任何其他国家的同盟或附属的证明；(iv) 一份他没有向新加坡以外的其他国家的权威机构申请签发或更新护照，或者把这些权威机构所签发的护照作为旅行证件使用的证明；

(d) 一份在指定海外投票站参加选举投票的声明；以及

(e) 提供选举登记官认为登记时能够证明申请人身份的其他信息。

（3）尽管可能与第13条部分内容有冲突，选举登记官收到根据第（1）款欲成为某选区海外选举人的申请时，除了根据第24条选举令签发日和该选区的选举人提名日之外或者为了选举要举行民意调查——

（a）登记官应把该申请作为海外选举人记入选举人名册；

（b）指定申请人到他根据第（2）款（d）项所声明的海外投票站投票或到任何其他海外投票站投票。

[19/2001；14/2008]

（3A）任何一个在本章规定下被登记为某选区海外选举人的可以随时用规定的方式向选举登记官申请——

（a）取消海外选举人资格；

（b）改变根据第（3）款（b）项分配给他的海外投票站，根据本法第24条规定在该选区的选举令签发前，选举登记官可以随时取消他海外选举人资格登记或分配其他投票站投票。

[14/2008]

（3B）每个海外选举人只能在一个海外投票站投票。

[14/2008]

（4）根据本条的规定被登记为海外选举人的将继续有效直到根据第10条重新进行选举准备和登记或根据第14条规定修订选举人名册。

[19/2001]

（5）根据本节第（2）款（ca）项规定，

（a）参加任一国家的、政府的或省级选举投票的；

（b）参加国外任何一个大都市或市区的地方政府选举（但不是根据本法进行的选举或不是总统选举）应被视为自愿宣称拥有和履行外国法律所赋予的权利。

[14/2008]

14. **登记册修订**

（1）距前一次大选不到3年的时间里，选举部长可以随时要求选举登记官修订登记册并在选举部长通过政府公报发布之日前完成。

（2）登记册修订过程中，为了确定申请人的有效身份以及决定是否加入、保留或删除某一申请人，选举登记官或其任命的代理人有权要求申请人提供必要的证明信息。

（2A）为完成第（2）款规定任务，要求提供信息的通知可以通过普通邮局寄给申请人，通知可直接交给本人或交给其家庭任一成年人。

（3）政府和所有地方当局的职员（法律禁止提供信息的政府部门职员除外）必须向选举登记官或其任命的代理人提供相关信息以利于完成选举人名册修订。

（4）根据第（2A）款规定，拥有应提交的信息的人，如果未能向选举登记官或其代理人提交必要信息，或故意提交错误信息的，应被认为是违法行为，可判处不超过新币1000元的罚金或不超过6个月的监禁或两种处罚同时进行。

[10/2010]

（5）与第（4）款不冲突的情况下，任一被登记的选举人未能在收到提交信息通知的14日内向选举登记官或其代理人提供证明身份的有效信息，应立即从选举人名册中除名，而且该选举人将不能得到在接下来的一年里留在或加入选举人名册。

（6）任何被选举登记官任命的工作人员收集到选举人提交的信息后，如果有意压制选举人提交的证明身份的登记信息或擅自决定某个选举人是否应被保留或加入选举人名册，应被认为是违法行为，可判处不超过新币1500元的罚金或不超过9个月的监禁或两种处罚同时进行。

[10/2010]

15. 修订登记册的方法

（1）修改登记册时，登记官根据第5条规定将有资格当选为选举人的人和按照第6条的规定没有被剥夺选民资格的人登记入登记册。

（2）根据第（1）款的修订完成后，登记官应在政府公报中发布通知，指出登记册已经完成修订，并且指出在登记官办公期间某一天合理的时间里，或在办公室或在其他地方，将登记册或名册复印件向社会开放，接受公民的监督。

16. 对登记册修订的要求和异议

第 11 条和第 12 条适用于选举人名册的修订正如其适用于登记准备一样。

17. 第 13 条在登记册修订时的运用

（1）第 13 条第（1）款和第（1A）款适用于修订后的选举人名册的批准颁发正如其适用于选举人名册的批准颁发一样。

（2）第 13 条第（2）款至第（7）款适用于修订后的选举人名册正如其适用于选举人名册一样。

[19/2001]

18. 通知和休庭

（1）根据第 14 条的规定，通知都必须经由登记官发出，或者审裁官应明确的向挂号邮寄的地址（如果有的话）或者默认的地址、选民登记中给出的地址提出索赔或异议。

（2）登记员或者审裁官可以根据本法案在任何合适的时间、地点中止任意诉讼。

19. 共同边界区建筑内居住的居民

（1）在准备或者修改一个选民登记时，登记官可以根据自己的自由裁量权，在选民登记中增加任何一个居民的名字，只要其认为该居民的选区处于两个或更多选举共同边界处。

（2）根据第（1）款的规定，登记员的决定具有终局性和不可推翻性，在法庭上也不能受到质疑。

20. 登记通知和开始期限

（1）在本法案之下的登记注册，登记官必须在公报中进行通知，表明选民已经被注册；并且注册或者注册副本可以在登记官办公室或者其他选区登记部门等该通知被指定的地方，于当天的任何合理时间得到检查。

（2）注册登记——（a）根据第 10 条第（1）和（1A）款规定，在注册准备的情况下，生效是在下届大选时而非在此之前，并且（b）对于修改登记，登记在公报的通知发布之日起生效。（2A）这些变化，可以作为随后第13、17、43条内容提出，或者第26条规定的"总统选举法"（Cap. 240A）。登记将继续进行直到下一次注册登记具有可操作性之时。

（3）根据第8条规定，一个新的选举分组由两个或多个现有选举部门合并产生。根据第8条第（1）款、第10条规定，通知中指定的任何选举分工的边界没有任何变化不适用于该选举分组，除非另有部长的指示，那些现有的选举部门已合并形成任何新的选举分组，认证操作时选民登记册应被视为选民登记册的操作在下次换届选举，是新的选举分组。

20A. 投票区等的再分配

（1）任何新的选举部门创造或改变任何现有的选举划分的界限在于——（a）重新分配整个选举部门或任何现有区划界限，形成一个新的或改变选举分裂投票区或区，在这些投票区的边界没有任何变化的一个或多个连续投票区；或者（b）任何现有的选举部门或部门现有的任何其他部门或部门在这些投票区的边界没有任何变化的一个或多个连续的投票区，部长可根据第8条规定代替指定的选举区划的界限通知，指定——（i）投票区保留，重新分配或转让，形成各自的选举区划细分；（ii）新的区分字母或字母（如有）分配给每个这样的投票区，每个选举分裂，应被视为已被细分到第9条第（1）款下的投票区，以便作为其分支机构保留、分发或转让。

（2）除非另有指示，否则部长创建任何新的选举部门或任何选举分组的方式都必须按照第（1）（a）或（b）项的规定，第10条不适用于新的或改变选举分裂和变更登记员，在下届大选前注册登记，按照第（3）款为每个新的或改变部门准备，并在第一附表表格7中证明。

（3）通过注册登记，并结合这些登记证明已被重新分配或转移，形成新的或改变选举的投票区，投票区的部分应准备新的或改变选举分组的综合登记。

（4）任何综合登记为一个新的或改变选举的部门应当按照第（3）款

的规定准备：(a) 被视为认证的注册登记，选举分组在下届大选后，其证明不宜过早；(b) 在符合这种改变可能会按照第 13、17、43 和第 26 条的"总统选举法"（Cap. 240A）作出，继续操作，直到进入下一个登记注册取代该选举分组。

21. 虚假陈述及不当索赔的罚则

（1）每个故意在任何索赔或异议或在任何调查关押中作虚假陈述或声明，应视为有罪的犯罪行为，一经定罪即处以罚款不超过千美元或不超过 6 个月期限的监禁或两者兼具。

（2）登记官或审判员在涉及索赔、反对或上诉听证会时，应要求提交证据，并作出用于这一用途的宣誓。

（3）在审议或聆讯的过程中，对任何材料的宣誓或反对、上诉的有效性，即属于提供虚假证据的罪行，并应经定罪，可处"刑法典"（Cap. 224）的处罚。

（4）任何人，在第 13A 条第（1）款的情况下提出任何申请登记为海外选民选举分组，或第 13A 条第（3A）款（b）项下的情况下改变海外投票站方式，将其分配给另一家海外投票站——（a）使得新加坡境内或境外，根据第 13A 条第（2）款作出的任何声明、陈述是虚假的，而他知道或有理由相信是虚假的或不相信是真实的；(b) 或者提供新加坡以外的任何文件，并知道或有理由相信是虚假的或不相信是真实的；(c) 通过有意掩盖新加坡境内外的具有误导性的重大事实、材料、信息，应属于犯罪行为，一经定罪，可处以罚款不超过新币 1000 元或不超过 12 个月监禁期，或两者兼具。

21A. 选民登记的使用

（1）任何候选人或其选举代理人或任何政党，支付任何费用，从登记员选民登记册处取得任何副本（无论是印刷或电子形式）——（a）除仅依靠记录册与选民沟通外不得使用任何信息；(b) 不得为商业目的使用任何记录在册的信息；(c) 依据本款限制的约束，只有获得书面确认，否则不得向他人披露任何记录在册的信息。

（2）根据第（3）款的规定，任何人获得选民登记册上记录的任何信息都不得通过电子或其他方式进行复制、存储或传输无论出于何目的。

（3）第（2）款不应用于——（a）候选人或其选举代理人或任何政党，支付任何费用，取得登记员处选民登记册副本；或者（b）个人从候选人、选举代理人或政党中获得选民登记册中的任何信息后，依照第（1）款（c）项进行书面确认。

（4）任何人明知而违反第（1）或（2）款规定情形，即属犯罪行为，一经定罪，可处不超过新币1500元的罚款或不超过9个月期限的监禁，或两者兼具。

（5）在本条中，"候选人"包括任何参加总统选举的候选人。

第三编 选 举

22. 每个选举部门和团体代表选区的议员人数的返还

（1）除第（2）款的规定，每个选举的部门应当返还一位议员为议会服务。

（2）每组代表选区应根据第8A条第（1）款（a）项规定，由总统指定为该选区返回数位议员为议会服务。

23. 助理选举监察人

（1）除了根据第3条规定委任选举员之外，部长可以不时指定某人或政府中一人或多人在履行职责，以协助选举监察人。

（1A）被委任为协助选举监察人的人，应具有的一切权力，并可以执行选举监察人的一切职责和本法所给予其的权力，除非文义另有所指外，应被视为包括选举监察人。

（1B）部长随时可以撤销其根据第（1）款作出的委任。

（2）根据本法，如果选举监察人因疾病或其他原因，导致无法或没有能力执行其任何职务，并没有足够的时间由部长任命的其他人士，选举监察员可以委托某人或某个机构为他代理事务。

（3）根据第（2）款作出的委任应尽快报告部长，部长可能会撤销，但已经完成的事情的有效性不受影响。

24．选举令

（1）为了每次大选议会成员或选民的利益，因死亡、辞职或其他原因导致职位空缺时，总统应根据公开印章向选举监察员签发令状。

（2）每个这样的令状应列于第一附表的表1中，并详细说明日期或提名之后的（以下简称本法提名的日子）不少于5天也不超过一个月的日期，以及提名的一个或多个地点（简称本法提名的地方）。

（2A）在任何集选区，填补空缺的选举令状不需要根据第（1）款发出，除非该选区的所有成员都让出了他们在议会中的席位。

（3）收到令状后，选举监察员按照以下提供的方式举行选举。

25．选举时间和地点的通知

对于总统发出的令状，选举监察员至少要在提名确定前4天，在公报的第一附表的表8中表明令状内容、日期、具体时间以及代表提名的地方。

26．选举失败

（1）当一项选举在任何选举分组中均失败时，总统可以随时发布一个新的令状在选举分组中进行选举，除非因候选人在投票前死亡导致选举失败，那么可以视情况适用第34条第（8）、（9）、（8）和（8A）款的规定。

（2）原令状为选举的选举分组已经完全失效，那么与选举分组有关的一切都是没有效力的。

（3）新令状发出后，第8（1）、第24和第25条规定均适用于该令状。

（4）对于本法案，以下情形属于选举完全失败——

（a）在一组代表选区选举的情况下，没有候选人提名或作为选民的返回候选人；或者（b）在其他选举分组，没有候选人提名或被返回为该选举分组候选人。

27. 提名表

（1）任何有资格当选为国会议员的人，按照"宪法"的规定，均可能会被提名为选举候选人。

（2）一个人可能被提名为选举的候选人只有通过第一附表的表9的提名书，其中应：

（a）载有姓名，身份证号码和职业；

（b）一个提议和附议，并签署了4个或更多的支持者，每个候选人都必须有一个支持者的名字出现在选民登记册上，以寻求选举；

（c）载有一份声明，表明该人同意提名的效力；

（d）载有一份法定声明，表明该候选人具有当选资格。

（3）每位候选人在提名时，都应向选举监察员提交——

（a）［已由2005年第18号法令废除］

（b）根据"政治献金法"（"政治捐赠法"Cap. 236）第18（4）款规定，由政治捐款注册处处长颁发的政治捐赠证书。

（3A）如果法定声明没有依第（2）款（d）项的规定作出，或者政治捐赠证书没有按照第（3）款（b）项的规定交付，那么提名候选人的资格应视为无效。

（4）选举监察员可以在依照第25条和第12条规定的令状的通知日期内，或者每天中午提名的任何时段向有需要的登记选民提供提名文件。

27A. 集选区中基于群组的选民选举

（1）在每次换届选举和因选举议员死亡、辞职或其他原因造成的职位空缺，任何团体代表选区的议员选举应按照本法本节进行修改。

（2）任何团体代表选区的所有选举，都必须在一组候选人的基础上，由总统根据第8A条第（1）款（a）项规定指定为专用选区。

（3）除第（4）款的规定，任何选举组希望在任何选举中在任何代表选区获胜，应包括大量的候选人，并由总统根据第8A条第（1）款（a）项规定指定为特定选民，这些选民既可以是——（a）同一政党的成员出于自己的政党而支持选举；也可以（b）作为群体独立候选人；

（4）倘任何一组代表选区——（a）根据第8A条第（1）款（b）（i）项规定，指定的选区中，每组中至少有一个候选人应是属于马来社区；或者（b）根据第8A条第（1）款（b）（ii）项规定指定的选区中，各组候选人应至少有一个是属于印度或其他少数族裔社区。

（5）在令状通知之日后的第25天或者至少在提名的前2天的任何时间，以下任何人——（a）根据第8A条第（1）款（b）（i）项规定，属于马来社区，在选举中指定选区并有意竞选的候选人；或者（b）根据第8A款（1）款（b）（ii）项规定，属于印度或其他少数族裔社区，在选举中指定选区并有意竞选的候选人；应适用明定方式，在适当的委员会的证书规定的表格内，证明候选人是否属于马来社区或来自印度或其他少数族裔社区，有关选举的目的视情况而定。

（6）在收到根据第（5）款作出的任何申请，适当委员会应——（a）确定申请者是否是属于马来社区或者属于印度或其他少数族裔社区；（b）如果适当委员会认为，申请者是来自马来社区或属于印度或其他少数族裔社区，最少于提名日期前一天向他提供证明这一事实的证书。

（7）本法案的目的在于说明任何此类证书应是确凿的事实证明。

（8）在本条和第27C条中——根据第27C条，"委员会"指马来社区委员会或设立印度和其他少数民族社区委员会；"属于马来社区的人"是指任何人，无论是马来种族或认为自己是马来社区中的一员或社会普遍认可其归属；"属于印度或其他少数族裔社区"是指——（a）源自印度的自认为是印度社区中的一员，或者被社会普遍认为属于印度社会中的一员；或者（b）任何属于马来或印度社区以外的其他少数族裔社区中的成员。

27B. 集选区的选举提名表

（1）根据宪法和第27A条，任何具有议员选举资格的人，可以同其他候选人一起，在任何集选区获得候选人提名。

[10/1988；9/1991]

（2）只有遵循第一附表的表9A形式，候选人可以在集选区获得提名，要求如下：

（a）说明姓名、证件编号和个人职业；

（b）附有申请人、附议者，4名以上赞同者的签字，每个人必须是参加选举的集选区的等级人员；

（c）包含由附有个人签字的陈述，说明赞同提名；

（d）同时还包含每个提名者的法律声明，声称个人具有选举资格，并说明该群体所代表的政党（如果有的话）。

[18/2005]

（3）群体里的每名候选人在提名期间，应该上交给选举监察人以下材料：

（a）[已由2005年第18号法令废除]

（b）根据"政治捐赠法"（Cap. 236）的第18条第（4）款，由政治捐赠机构的登记员颁发的政治捐赠证书；

（c）如果他的身份属于（i）马来社区，并依此身份根据第8A条第（1）款（b）（i）项在选区选举；或者（ii）只要身为印度人，或属于其他少数团体，可依此身份根据第8A条第（1）款（b）（ii）项在选区选举，根据第27A条第（6）款对其颁发证书，并证实其属于马来社区、印度或其他少数群体的身份等情况。

[20/2000；18/2005]

（3A）如果未根据第（2）款（d）项提供法律声明，或者候选人未根据第（3）款要求出示证书，则该群体的提名将被视为无效。

[10/1988；18/2005]

（4）选举监督员应该在选民向其出示在第25条和第12条中提到的法令通知和提名中间时间段，为具有同样需求的注册选举者提供候选表。

[10/1988；18/2005]

（5）当任何群体的提名表不符合本条款，或者第27A条，以及群体的候选者撤销或者在第32条下被认为是已经撤销的，则整个群体的提名被视为无效。

[10/1988; 31/2001]

（6）第27条不适用于任何集选区的任何选举。

[10/1988]

27C. 委员会将决定是否未来候选人属于马来或其他少数种族

（1）依据第27A条目的，将建立以下：

（a）马来社区委员会的作用是决定是否具有成为候选人愿望的人在第8A条第（1）款（b）（i）项下属于马来社区；（b）印度和其他少数民族委员会的作用是决定是否具有成为候选人愿望的人在第8A条第（1）款（b）（ii）项下属于印度人或其他少数民族团体。

[10/1988]

（2）马来社区委员会将由1名主席和4名其他成员组成，所有人员都属于马来社区并且由主席任命。根据宪法第69条，向马来社区委员会咨询后，获得少数民族权利选举委员会提名。

[10/1988]

（3）印度和其他少数民族社区委员会将由1名主席和4名其他成员组成，该人应该是印度人或属于其他少数民族社区，并由主席任命。根据宪法第69条，向印度其他少数民族社区委员会咨询后，获得少数民族权利选举委员会的提名。

[10/1988]

（4）任何委员会的决定将要求大部分成员出席和选举。选票数目相同的情况时，主席或主持选举的委员除了进行原始投票外，还需要投决定票。

[10/1988]

（4A）在成员缺席的情况下，委员会依旧照例行事。

[10/1988]

（5）按照该部分规定，任何委员会可以调增自己的过程。

[10/1988]

（6）该委员会任何诉讼过程中的有效性不会因委员会成员的任命而受

到影响。

[10/1988]

（7）任何在该条建立的委员会将由每个事例的价值所决定，不会涉及法律形式、专业性、或者证据符合规律与否。

[10/1988]

（8）在该条所作出的委员会的决定是最终的，具有决定性，不会在任何法庭上被提起上诉或者遭受质疑。

[10/1988]

（9）在该法案下，为了管制和促进委员会发挥作用将制定规则。

[10/1988]

28. 候选人的定金

（1）候选人或其代表者将向选区监督员或者被选区监督员赋予权力者，在依照第24、12条开据的法令和提名中，大概总津贴的8%（近似为新币500元）将在下一年支付给议会委员。（1A）根据第（1）款，在抵押金缺少的情况下，依照第32条则该候选人已视为放弃候选人资格。

（1B）选区监督员将立刻开立收据，并将该笔钱转入统一基金，在该条款下对此笔钱进行分配。

[11/1988]

（2）以上第（2）款所要求支付的抵押金应该用法定货币、银行支票或者保付支票进行支付。

（3）如果候选人未获得提名，或者如果选举在选区全部失败，或者在抵押金交付后，根据第32条候选人丧失其候选资格，则抵押金将被返还至交付者。

[10/2010]

（3A）如果候选人在交付抵押金后和在选举开始前身亡，如果抵押金是由其支付，则将返还至其法人代表；如果抵押金不是由本人支付，则将返还至交付者。

（4）参见第（4A）款以及在第（1）款中规定，如果候选人具有选举资格，只要本人已经发誓或者作出成员身份核实；或者即使候选者未获得选举资格，只要选举的实际结果被公布，任何候选人的抵押金将返还至候选人。

[10/1988]

(4A) 如果候选人已经交付抵押金而未被选出——

(a) 如果该候选人获得的选票不超过其选取区域内所有选票的1/8；或者

(b) 其本人是集选区的候选人，但所获选票在该选区内不超过所有选票的1/8，则全部抵押金将被没收，或者上交至统一基金。

[10/1988]

(5) [在2001年的31法案中删除]

(5A) [在2001年的31法案中删除]

(6) 该条的目的——

(a) 所谓的选票数量是计算赞成票的数量，而非否定票的数量；

(b) "保付支票"是由付款银行开立的，承诺在见票后支付票中数额。

(7) 选区监督员依据第25条，依据法令问题等提供票据，详细说明在第（1）款下票据应该兑现的抵押金。

[11/1988]

29. 提名当天的议程

(1) 在提名当天，选举监察员从上午11点至12点之间收集提名表以及由政治捐赠登记员所出示的政治捐赠证书；或者（如果有的话）依据第27A条第（6）款（在该法案中所指明的提名表）所出示证明。

[10/1988；20/2000；18/2005]

(2) 每一份提名表和证明将上缴至选举监督员，以每人为单位，一式两份，寻求提名的候选者要附有其申请者、附议者以及至少4名赞同者。在提名日当天的上午11点至中午12点（包含两个时间点），如果不是按照以上要求上交的，则被拒收。

[18/2005]

（3）选举监督员将立刻复印提名表，并将其贴在提名区外面明显的地方。

（4）选举监督员则允许候选者以及他们的申请者、附议者和赞同者以及其他人（如果有的话），可受每名候选人的派遣，在上午11点至凌晨0点30分出现在选区，并检查候选人在该选区的提名表。

[18/2005]

29A. 提名表的修改

（1）根据第（3）款，当选举监督员发现候选表——（a）出现错误或者疏漏，或者疑似出现错误或者疏漏，并由此造成候选表可能被拒绝；或者（b）任何可能影响候选表效力的，如选举监督员认为在提名当天的12点之前可以修改的，则在作出决定之前，选举监督员可以在第29条和第30条下，在12点之前给候选人一个合理的机会改正错误。

[18/2005]

（2）根据第（3）款，当提名人出现的错误或者疏忽被其他候选人了解［无论是在第（1）款下被选举监督员或者在第30条下所受到的拒绝］，该候选人可以在提名当天正午12点之前自我为错误或疏忽在候选表上作必要的修改。

[18/2005]

（3）在第（1）或者（2）款不授予任何候选人代替他人的权利——（a）作为一名候选人在选区选举；或者（b）作为一名申请人、附议者或者赞同者。

[18/2005]

（4）在该条，"错误"的含义同第103条的相一致。

[18/2005]

30. 对提名表的异议

（1）关于候选表的反对包括，且仅包括以下情况：

（a）对于候选人的描述不足以确认其候选人身份；

（b）候选表上交时同该法案的条款不一致；

（c）从候选表的内容可以清晰看出，候选者不具有选举议会委员的能力；

（d）尚未遵守第27A或者28条。

[10/1988]

（1A）在不损害分第（4）款的情况下，对于个人候选人候选表的反对，或者在选区内对于群体候选人的反对需要满足以下条件——

（a）在选区内由其他候选者进行选举；

（b）其他候选人的申请人、附议者或者任何赞同者；或者

（c）如果有其他候选者书面申请的委派人在提名当天出席。

[18/2005]

（2）提名表的反对是允许的，除非

（a）在提名当天，反对是由选举监督员在上午11点和凌晨0点30分之间；或者

（b）根据第8A条第（1）款（b）项，在任何选区内的群体候选人中没有一人属于马来社区，或者根据第27A条第（4）款要求下的印度人或者其他少数民族团体。如果该团体的任意一名候选人在第27B条第（3）款（c）项下上交给候选者在第28A条第（6）款下开出的证件给选举监督员。

[10/1988]

（3）每一个反对应该有反对者的手写签字，并对反对的范围进行说明。

（4）选举监督员在第（1）款下可以提出关于任何范围的反对。

（5）在最大推迟的情况下，选举监督员将对每一个反对的效力作出决定，并通知候选人其结果，是否允许反对以及允许反对的范围。

（6）如果选举候选人不允许反对，则他的决定是最终的，并具有决定性，在任何法庭不接受质疑；但是如果他允许反对，则根据第90条反对将被撤销。

[42/2005]

31. 有权出席提名议程的人员

根据第 29 和 32 条，以下人员将有权利出席法律提名程序：

(a) 候选者；

(b) 每名候选者的申请人、附议者和赞同者；

(c) （如果有的话）由每名候选者书面委派的人员；

(d) 选举监督者以及由其所授权的协助选举过程的人员；

(e) 以及其他持有选举候选人书面批准的人，有权利参加该过程。

[18/2005]

32. 候选资格的撤销

(1) 在提名当天的正午 12 点之前（但不晚于 12 点），可本人上交通知给选举监督员，告知撤销候选者资格。

[18/2005]

(2) 选举监督员将立刻将该撤销信息张贴在选举区外的明显地方。

32A. 多重提名

(1) 如果在提名当天正午 12 点之前——

(a) 在普选过程中，如果一名候选人在多个选区被提名；或者

(b) 同一候选人在同一选区被多次提名，则每次提名被视为无效。

[18/2005]

(2) 第（1）款也适用于当 2 名或者多名替补候选者同时被提名的情况。

[31/2001]

33. 无竞争的选举

(1) 在提名当天，如果在任何选区选举监察员提出反对，并在该地区仅有一名或者一群提名者，则选举监督员将立刻：

(a) 宣布提名的候选者或者该群提名候选者被选；

(b) 该部分选举为议会成员的个人和群体将被宣布任命。

[10/1988；18/2005]

（2）除非仅有 1 名候选者或者群体中的 1 名候选者在该选区被提名，否则根据第 29 条和第 30 条，任何事情都无法阻止选举监督员行使其权利。根据第（1）款的规定，在选举当天凌晨 0 点 30 分之前，如果在正午 12 点之前，任何选区的提名都不受阻止。

34. 竞争性选举

（1）在任何选区选举提名的当天，如果选举监察人对所有提出的异议进行裁决之后，该选区仍然拥有超过一名候选人，选举监察：

（a）立即暂停选举，依据该法案的相关规定进行一次投票；

（b）分配给每一位候选人一个特定的标志，印在选票上，该标志与他们的名字对应。

（1A）在选举监察人的指导下，可分配给候选人一些由他们自己挑选的或者由他所属的政治团体挑选的标志。

（2）在第（1）款中，"特定的标志"指的是经由选举监察人为了该法案的选举所认可的、在报纸上公示过的标志。

（3）依据第（1A）款，每位候选人所分得的特定标志由选举监察人抽签决定。

（4）不得把带有种族歧视或者宗教意义的标志分配给候选人。

（5）为了避免因标志分配而引起的争论，选举监察人的决定具有最终决定权，不容置疑。

（6）选举监察人需要在公报上以第一附表的表 11 的方式，在时间表上首先阐明：

（a）引起选举争议的选区；

（b）一个直接记录的电子投票系统是否将被采用。如果使用该方式投票，必须作一个关于该系统的简短描述；

（c）每一个海外投票站投票的具体日期和时间；

（d）（依据该法案）确定的投票日期，从公告在报纸上发布的日期开始算起，应当不早于第 10 天，不晚于第 56 天；

（e）按他们在选票上的顺序排列候选人的名字，分配给每位候选人的标志，他们的提案人和后援者的名字；

（f）该选举分区的投票站所处的位置，如果有专门为女士投票者保留的投票站，标注出位置。

[19/2001；10/2010]

（7）依据第（6）款（d）项进行时间计算的时候，投票时期的最后一天不得因以下原因被排除在外：这一天是周日；依据法案或者任何其他成文法，这天是公众休息日。

（8）如果在选举被报告为具有争议性之后，在投票开始之前，一位提名的候选人去世，选举监察人认为，死亡的事实能够解决争议：

（a）发布公告，取消投票；

（b）在公告上，指定一个新的日期、时间、地点作为选拔候选人获得提名资格的选举；在新的提名选举日期之前，最少要有4天时间。

[10/2010]

（9）选举监察人按照第（8）款的规定中止了投票，所有的相关选举程序要重新开始，除非，一个新的候选人在投票取消的时候正好被提名。

34A. 集选区的竞争性选举

（1）如果在提名的当天，在团体代表选区，选举监察人在决断了所有的反对异议之后，该选区仍然有不止一个组代表，选举监察人需要：

（a）立即暂停选举，依据该法案的相关规定进行一个投票；

（b）分配给每一组团体候选人一个特定的标志，印在选票上，该标志与他们的名字对应。

（1A）在选举监察人的指导下，可分配给候选组一些由他们自己挑选的或者由他所属的政治党派挑选的标志。

[10/1988]

（2）在第（1）款中，"特定的标志"指的是经由选举监察人为了该法案的选举所认可的、在报纸上公示过的标志。

（3）依据第（1A）款，每位候选人所分得的特定标志由选举监察人抽签决定。

（4）不得把带有种族歧视或者宗教意义的标志分配给候选人。

［10/1988］

（5）为了避免因标志分配而引起的争论，选举监察人的决定具有最终决定权，不容置疑。

［10/1988］

（6）选举监察人需要在公报上以第一附表中表11的方式发布通知来阐明：

（a）存在竞争性选举的集团代表制的选区；

（b）一个直接记录的电子投票系统是否将被采用。如果使用该方式投票，必须作一个关于该系统的简短描述；

（c）每一个海外投票站投票的具体日期和时间；

（d）（依据该法案）确定的投票日期，从公告在公报上发布的日期开始算起，应当不早于第10天，不晚于第56天；

（e）按他们在选票上的顺序排列候选团体的名字，分配给每组候选团体的标志，它们的提案人和后援者的名字；

（f）该选举分区的投票站所处的位置，如果有专门为女士投票者保留的投票站，标注出位置。

［10/1988；19/2001；10/2010］

（7）依据第（6）款（d）项进行时间计算的时候，投票时期的最后一天不得仅因以下原因被排除在外：这一天是周日；依据法案或者任何其他成文法，这天是公众休息日。

［10/1988］

（8）如果，在某一团体选举选区被报告为具有争议性之后，在投票开始之前，一位该选区提名的候选人去世，选举监察人认为，死亡的事实能够解决争议——

（a）发布公告，取消投票；

（b）在公告上，指定一个新的日期、时间、地点作为选拔候选人获得提名资格的选举；在新的提名选举日期之前，最少要有4天时间。

[10/2010]

（8A）选举监察人按照第（8）款的规定，中止投票，所有的相关选举程序要重新开始，除非，一个新的候选人在投票取消的时候正好被提名。

[10/1988]

（9）第34条不能被应用于任何团体代表选区的选举。

[10/1988]

35. 普选的投票日是公众假日

普选的投票日必须是公众假日，在明确的指定假期和任何成文法所强制规定的假期内。

36. 监选员

（1）选举监察人可以任命和撤销一名或者多名人员监督每个投票站。

（1A）如果多名监督员被委派到一个投票站进行监督，选举监察人要任命其中的一名监督员为高级监督员，并由此高级监督员对其他监督员进行普通监督，并且监管投票站的一切操作的安排事宜。

（1B）每一位监督员都配备一份他投票处的所有注册过的参选者的名单拷贝。

（2）如果有监督员因为疾病或者其他原因，不能参与选举的监督，并且由于时间不充足，选举监察人无法指派新的监察员赴任，监察员需要委托代理人替其执行监督。

（2A）发生这样的委托，需要在第一时间报告给选举监察人。选举监察人有可能会取消委托工作，但是，代理人所进行的工作的有效性不允许受到区别对待。

（3）假如选举监察人认为应该，他可以在任何投票站进行监督。该法案的应用于投票监察员的规定也适用于选举监察人。

36A. 投票处和投票站

（1）为了各分区选举的投票，选举监察人应该：

（a）为了投票的有效进行，在每一投票分区设立充足的投票站；

（b）在每一个投票站设立他所认为需要的投票处；

（c）按照他所认为的方便的方式，分配给选民（包括海外选民）他所在选区的投票站。

[19/2001]

（2）选举监察人为了任何选举的投票，可以批准住在新加坡海外的选民使用下述各项——

（a）大使馆、特派使节团、外交代表团、常驻使团或者新加坡在海外国家和地区的领事馆；

（b）以下公务地点可被指派为举办和执行投票地点：

（i）大使、特派代表、总领事、使馆或领事馆的负责人；

（ii）常驻代表；或

（iii）部长指派的依据第2条第（1）款，专门服务于海外投票站的高级外交和领事官员。如果选举监察人认为该地点设为海外选民投票站是可行的和适合的。

[14/2008]

（3）一个投票站必须符合上述规定，或，在该地区的满足这些条件的地点可以被选举监察人划定为投票站。

[19/2001]

37. 投票站提供的设施

（1）在投票开始之前，于每一投票站外的显眼位置张贴告示。告示上以英语、马来语、中文、泰米尔语显示候选人的名字并附上分配给各个候选人的标志。标志事宜参见第34条。

（2）候选人的名字须按照其首姓名的英语字母表顺序排名，如果有两个或多个候选人有同样的首姓名，则按照他们的其他名来排列。

（3）第（1）和（2）款不应用于团体代表选区。

[10/1988]

（4）在团体代表选区的投票开始之前，于每一投票站外的显眼位置张贴告示。告示上以英语、马来语、中文、泰米尔语显示候选人的名字并附上分配给各个候选人的标志。标志事宜参见第 34A 条。

（5）每一团体的候选人的名字须按照其首姓名的英语字母表顺序排名，如果有两个或多个候选人有同样的首姓名，则按照他们的其他名来排列。

（6）候选人团体的名字须按照其首姓名的英语字母表顺序排名，如果有两个或多个候选人有同样的首姓名，则按照他们的其他名来排列。

[10/1988]

（7）选举监察人有义务在每一投票站为该投票站的选民提供合理的设备能够让选民们在不被观察到的环境中自主和依据该法令投票。

（8）选举监察人或其授权的监察员和高级监察员必须决定，投票站将以何种方式对该站的选民进行设备的分发。

（9）选举不以不符合第（7）、（8）款或任何与投票站非正式相关的问题的原因而遭到质疑。

38. 对具有投票权的选民的注册

（1）对第（2）款不持偏见，在按照本法案进行选举一个选区的代表的时候，对于参与注册的选民的资格需要进行严格的核查。

（2）审裁官作出判决之前，对于一个人是否在该选区具有投票资格，不能受到未经裁断的悬案的影响。

（3）在上诉悬而未决的时候，选民参与的投票，不因后来的裁决结果而受到影响。

（4）依据第 5、6 条，一个人如果因为选举时期的种种因素而不能够继续拥有或者重新注册选举权，则不能够参加投票。

（5）如果第（4）款中所提及的无投票权的人参与了投票，则，他将被判决为犯罪，将对他处以不超出新币 1500 元的罚金，或者处以不超出 9 个月的拘留，或者同时处以这两项判决。并且，该公民将在未来的 3 年内无法进行选举注册或参与选举成为主席或成员。如果他当时已当选成员，那么，在定罪之日，他需要离任。

[10/2010]

(6) 本条不影响任何违反第7条而进行的关于投票的惩罚。

39. 投票站的准入标准

(1) 按第（1A）和（2A）款的规定，任何未被分配到该投票站的人员，不得进入该投票站进行投票。

[19/2001]

(1A) 任何选区的选民如果被其所处投票区的投票站雇用为监察员、警察或者其他公务员，如果仍然在其被分配的选区进行投票则会带来不便。选举监察人将会授权这些选民，在该选区的其他投票站进行投票的证明，以便其投票。公务员进行投票的该投票站，必须视这些人员为分配给它们的选民。

(2) 依据第（1A）款中的投票证明由选举监察人发放，证明上具有其姓名和证件号码，选民注册信息和他被聘的公职。

(2A) 按第7条的规定，一个海外选民能够进入其被分配的海外投票站进行投票。

[19/2001；14/2008]

(3) 除非选举监察人在报纸上依据本条、第56C条或第50C条第(3)款(b)项指认新的投票时间，那么，任何选区的投票时间将按照34条、34A条所规定的，于上午8点开放，夜间8点关闭。

[19/2001；10/2010]

(4) 监察员应该——

(a) 维护投票站的秩序；

(b) 规定一个时间段内进入投票站的人数；并

(c) 驱逐除，候选人、投票代理人、候选人代理、选举监察人、选举监察人书面授权的人员、执勤的警务人员和投票站的工作人员，之外的其他人员。

(5) 一个选区的任何投票站，允许进入的投票代理人的数量规定，如下：

(a) 一名在该选区代表其候选人进行竞选的代理人；或

(b) 如果出现一个团体代表选区的投票站，那么，每组候选人只能有一个投票代理人。

[42/1996]

(5A) 虽然，每个投票站中都有多个投票点，依据第（5）款，只有一个投票代理人代表候选人或者团体候选人能够进入投票处。

[42/1996]

(6) 如果投票代理人的名字没有提前依据第64条第（1）款的法条，提前通告监察员，该代理人不得进入投票站。

(7) 如果任何人在投票站内行为不规，或者不遵守监察员的法律规章，他将会不得不服从监察员的命令，被警员或者其他由监察员或者选举监察人书面授权的人员从投票站中赶出。

(7A) 除非得到监察员的批准，被依照第（7）款驱赶出投票站的人不得再次进入投票站。

(7B) 被依照第（7）款驱赶出投票站的人如果面临来自投票站的犯罪指控，该人在被带到治安官处前，将被拘留。

(8) 这部分法条所赋予的权利不能被用来妨碍在任何投票站具有投票权的选民进入他的投票站进行投票的机会。

39A. *海外选民的投票*

(1) 根据第7条，任何海外选民，如果有意向投票，他能在——

(a) 依据第13A条，在注册官员所安排的海外投票站进行投票；

(b) 依据第36A条分配给他的选区内的投票站投票，但是，在同一次投票中只能选择其中一种方式。

[19/2001；14/2008]

(2) 海外投票站每次投票的时间不少于4小时，可以在新加坡投票日之前的时间里进行，但是，当新加坡投票日结束的时候，海外投票站也必须关闭。

[19/2001；14/2008]

（3）除本条的特殊规定和接下来的规定外，所有在海外投票站进行的投票都要以在新加坡本土实行该投票时所依据的法条和操作流程进行投票活动。

[19/2001]

（4）部长在进行海外投票站的具体操作的时候会依据该法令的条例进行适当调整，包括，海外投票站的监察员的任命，停止投票的程序，如何将密封的投票箱运送回新加坡的选举监察人处。

[19/2001]

（5）若是在那里，出现相反的情况，第（4）款下的规章在新加坡之外可以由以下人操作或省略：

（a）任何选举监察人助理或监督员；

（b）任何投票代理人或选举代理人；或

（c）任何新加坡的公民，不管是选民还是选举人，在涉及海外投票站的投票操作时。

[14/2008]

40. 投票与选票

（1）如果选举中不是使用 DRE 投票系统，那就需要使用选票进行投票，投票人使用的是纸质的选票。（依据本法案，称之为选票）

[19/2001]

（2）每张选票须包含：

（a）用英文书写的候选人名单，依据第 105 条，他们各自的提名文件，依据他们的首姓名按照字母表顺序排列，如果有两人或两人以上的候选人有同样的首姓名，则以他们的其他名字来排序；

（b）分配给每位候选人的标志。

（2A）第（2）款不能应用于团体代表选区的选举。

[10/1988]

（3）在进行团体代表选区的选票时，每张选票须包含——

（a）用英文书写的每一团体中候选人的名单，依据第 105 条，他们各自的提名文件，按字母顺序依照第37条第（5）和（6）款对名字进行排序；

（b）分配给每个团体属于它们的标志。

（3A）每张投票纸都需要以恰当的第一附表中的表12的形式，并且能够折叠。

[10/1988]

（4）每张投票纸的背面都必须印有其编号，该编号须有存根与其对照。

（5）选票的官方认证标志包括：由选举监察人确定的图样、设计、水印和徽标，通过加印、盖章、叠印、标记（通过笔迹或其他方式），或者其他具体的组合方式。选票的特殊印刷方式也交由选举监察人来最终批定。

[18/1999]

41. 票　箱

（1）每一个投票箱的构造，应该保证封闭好的选票能被顺利地投进箱子里，除非选票的封口被破坏掉，否则不能将其从投票箱里取出。

[42/1996]

（2）投票站的主官应该在投票开始之前，并且在现场人员的陪同下，

（a）检查每一个投票箱，保证它在投票之前是空置的；

（b）关闭每一个投票箱；

（c）确保投票箱已经密封，防止其在没有破坏掉封口的情况下被打开。

[42/1996]

（3）投票箱在按照第二编的相关要求封闭以后，投票时必须被放置在投票站主官的视野范围之内，在投票结束之前不得被打开。

[42/1996]

（4）第（2）款和第（3）款的条款适用于选举过程中的每一个投票箱，同第（2）款规定一致，票箱在被使用之前应向他人作以展示并封闭

完好，这样的票箱才是充分符合规定的票箱；投票开始之时使用的票箱除外。

[42/1996]

42. 投票方式

（1）每一个有资格的投票人都应获得一张选票，并且只有一次投票机会。

（1A）每一个在集选区的有资格投票的投票人，只能拥有一张选票。按照本条的相关规定，他们可以把选票投给任何一个集团的候选人。

[10/1988]

（2）选票应有投票站主官或者经其授权的相关人员，将选票发放到投票人手中。

（2A）在选票发放给投票人之前，

（a）每一张选票都应该由投票站主官，按照被核准的方式，使用官方的标记对选票粘贴、标记（写划或者其他方式也可）或者对剩余的选票进行标记，除非选票上已经有完整的证明选票正规的官方标记；

（b）投票人的号码、姓名以及描述，就像在选民登记的副本中所说的那样，应该被叫出；

（c）选民的号码应该在存根上作以标记；并且

（d）需要在登记簿上选民的号码后作以标记，以表明他已经收到了一张选票，这时无须展示他获得的具体选票。

[18/1999]

（3）投票人在收到选票以后，应该立即按照投票站主官或者其授权的相关工作人员的安排，进行投票；并且按照本法的相关指导规定，在选票上的相关位置进行填写或标记。

（3A）投票人需折叠选票以隐藏其投票选择，在这种折叠的状态下投入投票箱。

（3B）投票人应该立即投票，不得延误，在将选票投进投票箱后应立即离开投票站点。

（4）投票站主官或者经其授权的相关工作人员，可以对投票人询问以确定其是否明白本法规定的投票方法。如果他认为合适的话，可以向投票人解释选票的使用方法，但这需要候选人选举代理人在场。在他这样做时，他应该杜绝任何可能被选民认为有误导性指示、建议的行为，以防止被认为是引导选民对特定候选人进行投票。

[10/1988]

（5）投票站主官，在遇到本法规定的因为失明或者其他身体原因无法投票的选民时，应该按照投票人的意愿和指示在选票做出标记，并将选票放进投票箱。

（6）投票站主官可以在选举进行的任何时候，采取这样必要的措施，确保选票标记区没有投票延误的发生。

（7）在点票时，投票站主官应在投票站外，张贴英语、马来语、汉语以及泰米尔语的告示。这些告示需要采用第二附表中制定的格式，并给出引导选民投票指导信息的相关规定。

43. **强制性投票**

（1）每一个选民在其登记的选举分支机构内，都应该记录他在每一场选举中投出的选票。

（2）选举监察主官，在选举结束后，需要准备一张列有号码、姓名及描述的清单，就像这些选民在登记时记录的一样，不过这次记录的是没有参加选举的选民清单，以保证选举检察官掌握有相关信息。

（3）尽管有从第49条第（9）到（12）款的规定，选举监察主官打开装有已标记选民登记的副本，检查并获取此副本以制作第二部分提到的清单，他的行为将不被认定为非法。

（4）选举监察主官按照本条第（2）款规定准备好的清单，应该由选举监察主官移交至登记主官。

（5）尽管本法有其他规定，选举登记主官在收到清单后，需要将未参加选举的选民从登记名单中删除掉。

（6）选举登记主官应该在报纸上登记告示，以说明其已经收到来自选举监察主官的相关清单；并需注明此类清单可供公开查询，在相关工作时间内到登记主官的办公室查询即可，或者前往选举分支机构及其附近机构查询，海外登记中心需要在告示中详细注明。

[19/2001]

（7）按照第（6）款规定，选举登记主官提交的名单中出现的每一个名字，只有书面申请后，才能恢复其在本选举的选民地位。

（8）按照第（7）款规定，任何申请人如果满足选举登记的相关规定，有足够、充分的理由来解释其未能记录选票，那么他将不会受到处罚，名字也将自动恢复到选民地位。

（8A）如果申请人未能满足第（8）款关于选举登记的相关规定，他的名字需要在向登记机构缴纳新币50元后才能恢复。

[10/2010]

（9）按照第（8）款或第（8A）款的规定，除了第（11）款规定的之外，那些需要恢复登记的名字，都将会在满足了选举登记要求的第二天恢复选民地位，不过他们需要向选举登记部分提供足够充分未能记录选票的理由或者缴纳新币50元的罚款。

[10/2010]

（10）按照第（8）款或第（8A）款的规定，那些需要恢复选举地位的选民信息会被送交给国家选举登记处的委员。如果这些选民的地址有任何的变更，假如他已经不在本选区居住，那么他的名字会恢复到他现在居住地区的选举登记机构。

（11）在每个选举分支机构内，按照第24条即（选举令）条款规定，选举令一旦发出，这些名字将无法恢复到选举登记的分支机构，除非到了提名日，或者投票结束后。

44. **选民声明**

（1）任何选举站内的主官，可以凭借他的判断要求任何投票人，在拿到选票之前提供个人身份的相关信息。或者按照第一附表中表13、表14、表15的规定，要求其提供相关声明。

（2）每一个这样的声明都将免除邮费。

（3）如果有人未能提供个人身份的证明材料，或者拒绝作出相应的声明，投票站主官有权拒绝发放其选票。

（4）如果有人故意在声明中提供虚假信息，他将被控诉有罪，或者处以不超过新币1500元的罚款，或者不超过9个月的监禁。

[10/2010]

45．损坏选票

（1）投票人如果不是出于故意造成选票不能作为正常选票使用，他可以获得另外的选票以替代这张已经交出的选票（按照本法，这里是指损坏的选票）。

（2）这种损坏的选票应该由投票站主官立即宣布作废。

46．重复选票

（1）如果一个人已经在选举登记簿上登记为特殊选民，在其他特殊选民投票后，他也可以申请获得选票。不过选票申请人应该首先宣誓证明自己的身份，并且需要在投票站主官的监督管理之下，严格按照第一附表中表16的相关规定进行，这样他就有权取得选票，并像其他投票人一样进行投票。

（2）选票（在这一法案中指得是重复的选票）应该同普通选票在颜色上有区别，在被投进选票箱之前，要经过投票站主官对投票人名字、号码同登记簿上的相关信息核对。这种选票的号码也要进行登记，列出清单（在本法中指的是重复的选票）。

（3）重复选票的处理需要按照后面章节中的相关规定进行。

47．结束投票

（1）投票时间结束以后，选票将停止发放。

（2）尽管有第（1）款规定，如果投票时间结束时，还有选民得到选票尚未投票，那么他将被允许继续进行投票，对选票进行标记。

48. 投票结束的相关程序

（1）在投票结束后，在候选人或者投票代理人在场的情况下，每一个投票站的主官应尽可能快地将选票箱单独打包，贴上主官自己的封条，如果候选人或者投票代理人有意愿贴自己封条的话，这也将被允许。

（a）未使用和损坏的选票需要被放在一起；

（b）选民登记的标记副本；

（c）选票存根以及；

（d）重复选票清单。

（2）投票箱或者未开启的投票箱，应当由投票站主官进行密封，如果在场的候选人代表或者投票代理人有意愿贴自己封条的话，他们的封条也将同主官封条贴在一起，以防止投票箱被打开并确保在封条完好的情况下，任何东西都无法被插进选票箱。

（3）每一个投票站的主官应当将每一个密封起来的包裹和投票箱派送到选举监察人处安全保管，或者派送到计票处的助理检察人处，在计票处，选民的选票将按照本法案的规定进行统计。

（4）按照第48A（1）款的相关规定，选举检察人制定具体投票站为计票场所时，本投票的主官应妥善安全地保管包裹以及投票箱，以等待投票站计票的进行。

［42/1996］

48A. 计票地点

（1）选举监察主官可以

规定新加坡选举分区内的任何投票站的投票在选举分区内指定的计票点进行计票（这些计票点可能也不是投票站），计票时间也可由其指定。

如果按照 a 部分指定了选举分区内的多个计票点，那么给每位候选人或者团体候选人的总票数将按照选举分区内主计票点的票数来确定（这也可以不是选举分区内的计票点），具体的计票时间也可由其指定。

［42/1996；19/2001］

（2）海外投票站投票的计票，需在新加坡选举监察主官指定的地点进行计票。

（3）选举监察主官应该按照第（1）（2）款的规定，以书面的形式，在选举日前两日，张贴出选举指导意见的告示。

（4）按照第56C条的规定，如果选举分区内的投票站点的投票出现推迟的话，选举分区内的计票活动也应相应推迟，直到选举监察主官通过书面的形式告知每位候选人及其候选代理人，并确定具体的计票日期。

［10/2010］

（5）按照第56C条的规定，如果选举分区内的投票站点被暂时停用、延迟、推迟、废弃或重新启用的话，选举分区内的其他站点内的计票已经完成的情况下，这一站点需要推迟计票，直到选举监察主官通过告示的形式告知候选人及其候选代理人，并确定具体的计票日期。

［10/2010］

49. 计 票

（1）按照第（2）款规定：

（a）选举分区内候选人计票代理人的确定只能由候选人及其选举代理人指定，集选区的计票代理人则不然；

（b）集选区计票代理人的确定需要由团体内的候选人或者团体内选举代理人来制定。

［18/1999］

（2）按照第48A条第（1）款的详细规定，参加计票点计票活动的计票代理人由单独候选人和团体内候选人指定，但指定的计票代理人不得多于1人。

［18/1999］

（2A）选举监察主官应当尽快安排计票活动，这需要候选人以及其计票代理人在场。

［18/1999］

（a）如果选举分区内只指定了一个具体的计票地点，按照第48A条第

(1)款规定,在选举监察主官在计票点内收到新加坡全国选举的所有投票箱后;

(b)或按照第48A条第(1)款规定,一个选举分区有指定多个计票点的;

(i)如果计票点本身又是投票点的话,那么在投票结束之前,第48条规定的程序都应该得到遵守;

(ii)每一个计票点内负责的助理选举监察主官,在这一计票点内收到包含新加坡全国投票点的全部选票的票箱后,或者收到本计票点负责计票的相关投票站的票箱后,计票的延迟或延缓都要按照选举监察主官的指示。

[42/1996;19/2001]

(3)选举监察主官,他的助理及其他工作人员,以及候选人及其计票代理人,能够到现场参与监督计票活动,其他人除非经过选举监察主官的授权,否则不能参加计票。

(4)在选举监察主官开始计票以前,他或者经他授权的工作人员,在候选人及其计票代理人在场的情况下,可以打开票箱,取出选票,将箱内所有的选票堆放在一起。

(4A)选举监察主官,在计票时应该保持选票的正面向上,小心地取出选票以防止任何人看到选票背面标记的号码。

(5)选举监察主官应该尽可能地快速地进行计票,如果有他认为的无效的选票,他需在选票上做上废弃的标记。

(6)选举监察主官不能计算重复的选票,但应该按照选票支持的候选人或团体候选人的情况,把它们放置在相应的单独包裹内,并在包裹上标记候选人或者团体候选人的名字。标记完需要将包裹封存,除非按照第90条的规定的目的,否则它们无法被取出。

[10/1988;42/2005]

(7)在第48A条第(1)款规定的选举分区内只有一个计票点的情况下,选举监察主官在新加坡投票点的计票结束以后,或者按照第49B条需

重新计票,并且计票也已经完成的情况下,应执行以下操作:

(a) 如果选举分区内享有合法投票权的海外选民总数,少于选区内候选人所获选票总数或者选区内团体候选人所获选票与两个最大选举票数之间差额的话,选举监察主官应该宣布获得两个最大票数的候选人或者团体候选人当选;或者

(b) 如果选举分区内享有合法投票权的海外选民总数,等于或多于选区内候选人所获选票总数或者选区内团体候选人所获选票与两个最大选举票数之间差额的话,选举监察主官应宣布在新加坡每位候选人或团体候选人获得的支持票数;并且海外选民投票的日期和地点也都将被统计在内。

[19/2001]

(7A) 按照第48A条第(1)款的规定,如果选举分区有多个计票点的话,选举监察主官的助理应该在新加坡的计票活动完成以后,或者按照第49B条的规定,选举分区内每一个计票点重新计票也完成的情况下:

(a) 向候选人及其计票代理人宣布候选人及团体候选人所获选票;

(b) 准备一张标准格式的记录(就是本法案上面提到的计票记录),记录中需包含每个候选人及团体候选人所获选票数,以及计票点其他的计票结果,并证明这张记录的真实性;

(c) 通过各种方式,将其计票点的计票结果,传送至本选区的主计票点;

(d) 将此计票记录装在信封内,并寄送给选举分区内主计票点进行封存。

[42/1996; 19/2001]

(7B) 除非经过选举监察主官的同意,除了以下人员,在选票计算期间其他任何人不得出现在主计票点。

(a) 选举监察主官以及由他任命的其他工作人员,在计票点内对每一位候选人或团体候选人所获选票进行统计,确定每一位候选人及团体候选人所获选票的总数;

(b) 候选人及其选举代理人,或者如果选票会累加到团体候选人的

话，还包括团体候选人及其主选举代理人。

[42/1996]

（7C）尽管有第（7B）款的规定，如果主计票点同样也是计票点，那些参加计票的计票代理人可以继续参加选票的最终统计。

[42/1996]

（7D）在选举分区内的主投票点，选举监察主官，在收到选举分区内所有计票点的统计结果以后，通过叠加计算，确定每一个候选人及团体候选人在选区所获选票的总数。

[42/1996]

（7E）按照第（7D）款规定：当新加坡所有投票站计票结束以后，在选举分区内的候选人及团体候选人所获选票的总数可以被计算出来；或在按照第49B条的规定，进行了重新计票并完成计票的情况下，选举监察主官应该执行以下步骤：

（a）如果选举分区内享有合法投票权的海外选民总数，少于选区内候选人所获选票总数或者选区内团体候选人所获选票与两个最大选举票数之间差额的话，选举监察主官应该宣布获得两个最大票数的候选人或者团体候选人当选；

（b）如果选举分区内享有合法投票权的海外选民总数，等于或多于选区内候选人所获选票总数或者选区内团体候选人所获选票与两个最大选举票数之间差额的话，选举监察主官应宣布海外选民对选举内候选人及团体候选人的投票总数，海外选民投票的日期、前提等具体信息也将会被统计。

[19/2001]

（8）在计票结束以后（包括第49B条规定的重新计票），如果发现候选人同团体候选人获得相同选票的话，额外的选票将决定谁将当选，如何确定到底是单独候选人还是团体候选人获得这些额外选票，需要选举监察主官在场的情况下，通过抽签作出决定。

[10/1988；19/2001]

(9) 按照第（7）款或第（7E）款的规定，投票监察主官作出声明以后，他应该确保一下步骤应用于每一个计票点及主计票点：

(a) 所有的选票及在计票点、主计票点内的所有同选举相关的材料都应该被打包，放置在选举箱内进行封存；

(b) 选举箱上应当贴有选举监察主官的封条，如果候选人及其计票代理人有意愿粘贴其封条的话，亦被允许；

(c) 这些封好的投票箱应被派送至选举监察主官处进行封存，妥善保管；

(d) 按照第（10）款的规定，选票及在投票箱内的其他文档材料妥善保管至少6个月；

(e) 这些选票和其他文档应当在6个月后销毁，除非得到总统的具体指令。

[19/2001]

(10) 最高法院的法官可以对，按照本法已经被封存的选票或者其他有关选举的文档，进行检查、拷贝或者在合适的时机进行制作。

(11) 最高法院的法官，按照第（10）款的规定，不能对被封存的选票或者其他有关选举的文档提出检查、拷贝、制作的要求，如果它的目的仅仅是提起诉讼或者按照第90条的规定提起与选举有关的起诉的话。

(12) 除了上面已经提到的外，按照第9条的规定，任何人不得被允许检查已经被封存的选票或者相关文档。

[16/1993]

49A. 统计海外选票

(1) 包含有海外投票站选票的密封投票箱，都应该在投票结束以后的10日以内被运至新加坡选举监察主官的办公室，以进行选票统计。

(2) 选举监察主官应按照第48A条第（2）款的规定，在新加坡指定地点，对海外选民选票进行统计。

[19/2001]

(3) 按照第（1）款的规定，对海外选民选票的统计，应当有候选人及其计票代理人在场,并且应当在选举监察主官收到海外投票密封票箱后,尽快进行选票统计。

(4)第49、49B以及50条的条款适用于对海外选民选票(包括重新计票)的统计。

(5)按照第49条第(7)款(b)项或第49(7E)(6)款的规定,选举监察主官应宣布,候选人及团体候选人获得的海外选票同在新加坡本土获得选票的总票数,随后选举监察主官应立即宣布获得最多选票的候选人当选。

[19/2001]

(6)在选举监察主官按照第(5)款的规定,作出声明以后,他应确保下面的程序被遵守:

(a)海外选民的所有选票及与选举相关的文档应被密封在单独的包裹内,并放置在任意的选票箱内;

(b)选票箱上应当贴有选举监察主官的封条,如果候选人及其计票代理人有意愿粘贴其封条的话,亦被允许;

(c)这些封好的投票箱应被派送至选举监察主官处进行封存,妥善保管;

(d)按照第49条第(10)款的规定,选票及在投票箱内的其他文档材料妥善保管至少6个月;并且

(e)这些选票和其他文档应当在6个月后销毁,除非得到总统的具体指令。

49B. 重新计票

(1)按照第(3)、(4)款的规定,选举分区内的任何参选候选人及其计票代理人可以:

(a)如果他在选举分区内指定的计票点的现场,并且计票点的计票活动已经完毕;或者

(b)如果他在选举分区内主计票点的现场,并且选举内所有计票点的票数统计已经在主计票点内统计完毕;

（c）他就可以向选举监察主官申请对选举中的选票进行重新计票。

[19/2001]

（2）按照第（3）、（4）款的规定，选举监察主官应该并且进行重新计票，如果在他的选举内有重新计票申请的话。

[19/2001]

（3）选举分区内即使有一份选票重新计票的申请，重新计票也应该进行。

[19/2001]

（4）在不违背第（3）款规定的情况下，如果候选人或团体选举人获得最多票数，同其他候选人或团体候选人之间的票数差距，超过选举中投票总数（排除无效和重复选票）的2%的话，那么任何人的重新计票的申请将不被允许。

[19/2001]

（5）按照第49条的规定，在没有单独候选人或团体候选人及其计票代理人在选举分区内的计票点或者主计票点现场的话，就不能宣布任何人当选。

[19/2001]

（6）选举监察主官同意重新计票的申请后，计票点内的选票，如果有多个计票点，那么这些选票应该被重新统计并相加，具体程序按照第49、50条规定的程序进行。

[19/2001]

（7）如果确有必要的话，这一条以及第50条适用于海外选民选票的重新统计。

[19/2001]

50. 不合格的选票

（1）选举监察主官应该宣布以下选票无效：

（a）没有带有官方的证明真实性的标记，或者由投票站主官发起；

（b）选民在选票上选举多个候选人或团体候选人；

(c) 除了选票上的打印号码外,其他内容无法辨清的选票;

(d) 没有被标记;

(e) 或选票上没有任何内容的。

[10/1988;18/1999]

(2) 如果选举监察主官能够辨别出选票上选民选举意向,那么在这种情况下他就不能仅仅以未按照本法案的规定对选票作标记,而宣布此选票无效。

[10/1988]

(3) 在宣布一张选票无效之前,选举监察主官应该向在场的候选人及其计票代理人展示,并听取他们的意见,并采取措施防止其他人看到选票背面的标记号码。

(4) 按照第90条的规定,选举监察主官作出的选票是否有效的决定是最终决定,不接受任何人的问询。

[42/2005]

50A. DRE 投票系统的批准

(1) 按照第24条的规定,在审计长宣布选举令的日期之前,任何DRE投票系统都不允许在投票站点使用,除非它的使用已经经过了允许和授权。

(a) 由审计长宣布;

(b) 或者经过审计长同部长磋商之后确定的人选。

[19/2001]

(2) 审计长或者按照第(1)款确定的人员在选举监察主官及政党代表在场的情况下,对DRE投票系统进行测试,在测试满意的情况下才能使用,否则,在这之前,任何DRE设备都不得运用在选举分区的任何一场选举中。

(a) 允许秘密投票;

(b) 允许每一个投票者投票给任何一个被提名的单独候选人或者团体候选人;

(c) 操作安全、高效,能准确计算出每一个候选人或者团体候选人获得的选票;

(d) 能设定自动错误检测,并驳回那些超过合法规定数目的选票,不管他们支持单独候选人还是团体候选人;

(e) 允许每一个投票者能清晰地看到投票显示;

(f) 能杜绝舞弊和未经授权的操作或运作;

(g) 能保证所有存储在 DRE 投票系统上的数据,在断电或者运转失败时,能安全地得以保留;

(h) 能够提供 DRE 投票系统的运转记录,以供编辑或者验证记录及计票的真实性,但是它并会将投票者的是否真实性考虑在内。

[19/2001]

(3) 按照第(1)款的规定,任何 DRE 投票系统都不得在选举分区中使用,除非选举监察主官具体指定,按照第 34A(6)款的规定,DRE 投票系统可以被应用到选区的投票中。

[19/2001]

(4) 按照本章规定,当 DRE 投票系统即将运用到即将到来的选举分区的投票时,选举监察主官可以,为了指导选民,在选举分区内的一个或多个地点,提供一个或多个 DRE 投票系统的展示。

[19/2001]

50B. DRE 投票系统的配备及通过

(1) 选举分区内的每一个投票站点的选举监察主官都有职责按照第 34(6)、34(6A)款的规定:

(a) 为本选举分区投票提供足够数量的 DRE 投票系统以及其他投票设备的电子记录仪,但这都需要符合第(2)款的规定;

(b) 还需提供放置 DRE 投票仪器的小单间或其他设施,在这些小的房间里,本选区选民的投票活动将无法被他人观察到,并按照本法案的相关规定进行投票;

(c) 并保证提供足够数量的通过批准的 DRE 投票系统,直接记录电子投票设备以及其他投票设备，以防止 DRE 投票仪器在选举时出现功能故障。

[19/2001]

（2）在不早于投票前的 4 日内，审计长或者按照第 50A（1）款规定的部长任命的相关工作人员，应检查并在每一个即将用于选举的 DRE 投票系统上进行测试。如果他们发现投票系统运转正常，可以被运用于投票，他们应当在不迟于选举前 1 日批准通过此批 DRE 投票系统运用于选举投票。

（a）批准投票使用的 DRE 投票系统及设备；

（b）为批准的 DRE 投票系统编号；

（c）在选举前需用选举监察主官的封条对 DRE 投票机器及其他投票记录电子设备进行密封，并将其派送至选举监察主官办公室进行封存，以确保在选举前投票设备没有被使用过；

（d）制作一张记录，需要包含每一台投入使用的 DRE 投票系统的验证号码，以及其被发送的投票站点的信息；

（e）在选举日前，向候选人及其选举代理人提供这张记录的副本，如果他们申请要求查阅的话。

[19/2001]

（3）按照第（2）款的规定，所有的对 DRE 投票机器及直接记录电子投票设备的检查和测试都应该被执行。

（a）需在不迟于选举日前 5 日，由选举监察主官通过公共告示的形式予以公示，地点和时间及其他信息由选举监察主官予以确定；

（b）公开告示时需要候选人及其选举代理人或者投票代理人在现场。

[19/2001]

50C. DRE 投票系统的预投票测试

（1）按照第 34（6）款的规定，在选举分区的投票开始以前，选举分区内的每一个投票站主官应在在场工作人员的视野之内。

（a）确保每一台被派送至投票站点的 DRE 投票机器及其他直接记录

电子投票设备，符合第50B（2）款的规定，并且保持密封和未开启状态；

（b）在投票站内安装这些即将使用的DRE投票机器以及直接记录电子投票设备；

（c）检查这些已经安装好的DRE投票设备和直接记录电子设备是否是按照标准规定进行，以确保它们的工作正常，并且在必要的情况下需采取校正措施（包括替换或维修）以保证其正常运转；

（d）确保投票时DRE投票系统可投入使用。

[19/2001]

（2）每一使用DRE投票系统及直接揭露电子投票设备的投票站点的主官们，应该定期地对这些设备和仪器进行检查，以防止在投票过程中损坏或故障的发生。

[19/2001]

（3）在投票开始之前的任何时间，使用DRE投票设备的站点的主官们，应确定已经被运送至投票站并且通过审批的DRE设备和直接记录电子投票设备，不能被替换或者维修；不能使用剩余的DRE设备和直接记录电子设备继续进行投票，除非经过投票站的直接干预使投票恢复有序，投票站主官，需获得投票监察主官的许可。

（a）如果投票已经开始，可以立即停止投票站内的投票活动；

（b）并对投票站内作必要的安排，

（i）以使投票能够恢复，在这种情况下，如果中断和恢复发生在同一天，则需在选举监察主官指定的时间结束投票，这期间使用相同的DRE投票系统或者按照本法规定使用选票进行投票；

（ii）投票被延迟，在选举监察主官在报纸上公开告示以后，在其指定的日期重新进行选举，这一日期不得晚于投票后的一周。这时需要使用相同的DRE投票系统或者按照本法案的规定使用选票进行。

[19/2001]

50D. DRE投票系统的大体规程

（1）除了在第50B和50C条和本章所作的其他规定，所有使用DRE

投票系统的投票活动都应按照相同的模式进行，这时投票需要按照第 35—51 条的相关规定执行，这也应该被视为按照本法案进行的投票。

［19/2001］

（2）经过批准使用的在任一投票站内的 DRE 投票机器，它们对选票的图像显示应该同现实中选票的色彩等保持一致。

［19/2001］

（3）部长可以指定相关的规章以修改本章中的相关规定的适用，以推动 DRE 投票设备在投票中的使用，特别包括，对操作 DRE 投票系统的投票站主官进行相应培训，使用电子设备开启或结束选举的相关步骤，投票的方式，计票的方法，以及 DRE 记录信息的转移或读取，以计票或重新计票。

［19/2001］

51. 结果的公布以及投票在公报的声明

按照第 49（7）（a）项或 49（7E）（a）项的规定，在选举监察主官宣布完投票结果，以及所有海外选民的投票统计结束以后；或者按照第 49A 条第（5）款的规定，由他宣布完投票结果以后，他应立即在第一附表的表 17 中，对投票声明进行汇编。同时应将赢得选举的候选人的名字以及相关的声明都在报纸上进行公示。

［19/2001］

52. 非选区选民在特定条件下的选举

（1）在任何一场大选之中，非选区选民赢得选举的人数总数（忽略小于 0 人的情况）应当按照下面的公式来确定：

9−B，在此 B 是按照第 49（7）、（7E）或 49A（5）款规定的，反对派成员在议会选举中获得的总席位。

［10/2010］

（1A）由 2010 法案予以删除

（2）按照第（3A）款的规定，非选区的议员或议员们赢得选举的总人数，同时按照第（1）款的规定，应当由那些相互竞争的政党的候选人（不是指组成政府的政党）在同一次大选中获得票数的比例，按照候选人获取选票的多少来排序——获得最高选票的候选人将会被排在第一位，后面排名按照得票比例依次递减。

[10/2010]

（3）按照第（3A）款的规定，如果那些非选区议员赢得选举，那么选举监察主官应以最快速度，按照得票多少的顺序，决定哪位候选人排名第一，并且宣布其当选。如果有多位非选区议员当选，选举监察主官将依次宣布获胜的议员，这需按照第（2）款得票多少的顺序。

（3A）按照第（3）款的规定，候选人在下面的情况下不得被宣布为获胜人：

（a）如果他获得的选举分区内选举的选票低于全部选票的15%（除了被宣布无效的票）；

（b）按照第（3）款的规定，在同一团体选民中，有另外2个候选人被宣布赢得选举；

（c）按照第（3）款的规定，在选举分区内的同一场选举中，这场选举不是团体候选人获选，有另外一个候选人被宣布获胜。

[10/2010]

（3B）如果不同的候选人获得相同的选票比例，并且这些有资格被宣布当选的候选人的总数，多于非选区议员可以当选的人数的话，在确定当选的候选人时应操作如下：

（a）如果这些候选人来自同一团体，选举监察主官应通知此团体，其团体内部当选候选人的总数，并且此团体在7日之内，应确定本团体内候选人的最终获胜人员，并且立即通知选举监察主官他们最终的决定；

（b）根据上面的情况，如果选举监察主官没有收到来自团体的最终决定，那么他可以根据特定的时间和特定的方式，通过抽签来确定获胜的人选。

[10/1988]

（3C）按照以上第（3B）(a)项的相关规定，选举监察主官在收到相关的通知以后，应尽快宣布候选人或团体候选人当选为非选区的议员，根据具体情况而定。

[10/1988]

（3D）为了实现第53条及本条例的目的，团体内部的集选区的每一位候选人，都应被视为已经得到此团体在此选区的相同的选票比例。

[10/1988]

（4）在本部分中，"反对派议员"指的是议会中那些组织政府的党派的议员以外的议员。

53. 非选区议员未能进行宣誓效忠

（1）按照第（3）款的规定，如果任何非选区议员按照第52条的规定，未能在议会之前进行效忠宣誓，按照规章第61条的规定，这种宣誓一般在选举结束后第一届任期的第一或第二次开会时进行，那么议会就可以宣布他的议员席位空缺，并按照第52（2）款的规定，以选举中获得选票的高低顺序，由其下一位有资格并且尚未当选的候选人，替补其职位。

（2）在第（1）款中最后提到的候选人，按照第52条的规定，应被视为当选非选区议员，代替之前空缺的非选区议员的职位。

[22/1984]

（3）议会不能对第（1）款的规定作出修改，除非下一位接替候选人在选区内获得的选票数低于选票总数（除去无效的选票）的15%。

[22/1984]

54. 未能遵守本法案的规定

（1）如果选举依据本法规定的主要原则来组织进行，但出现了违反本法规定的同选举相关的某些做法，在这些违背规定的做法不影响选举结果的情况下，这场选举不得因为出现了违反规定的做法而被宣布无效。

（2）本法规定的需要有候选人及其代理人在场的活动，如果候选人及其代理人未能在规定时间和地点参加，除非这一活动能如期完成，否则其将被宣布不具法律效力。

55. 违规舞弊

（1）任何人，

（a）如果伪造或者欺骗性污损或者欺骗性破坏提名文件，或者将提名文件寄往选举监察办公室，并已被确认是伪造的；

（b）伪造或者欺骗性污损或者欺骗性破坏任何选票；

（c）或者选票上的官方印记未经充分授权就将选票提供给他人；

（d）出售或主动将选票出售给他人，或者购买，主动从他人处购买选票；

（e）依照本法规定无资格拥有印有官方标记选票，却又取得选票者；

（f）向投票箱内投入非选票、未经法律许可物品者；

（g）未经法律充分授权将选票带出投票站，或在投票站外被发现拥有选票者；

（h）未经授权，摧毁、带走、打开或者乱动投票箱、选票包裹，或者乱动按照第 50B（2）款规定正在或即将投入选举使用的 DRE 投票机器或直接记录电子投票设备；

（i）未经授权人在选举中打印选票，或打印被认为及能被用来作选票的用纸；

（j）制造、建造或者进口进入新加坡，占有、提供或者在选举中使用，或者可能制造、建造或者进口进入新加坡，占有、提供或者在选举中使用，那些在选举中可以将选票在被投入票箱后取出，影响或者操纵的设备、工具或者机械装置者；

（k）将被认定为违法犯罪，并将承受地方法院的罚款或者期限不超过 5 年的监禁；并从罪行被注册之日起 7 年内无法在本法框架内的所有选举中享有选举权或投票权，也不能被选举为总统或议员；如果在定罪之日已经被选为议员，则从被定罪之时起选位应腾空。

[21/1991；19/2001；10/2010]

（2）任何试图从事本部分所具体规定的违法行为者，必须接受本法具体规定的惩罚措施。

（3）按照2010年的刑事诉讼法（2010年第15法案）的规定，本部分提到的任何一种违法行为都构成了可逮捕的违法犯罪行为。

（4）下面案件的起诉可以通报给相应选举中的选举监察主官，这些案件涉及提名文件、投票箱、选票、DRE投票机器、直接录音电子投票设备或者选举中的标记设备，或者修改提名文件、投票箱、选票、DRE投票机器、直接录音电子投票设备或者选举中的标记设备的属性，或者修改选票存根的属性等。

[19/2001]

（5）没有公诉人的许可，任何人不得发起对本章提到违法行为的起诉。

[15/2010]

56. 选举中的保密

——（1）每一个被授权进入投票站或计票点的选举主官、工作人员、翻译，和候选人及其代理人，在进入相关场所之前，需要按照第一附表表18的规定，进行保密性宣誓。

（2）选举监察主官有权管理按照第一附表表18规定进行的宣誓活动。

（3）按照第（3A）款的规定，每一个被授权进入投票站或计票点的选举主官、工作人员、翻译，和候选人及其代理人，应该维护或者协助维护，投票站内投票活动的秘密性；在投票结束以前不能同任何人交流投票者的名字或登记号码的信息，不管这些投票者是否申请选票或者到场参与投票，或者交流官方印记的信息，除非法律另有规定。

（3A）在投票活动结束以前，投票站主官根据自己的判断，可以向被授权进入投票点的候选人及其代理人透露任一站点、任一时间参与投票的总人数。

（4）选举主官、工作人员、翻译人员，候选人及其代理人等任何人都：

(a) 不得尝试获取投票站内诸如候选人或团体候选人的信息，透露给那些即将要参与投票或者已经参与投票的选民；

（b）或者在任何时间向任何人透露在选举站内获取的关于候选人或团体候选人的信息，或者将选票背面的号码透露给任何在选举站内的投票者。

[10/1988]

（5）每一个在计票点的选举主官、工作人员、翻译人员，候选人及团体候选人，都应维护、协助维护站内投票的秘密性：

（a）不能企图探查确定任一选票背后的号码；

（b）或者同那些获得特别选票的候选人交流任何在计票点内获取的关于候选人和团体候选人的任何信息。

[10/1988]

（6）任何人，除了投票站主官执行本法授权的某一行为，或者由获得投票站主官授权的人员从事相应的行为，不得交流或者尝试同已经获得选票但尚未将选票投入票箱的投票者进行交流；不得同那些已经被授权使用DRE投票机器进行选票标记或记录但尚未标记或记录选票的投票者进行交流，其他视情况而定。

[19/2001]

（7）任何人违反了本部分的规定将被视为违法犯罪，须承受不超过新币1500元的罚款，或者不长于7个月的监禁，或者二者同时执行。

[10/2010]

选举的推迟与延迟

56A. 提名日的推迟

（1）尽管本法有其他规定，在任何选举分区内确定选举提名日尚未到来之前，总统可以将对候选人的提名推迟至他日，或者改变进行提名的地点，出于以下原因：

（a）骚乱或者公开暴力；

（b）骚乱或公开暴力的威胁；

（c）暴风雨、风暴、洪水或者相似的自然威胁；

（d）健康风险；

（e）火灾或消防设备的激活（洒水车或者警报）；或者

（f）其他可能威胁到现场人员安全的原因，按照第29条的规定，只有助理人员、工作人员、候选人和其他经过授权的人才能出席提名活动；或者是出于提名活动进程中遇到的身体异常，导致提名无法正常进行的情况。

[10/2010]

（2）按照第（1）款规定，对候选人提名任期的延迟以及提名地点的变更，都应该：

（a）在报纸上告示提名日的延迟情况，或提名地点的变更，具体视情况而定；或者

（b）或者（a）项规定的采用出版发行在实际中如不可行，采用报纸告示的方式可以使关于提名日推迟及地点变更的信息得到足够多的关注，扩大在选区内的宣传效果。

对提名日作出的推迟与地点变更的决定是有效和充分的，任何新确定的日期和地点将代替原有提名日地点与日期的相关信息。

[10/2010]

56B. 候选人提名等时间的更改

——（1）尽管有第（3）款的相关规定，但在任何选举分区内确定选举提名日尚未到来之前，总统可以将对候选人的提名的时刻进行变更，出于以下原因：

（a）骚乱或者公开暴力；

（b）骚乱或公开暴力的威胁；

（c）暴风雨、风暴、洪水或者相似的自然威胁；

（d）健康风险；

（e）火灾或消防设备的激活（洒水车或者警报）；或者

(f) 其他可能威胁到现场人员安全的原因，按照第 29 条的规定，只有助理人员、工作人员，候选人和其他经过授权的人才能出席提名活动；或者是出于提名活动进程中遇到的身体异常，导致提名无法正常进行的情况。

(2) 按照第（1）款的规定，将提名的具体时刻延迟至其他时间，

(a) 应该在报纸上告示提名流程的具体时间调整；

(b) 如果在（a）项的方式并不可行，采用报纸告示的方式可以使关于提名日时刻变更的信息得到足够多的关注，扩大在选区内宣传效果。

[10/2010]

(3) 按照第（1）款的规定，在对提名流程进行时间调整时，选举监察主官可以规定当天各项活动具体时间，但是——

(a) 应具体规定出 1 小时时间以方便选举监察主官接受提名文件；

(b) 应具体规定出 90 分钟的时间以便反对提名文件的意见提出；

(c) 应具体规定出一定时间以便候选人按照第 28 条的要求提交保证金，他可以修改提名文件中出现的错误，也可以撤销他的候选人申请；

(d) 应具体规定出时间以宣布，候选人如果获得第 32A 条中描述的多重提名，那么对他的提名则是无效的。

[10/2010]

(4) 按照第 25 条的规定，选举分区内选举提名的时间，应由选举令予以确定，依照第（1）款的规定，变更后的提名时间应被视为最终确定时间，第 27、27A、27B、28、29、29A、30、32、32A 及 33 条的规定也将以修改后的时间为准。

[10/2010]

56C. **投票的延迟等**

(1) 尽管本法已有相关规定，如果在选举分区内选举确定的投票日之前的任何时间，按照选举监察主官的判断，选举分区内的投票站点可能被妨碍、破坏或严重影响，出于以下原因：

(a) 骚乱或者公开暴力；

(b) 骚乱或公开暴力的威胁；

(c) 暴风雨、风暴、洪水或者相似的自然威胁；

(d) 健康风险；

(e) 火灾或消防设备的激活（洒水车或者警报）；或者

(f) 其他可能威胁到投票站主官、工作人员、翻译人员，投票代理，或者投票点内投票者的原因，或者是投票活动期间或者之前遇到的身体异常，导致投票无法正常进行的情况，选举监察主官可以将投票的日期推迟至他日，如果是大选投票的推迟则需延迟至议会解散后的 3 个月内进行。

[10/2010]

（2）尽管本法已有相关规定，如果在选举分区内选举投票进行之前或期间的任何时间，按照选举监察主官的判断，选举分区内各投票站点的投票可能被阻碍、中断、破坏或受到严重影响，是出于以下原因：

(a) 骚乱或者公开暴力；

(b) 骚乱或公开暴力的威胁；

(c) 暴风雨、风暴、洪水或者相似的自然威胁；

(d) 健康风险；

(e) 火灾或消防设备的激活（洒水车或者警报）；或者

(f) 其他可能威胁到投票站主官、工作人员、翻译人员，投票代理，或者投票点内投票者的原因，或者是投票活动期间或者之前遇到的身体异常，导致投票无法正常进行的情况。选举监察主官，按照第 3 条的规定，需要采取下面的措施：

(i) 暂时中断投票站内的投票，但时间不得长于 2 小时，投票地点可以作变更也可以不作变更；

(ii) 将此投票站内的投票活动延迟至他日，投票地点可以作变更也可以不作变更；

(iii) 彻底放弃这次选举，并择日重新在投票点进行投票，投票站的地点可以作变更也可以不作变更；

(iv) 提早彻底终结此次投票活动；

（v）至于海外投票站点的投票，如果投票的危险可能再次发生或恢复，那么投票活动可以被放弃。

[10/2010]

（3）海外投票站点的任何一场投票活动，如果在投票威胁解除后恢复，那么它的结束时间必须不迟于新加坡投票日的结束时间。如果大选活动中有投票站点投票出现推迟的话，那么这场投票必须在议会解散后的3个月之内进行。

[10/2010]

（4）按照第（1）、（2）款行使权力，选举监察主官应：

（a）通过报纸公告的形式宣布投票站点投票的暂时中止、延期、推迟、放弃、重启或者提前终结（具体视情况而定），如果可行的话，还应具体告知投票恢复、投票重启的日期和时间；或者

（b）第（a）项规定的采用出版发行在实际中如不可行，采用报纸告示的方式可以使关于投票日的提前中止、推迟、延后、放弃、重新开启或提前终结等信息得到足够多的关注，扩大在选区内宣传效果。

投票日的提前中止、推迟、延后、放弃、重新开启或提前终结等信息应是有效和充分的，新确定的投票日的时间和地址将代替原先确定的时间和地址。

[10/2010]

（5）按照第（2）款的规定，如果选举监察主官行使权力改变投票地点的话，按照第（4）款的规定，报纸告示还应包括投票重新举行的地点等。

（6）按照第（1）、（2）款的规定，任何暂时的中止、推迟、延期、遗弃、重启及提早终结（具体视情况而定），都应该按照规定的方式进行。

[10/2010]

（7）本部分的任何内容都无法限制第50C（3）款规定的权力的实施。

[10/2010]

56D. 延期投票

按照第 50C（3）款或 56C 条的规定，选举分区内的任何一场投票活动，不管是出于何故，出现了暂停、推迟，只有那些选民：

（a）选举分区内投票开始之前注册为本选区选民的；

（b）有资格在本选区投票站点进行投票的；

（c）那些尚未投票的；

（d）都享有投票恢复或重新进行时，在规定的时间和地点进行投票的权利，具体视情况而定。

[10/2010]

56E. 计票的推迟等

（1）尽管本法有其他相关规定，如果在选举分区内选举计票开始之前的任何时间，如果选举监察主官根据自己判断，认为在选举分区内计票地点的计票活动可能受到妨碍、中断、破坏以及受到严重影响，是出于以下原因：

（a）骚乱或者公开暴力；

（b）骚乱或公开暴力的威胁；

（c）暴风雨、风暴、洪水或者相似的自然威胁；

（d）健康风险；

（e）火灾或消防设备的激活（洒水车或者警报）；或者

（f）其他可能威胁到在场的助理人员、工作人员、候选人或其计票代理人，或者是计票活动期间或者之前遇到的身体异常，导致计票无法正常进行的情况，选举监察主官可以：

（i）暂时中断计票站点内的计票活动，但时间不得长于 2 小时，计票地点可以作变更可以不作变更；

（ii）将此计票站内的计票活动延迟至他日，计票地点可以作变更也可以不作变更；

（iii）彻底放弃计票点的计票活动，如果他认为计票威胁还会重来，或者剩余统计票数对选举的结果不会产生任何影响；对于放弃的计票点的计票活动，结果的宣布需要使用第一次统计的结果；

（iv）或者彻底放弃计票点内选票统计，重新启动（如果是大选中的分区选举，需要在议会解散后的 3 个月内进行），对按照第 48A 条详细规定的投票站点的计票活动，如果他确信计票威胁无法被恢复以及待统计选票会影响选举结果的话。

[10/2010]

（2）选举监察主官在行使第（1）款的权利时——

（a）应该向在计票点的候选人及其计票代理人宣布，计票的暂时中止、推迟、延期或者遗弃（视情况而定），如果可能的话，计票恢复的具体日期和时间也应相应告知候选人及其计票代理人；

（b）通过报纸告示宣布计票的暂时中止、推迟、延期或者放弃的话，如果有可能，尽量将计票活动恢复的具体的日期和时间也一同告示告知，具体视情况而定。

[10/2010]

（3）选举监察主官按照第（1）款相关规定修改计票的具体地点的话，按照第（2）款的规定，报纸告示上应包含重新计票的地点及其时间。

[10/2010]

（4）在每一个计票点发生计票的暂时中止之前——

（a）所有已统计的选票，未统计的选票以及所有计票点内所有同计票相关的文件，都应被单独密封打包，并置于票箱内；

（b）并且这些票箱应使用选举监察主官的封条予以密封，如果候选人及其计票代理人有意愿张贴自己封条的话，亦被允许。

[10/2010]

（5）在计票暂时中止恢复之前，选举监察主官或者经其授权的相关工作人员，在候选人及其计票代理人在场的情况下，在取出选票再次进行统计之前，需要向其展示票箱的封条完好，没有被破坏打开的痕迹。

[10/2010]

（6）按照第1条相关权力行使的规定，计票活动的暂时中止、推迟、延期或者放弃，以及计票活动的恢复，或者投票活动的中止、推迟、延期或者放弃，也都应严格按照规定的方式来执行。

［10/2010］

（7）在本条中，所有计票活动的相关规定也适用于重新计票。

［10/2010］

56F. 统计选票的叠加等的推迟

（1）尽管本法案有其他规定，在选举分区内选举的计票活动进行或者开始之前的任何时间，按照选举监察主官的判断，如果每个选举分区内主计票点的选票统计叠加，如果可能受到妨碍、中断、破坏或严重影响，是出于以下原因：

（a）骚乱或者公开暴力；

（b）骚乱或公开暴力的威胁；

（c）暴风雨、风暴、洪水或者相似的自然威胁；

（d）健康风险；

（e）火灾或消防设备的激活（洒水车或者警报）；或者

（f）其他可能威胁到在主计票点内的助理人员、选票叠加工作人员、候选人或其选举代理人，或者是选票叠加统计期间或者之前遇到的身体异常，导致计票无法正常进行的情况，选举监察主官可以：

（i）暂时中断主计票点内的选票叠加工作，但时间不得长于2小时，计票统计叠加地点可以作变更可以不作变更；

（ii）将此主计票站内的选票统计叠加活动延迟至他日，主计票地点可以作变更也可以不作变更。

［10/2010］

（2）选举监察主官按照第（1）款相关规定行使权力的时候：

（a）应向在主计票点内参加选票统计叠加工作的候选人及其选举代理人宣布，选票叠加活动的暂时中止、推迟、延期，如果可能的话，应向其告知选票统计叠加恢复的具体日期和时间，具体视情况而定；

（b）如果以报纸告示的形式宣布主计票点选票叠加活动的暂时中止、推迟、延期，如果可能的话，应将选票统计叠加活动恢复的具体日期和时间在告示上一同告知，具体视情况而定。

［10/2010］

（3）选举监察主官按照第（1）款相关规定修改主计票点地址的话，按照第（2）款的规定，告示上应包含主计票点地址的更改信息。

［10/2010］

（4）按照第（1）款相关权力行使的规定，计票叠加活动的暂时中止、推迟、延期或者放弃（具体视情况而定），以及选票统计叠加活动的恢复，也应严格按照规定的方式来执行。

［10/2010］

舞弊行为

57. 冒名行为

（1）每一个人，

（a）如果以他人名义，参加选举，申请选票，或者在 DRE 投票机器上记录他的选票，不管这个人是否存在或已死亡，或者是虚构的人物；或者

（b）已经投过一次票，但同时又在此次选举中申请选票或者在 DRE 投票机器上记录其名字的话，他们将被认定犯有假冒罪。

［19/2010］

（2）根据 2010 年的刑事诉讼法（2010 年第 15 法案），这些假冒行为都是可逮捕的违法犯罪行为。

58. 诱导罪

（1）一个人如果有以下做法，将被认定犯有诱导罪，这些做法包括，通过自己或者其他人，在选举之前或者之后，直接或间接地，向他人提供或者支付相关礼物的费用，任何的肉类、饮料、点心、香烟、娱乐活动，

或者其他物品。

（a）为了有目的地影响他人投票或者不参加投票；

（b）为了诱导其他人参加或者参与选举会议；

（c）针对对象为已经或者即将参与投票，或者拒绝参加投票者；

（d）针对对象为出席选举会议的人。

（2）如果一个人有如下做法，也将被认定犯有诱导罪名，这些做法包括，接受或者取走他人提供的肉类、饮料、点心、香烟或者其他娱乐活动，或者钱物，或者票券；或者接受相关工具等以获取肉类、饮料、点心、香烟、娱乐活动或者其他物品等。

59. 不适当影响

任何一个人如果：

（a）通过自己或他人，直接或间接地，对某人进行威胁或者施加其他外力、暴力或者约束措施；或者通过自己或他人，对某人施加或威胁施加任何暂时的或精神上的伤害、损害或损失，来诱导或迫使其参与投票或者不参与投票。

（b）或通过绑架、胁迫或任何欺骗性的设备或发明，来妨碍或阻止任何选举人或投票人权利的自由行使；或因此逼迫、引诱投票人要么不投票，要么放弃任何选举的投票，都被视为犯有不适当影响罪名。

60. 贿赂

有如下做法的人将被视为犯有贿赂罪：

（a）任何人，如果直接或间接地，通过自身或者他人，给予、出借，或者同意给予、出借，或者主动给予、承诺获得，或者努力获得，钱物或有价值的物品给选举人或投票者，或者将其给予选举人及投票者的代理人，以诱导选举人参与或者不参与投票，或者其他任何按照本法规定诱导选举人或投票者参与或不参与投票的相关的舞弊行为；

（b）任何人，直接或间接地，通过自身或他人，给予或取得，同意给予或取得，或主动给予，承诺给予或承诺获得，或努力获得，任何办公室、住所或者就业机会给选举人或投票者，或者其代理人，或者给其他任何人，或者其他按照本法规定可以诱导选举人或者投票者参与或不参与投票的腐败行为；

（c）任何人，直接或间接地通过自身或他人，如（a）、（b）项陈述那样，送礼、贷款，给予承诺等以诱使人取得或努力取得当选为国会议员的回报，或诱使人取消在此条例下的任何选举选民的投票；

（d）任何人，直接或间接地，通过自身或他人，赠送礼品，贷款，主动给予或承诺给予那些协助某一候选人或者承诺在选举中协助候选人的选民以财物，诱导投票者放弃对特定候选人的支持的；

（e）任何人，为了获得相关的礼品、贷款，或者其他财物，承诺在投票中协助候选人当选国会议员，或者协助选举中支持某一特定投票者或选民以换取回报者；

（f）任何人，

（i）如果提前支付钱财给他人，或者按照本法规定，利用他人并将相关经费花在选举贿赂上者；

（ii）明知并故意将钱支付给相关不掌实权的人员，并将钱全部用于或者部分用于选举贿赂者；

（g）任何选举人或选民，按照本法规定在选举开始之前或进行期间，直接或间接地，通过自己或他人，接受、同意接受，或者同他人达成协议，通过支持或同意支持，或者放弃投票或者同意放弃投票，以换取金钱、礼品或其他有价值的物品、办公室、住所或者就业机会等回报者；

（h）任何人，按照本法规定在选举结束以后，直接或间接地，通过自身或他人，收授钱财，有价值财物，支持特定候选人，或者诱导他人参加或不参加投票来支持特定候选人；

（i）任何人，直接或间接地，通过自身或他人，为了获取回报，支持或者同意支持候选人或者团体候选人；或者为了获取回报，支持或者同意协助候选人或者团体候选人，候选人或者候选人的代理人索要钱物、礼品、贷款或者其他有价财物，或者索要办公室、住所及就业机会等；

(j) 任何人，直接或间接地，通过自身或他人，为了诱导某一特定选民同意被提名为候选人，或者避免成为候选人，或者退出提名以方便其本人当选候选人，给予或者同意给予、主动给予、努力给予办公室、住所及就业机会以他人；或者同意给予，同意借予，主动给予或承诺给予其他钱财或者有价值财物，或者给予其代理人，以获得其在选举中的支持。

[10/1988]

61. 舞弊行为的惩罚及制裁

(1) 任何人，

(a) 犯有冒充罪、或者协助、教唆，咨询或者被认定为犯有冒充罪；

(b) 犯有诱导罪，不适当影响选举或者贿赂罪；

(c) 在选举令发行之日起到投票开始之前，出版发行或者引起出版发行的出版物；

(d) 关于选举广告，如果它们被包含或印刷进出版物，但是在封面，如果它有两面的话，不管是第一页还是最后一页，印刷者的地址和姓名，广告的承印者，或者选举广告的最终服务者，即宣传的特定候选人，须全部刊登出来，

(i) 对于其他选举广告，如果它们没有按照第78条规定的方式和规定，它的出版商的姓名和地址，以及它们宣传的候选人的信息也要一同公布；

(ii) 在选举开始之前或进行之中，为了影响候选人的选票，出版或者印刷关于候选人虚假的材料；

(e) 在选举开始之前或进行之中，为了提高候选人的表现或者帮助其获选，出版或印刷其他候选人撤选的虚假声明；

(f) 作为候选人或者选举代理人，制作第74条规定的关于选举费用的虚假声明；

将被认定为犯有舞弊罪，并将接受地方法院的惩罚：

(i) (a) 项提到的违法者，将被处以不超过新币5000元的罚款，或者期限不超过3年的监禁；

（ii）（b）项提到的违法者，将被处以不超过新币 5000 元罚款，或者期限不超过 3 年的监禁；

（iii）（c）项提到的违法者，将被处以不超过新币 1000 元的罚款，或者期限不超过 12 个月的监禁；

（iv）（d）、（e）项提到的违法者，将被处以罚款，或者期限不超过 12 个月的监禁，或者二者并罚；

（v）第（f）项提到的违法者，将被处以不超过新币 2000 元的罚款，或者期限不超过 6 个月的监禁，或者二者并罚。

［31/2001；10/2010］

（2）每一个被认定犯有舞弊罪名的人，从被定罪起 7 年以内，不得按照本法注册登记为本选区选民，或者被选为总统、议员；如果被定罪之时，他已经当选议员，那么他的职位将从其被定罪之日起清空。

（3）除非是第（1）款（d）和（e）项规定的罪名，否则其他任何关于舞弊的诉讼都要经过公诉人的同意。

［15/2010］

（4）在不违背第 57 条规定的话，第 59、60 条规定的不适当影响或者贿赂的罪名，以及第（1）款（c）、（e）项规定的罪名，按照 2010 年刑事诉讼法（2010 年第 15 法案），这些违法行为都是可逮捕的行为。

［10/2010］

（5）违反第（1）款（c）项的规定出版印刷选举广告，广告的印刷者，以及广告的承印人，将被认定犯有舞弊罪，并将受到本章规定的惩罚和制裁。

［31/2001］

（6）第（1）款（c）项的规定将不适用于以下情况：

（a）某本书的发行或者以不低于正常价格进行的促销活动；书是按照计划发行，而不管有没有选举；

（b）由个人或团体为其成员、雇员或股东，直接印刷相关文件；

（c）出版、发表同选举相关的新闻；

（i）或者在报纸与印刷出版物法案（Cap. 206）允许的情况下，个人在报纸或其他媒体上进行相关选举新闻的报道和宣传；

（ii）在广播法案（Cap. 28）允许的情况下，个人通过广播或电视对选举新闻进行宣传和报道；

（d）个体通过电话或者电子设备向他人传播其政治观点，与商业行为无关；

（e）或者由部长在报纸上规定的，其他的条件和活动。

选举代理人

选举费用

违规舞弊行为

62. 选举代理人的提名

（1）在选举提名日当天或之前，每一位候选人都应以书面形式提名其选举代理人，在本法案中，此代理人被称做选举代理人。

（2）候选人也可以自己担任选举代理人，只要客观条件允许，但同时作为候选人和选举代理人，仍应符合本法案的规定。本法案有关选举代理人行为的规定都应被理解为以候选人名义进行的行为。

（3）在提名日的当前或之前，每位候选人的选举代理人的姓名、地址应该由候选人或经其授权的人员以书面的形式报告给选举监察主官。

（3A）选举监察主官收到报告以后，应立即在办公室外明显的位置张贴告示，告知公众每位选举代理人的姓名和地址。

（4）每位选举代理人只能提名给一位候选人，但是这种提名，即使是候选人任命自己为选举代理人，仍是可以被撤销的。

（4A）在遇到选举代理人死亡需注销其资格的情况时，不管其死亡发生在选举之前，或者选举进行之中，或者选举结束以后，必须立即提名一位新的选举代理人，也须立即将新任命代理人的姓名和地址等相关信息报告给选举监察主官。选举监察主官按照第（3A）款的规定，应该立即公开告示向公众告知选举代理人的姓名和住址等相关信息。

（5）团体候选人的总选举代理人需要从每一位候选者选举代理人中选出，本部分关于选举代理人任命、撤销提名、公开告示等规定也适用于团体候选人总代理选举人，在必要的情况下可以作相应修改。

[42/1996]

（6）某位候选人（这里称之为候选人 A）选举代理人，隶属于团体候选人，可以代表同一团体内部（这里称之为副代理人）的其他候选人对外活动。第一次提到的选举代理人，可以书面授权选举活动经费及候选人选举活动的管理等方面事宜，并且

（a）所有副代理人所作所为都应被视为选举代理人同副代理人的共同行为；

（b）候选人 A 会承受这样一种"无法作为"，好像副代理人的任何行为或默认行为都是他选举代理人的行为或默认行为一样。

[10/2010]

（7）为了避免怀疑，第（6）款的任何规定都无法阻止某位候选人的选举代理人书面授权多位副代理人，当然这些副代理人来自同一团体内部其他候选人的选举代理人。

（8）第（6）款关于副代理人的授权，

（a）不能因为选举代理人停止对其授权而清空中止；

（b）但可以被当时在任的选举代理而注销。

[10/2010]

（9）第 64、65（1）（1A）及 66、68 和 69 等条关于候选人（这里称为候选人 A）选举代理人的规定，以及关于集选区选举的规定，都适用于选举代理人，

（a）他们亲自执行；或者

（b）由团体内部其他候选人的选举代理人来执行，因为候选人 A 的选举代理人，也就是上面第一次提到的选举代理人，按照第（6）款的规定，授权他的副代理人来管理团体选举经费或者选举活动。

[10/2010]

63. 犯有选举舞弊罪者不得被任命为选举代理人

按照本法以及总统选举法（Cap. 240A）的规定，被认定有选举舞弊行为的人，在其被认定的7年以内，不得被任命为选举代理人。

[27/1991]

64. 由选举代理人签署的合约

——（1）按照第（1A）款的规定，候选人的选举代理人应：

（a）任命每一个投票代理人、工作人员以及被雇用来代表候选人在选举中管理经费活动的信差；

（b）代表候选人雇佣所有会议室职工；

（c）在选举代理人进入投票站前，将选举代理人的名字书面通知每个投票站主官。

[42/1996]

（1A）从团体候选人的情况看，不管是团体的主选举代理人，还是团体内部每一位候选人的代理人，都应任命每一场选举中代表候选人团体的投票代理人；并且应该在选举代理人到相应的投票站报到之前，以书面的方式向投票站主官报告分配到该站的选举代理人的姓名等相关信息。

[42/1996；18/1999]

（2）由合约产生或者由选举管理活动产生的费用不应该对候选人强制征收，除非是由候选人自己或者他的选举代理人的原因产生的费用。

（3）本部分规定不能对候选人进行强制交易，但这并不意味着候选人可以免除或减轻他的选举代理人的腐败及违法行为带来的后果。

65. 通过选举代理人支出费用

（1）除了经本法允许或者按照本法规定，任何候选人都不能支付或者由其代理人代表其支付选举管理活动产生的费用，不管是在选举之前、选举进行中还是选举之后，相关费用只能由候选人的选举代理人来缴纳。

（1A）候选人之外的其他人，为选举管理活动提供的所有经费，不管是以礼物、贷款还是存款的形式，都应支付给候选人或其选举代理人，而不能是其他任何人。

（2）第（1）款（1A）项的规定不得被视为适用于以下款项：

（a）由选举监察主官支付的费用；

（b）按照第 66（8）（9）（10）或者 68（1）款的规定，由候选人支付的费用；

（c）按照第 68 条第（4）款规定，经过本部分规定授权的个人或政党支付的费用；

（d）由个人原因造成的法律范围内允许的小额支出，并且支出由其本人垫付，但尚未补偿其的欠款。

[10/2010]

（3）违反本条的规定提供相关费用或者预付费用，或者违背本条规定支付上面条款提及的钱款都将被视为非法活动。

66. 递交诉求的周期及选举费用的支付

（1）由选举代理人为管理选举活动而支付的每一笔费用，除了少于新币 10 元的款项或者如差旅费等必然无法拿到收据的款项，都应有详细的明细以及收据。

（2）针对选举候选人以及管理选举费用的选举代理人的一切索赔，将会被禁止，也不会被支付。此类索赔，在此条例限制的时间段内，也不会被告知选举代理人。

（2A）选举代理人若违反第（2）款而支付索赔，会被视为非法行为。

（3）除了本法另有规定的除外，向选举代理人寄送赔偿请求的时间应当限定在，报纸公布大选结果后的两周以后。

（4）选举中的候选人或者其代理人产生的费用，往往是由于选举的进行，或者对选举进行管理产生的费用，这些费用应该在本法规定的时间期限内予以支付。

（4A）出现了本法规定以外的情形，即选举代理人违背第（4）款的规定进行支付，其行为应被视为违法行为。

（5）除了本法另有规定的除外，对那些费用的支付的具体时间相当限定在，公报公布大选结果的 28 天以后。

（6）如果按照选举法官的认定，某一候选人的选举代理人违反本部分规定违规进行款项支付，但这种支付并未获得候选人的同意或认可，在这种情况下，候选人的选举不应当被认定为无效，也不应该按照本法的规定仅仅因为存在违法支付就对候选人的权利予以限制。

（7）如果选举代理人对其在本法规定的时间期限内收到的赔偿请求，在 28 天的期限内予以排斥、拒绝或者不支付，那么这种赔偿请求将被视为有争议的请求。

（8）赔偿要求的提出者，如果他认为合适的话，可以将有争议的赔偿请求递交有处理资格的法院；由候选人及其代理人依照法院的裁决或判决进行的支付，应当被视为在本法规定的时间期限内进行的偿付。作为本法规定的例外情况，则需选举代理人进行偿付。

（9）最高法院的法官如果认为理由合理，在赔偿要求的提出者或候选人及其代理人提出申请时，可以作出候选人或其代理人对有争议的请求作出支付的决定，即使是在本法规定的期限外提交的支付请求，或者只有候选人收到请求而选举代理人没有收到请求的情况下都是如此。

[16/1993]

（10）法院规定的详细支付金额可以由候选人或其选举代理人支付；按照法院规定进行的偿付仍将被视为在本法规定的期限内进行的赔付。

67. 选举代理人的酬劳

（1）条件允许的情况下，本法也应适用于选举代理人提出的获取酬劳的申请，它们的关系跟债权人与债务人的关系类似。

（2）如果因为赔付的金额产生分歧，这样的赔偿请求按照本法规定，应被视为争议请求，按照争议请求的相关规定处理即可。

68. 在其他方面由选举代理人支付的费用

（1）选举中的候选人须支付由其自身原因造成的，跟选举有关的费用，但金额不得超过新币 1000 元，由其产生的其他额外的费用则需其选举代理人代为支付。

（2）候选人应在本法规定的期限内，向其选举代理人寄送书面声明以申请偿付，这些声明中包含其个人支付的账目信息。

（3）候选人的个人费用，包括合理的出差费用、合理的住宿费用或者跟选举相关的其他费用。

（4）在候选人的选举代理人书面授权的情况下（在下面的部分中用候选人 A 来代替）：

（a）任何人可以支付诸如文具、邮费、电话通信费（或其他相似的通信方式）以及其他琐碎费用；

（b）候选人 A 所代表的政党（或者获得政党授权并代表政党行动的官员）可以支付候选人 A 在选举的进行以及选举的管理中产生的费用，但支付的总金额不得超过当局规定的数额，但是超过规定总金额的部分，须由候选人 A 的选举代理人来支付。

[10/2010]

（5）按照第（4）款的规定，个人或者政党的支付明细的声明应该在本法规定的期限内寄送给选举代理人，以提交偿付的申请；支付明细需要有个人或政党详细支付项目的收据，具体视情况而定。

[10/2010]

69. 超过最高花费金额即属违法

（1）除非本法规定的例外情况，不管是在选举之前，选举进行期间还是选举结束以后，候选人或其选举代理人所支付的由选举进行及选举管理产生的费用的总额不得超过第三附表所确定的费用。

（1A）按照前面第（1）款规定的总额，由候选人产生的任何个人费用将不被计算在内，如果有的话，需要支付给选举代理人但不得超过新币 500 元。

[21/1991]

（2）任何候选人或选举代理人明知本部分的规定，又故意违反的，将被视为违法违规。

[21/1991]

（3）部长可以发布命令修改第三附表的规定，但是这种命令需要在报纸公开告示以后，尽快呈交议会。

[21/1991]

（4）按照第24条的规定，选举分区内的选举令公布之后，则上面第（3）款中提及的修改指令只能在提名日结束以后作出，或者如果投票即将进行，那么就推迟到投票日以后作出。

[21/1991]

70. 属于违法的费用支出

（1）任何便于或者帮助候选人赢得选举的费用支出或支付协议，都不得被作出：

（a）这些费用包括投票者或选民前往投票站的往返费用，不管是租用车辆费用，或者任何形式的人力运输费用，或者铁路费用，或者其他费用；

（b）还包括给予投票者或选民由于房屋、地皮、建筑的使用的费用，以及用于演讲、广告或公告的费用。

（2）尽管有上面第（1）款的规定，

（a）但如果作为广告代理身份的投票者或选民展示支付账单或者广告账单，只是正常的商业行为的话，那么同这些投票者或选票签订的支付协议或者合同，按照本章规定不应该被视为违法行为；

（b）如果投票者或选民由于居住地点的原因，因需要跨越海洋或河流而无法到达投票现场的话，那么就需要提供经费帮助选民克服这些障碍到达投票现场，这些运输的费用包括在本法规定的最高费用以内。

71. 选举过程中汽车的使用

（1）按照本条的规定，任何人都不得出租、出借、雇用，或者使用汽车，以接送选民到投票站点。

（1A）任何人，如果明知上面第（1）款的规定而又违反的话，将被认定为违法违纪行为。但如果任何人，在没有获得候选人同意的情况下，从事本部分规定的违规行为，候选人将不会受到处罚，此次选举仍属有效；候选人选举代理人从事违法违规行为则例外。

(1B) 按照上面第（1A）款的规定，在违规人员被法院定罪以前，如果法院认为合适的话，可以减轻或者免除第 79 条对违规人员的强加的惩罚。

(2) 本条的任何规定，都无法限制投票者个人自己乘车或者搭载其家庭成员前往或离开投票站点。

(3) 按照上面第（2）款的规定，上面的"家庭成员"仅仅指投票者的配偶、父母及子女。

(4) 在投票日当天早上 8:00 至晚上 8:00 这一时间段内，任何人都不得将汽车停放在离投票站 100 米的距离范围内；除非这辆车是专门用来运送疾病、虚弱或者残疾选民，以协助其完成投票。

(5) 任何人，如果违背了上面第（4）款的规定，将被认定为违规行为，将被处以不超过新币 500 元的罚款。

(6) 违背上面第（1A）和第（4）款规定的违规违法行为，按照 2010 年刑事诉讼法（2010 年第 15 法案）规定都是可逮捕的行为。

[10/2010]

(7) [由 2010 年第 10 号法案删除]

(8) [由 2010 年第 10 号法案删除]

72. 属于违法的雇用

(1) 按照第 62（6）款及第 7 条的规定，任何人，不得雇用或被雇用从事推动选举进行或者某候选人赢得选举以取得报酬，除非是由于下面的目的：

(a) 只能有一个选举代理人；

(b) 每个投票点只能有一个投票代理人；关于集选区的候选人，每个投票点只能有一个团体投票代理人；

(c) 选举分区内须有适当数量的工作人员及信息传递人员，适当数目的登记选民。

[42/1996；10/2010]

（2）除非本法规定的例外情况，任何人违背本部分的规定从事或者被雇用从事某些行为，不管是在选举之前、选举进行之中还是选举结束以后，他都应被认定为违法违规。

73. 为债权人节省

本法的诸多规定禁止特定款项的支付或者支付协约的签署，支付金额以及超过规定的最大金额的部分，将不影响债权人的权利，因为在签署协议或者支付款项时，他们并不知悉已经违反了本法的相关规定。

74. 关于选举费用的返还及声明

（1）在报纸上公示选举结果后的 31 天内，按照第一附表表 19 的规定，每个候选人的选举代理人都应向选举监察主官传寄一份真实的花费明细（本法将其称为选举费用返还），这份文档当中应包含候选人的详细支出说明：

（a）按照第 66 条第（1）款的规定，选举代理人支出的每一笔费用、花费明细及收据，以及按照第 68 条第（4）款规定的书面授权。本法规定的账单、收据及书面授权都应包括在"选举费用返还"的表述里面，此外，所有费用支持的日期也须提供，但无须附带明细；

（b）个人花费的总量，若有的话，由候选人偿付；

（c）选举代理人意识到的争议赔偿要求；

（d）选举代理人所能意识到的所有未支付的索赔，而这些申请已被或即将提及到选举法官或最高法院法官；

（e）选举代理人或者候选人接受的捐款，这些捐款用来偿付由于选举的进行及选举管理产生的费用；候选人需要提供每一位捐赠者的姓名。

[18/2005；10/2010]

（1A）第 62 条第（6）款适用的案件，在报纸公布集选区选举结果以后的 31 天内，参加选举的团体候选人的主选举代理人，按照第一附表表

19，须向选举监察主官传寄一份真实的明细（这里称之为选举费用统一报表），报表须包含团体候选人的详细的声明信息：

（a）由第 62 条第（6）款授权的副代理人支出的每一笔为了弥补选举进行以及选举管理产生的费用而进行的支出，连同第 66 条第（1）款提及的花费清单及收据，以及每一笔费用支出的日期，但无须附带日期明细；

（b）分摊给每一位候选人的金额（由选举代理人及各个候选人统一商定）；

（c）经第 62 条第（6）款授权的副代理人意识到的争议赔偿要求；

（d）经第 62 条第（6）款授权的选举代理人意识到的未清偿的赔偿要求，这些赔偿要求有的是已经被最高法院的法官或者选举法官裁定的或是即将裁定的。

[10/2010]

（2）选举费用的返还申请表应该由选举代理人签字，并且应附带一份候选人及选举代理人声明，这是第一附表中表 19 和表 20 所分别规定的。

[18/2005]

（2A）选举费用统一报表须由主选举代理人签字，并且附带一份主选举代理人及由第 62 条第（6）款授权的每一个副代理人的声明，这也是第一附表中表 19A 和 20A 所分别予以规定的。

[10/2010]

（3）如果在时间截止之前，费用返还申请表和声明还没有被寄送的话，那么候选人在寄送日期截止之后将无法担任议员或者参与议会投票，直到费用返还申请表和声明被寄出，或者直到本法提到的寄送失败的理由被认可之时。

（3A）如果候选人违背本法在议会占据席位或者参与投票，那么他将被认定为违法违规，并且也将因占据席位或参与投票而被处以每天新币 500 元的罚款。

（3B）如果候选人或选举代理人，未能在日期截止之前，将选举费用返还申请以及第（2）款规定的声明寄出，或者未按照本法规定的方式寄出,那么候选人及其选举代理人将失去竞选总统的资格。

[21/1991]

(4)如果任何候选人及选举代理人未能按照上面第(1)、(2)、(2A)款要求的话,他将被认定为违法违规,并且这一部分的规定应该同第61条的部分规定一同应用。

[10/2010]

(4A)如果任何主选举代理人,或者由第62条第(6)款授权的副代理人,未能遵守上面第(1A)、(2A)款的规定,主选举代理人以及选举代理人,将被认定为违法违规,并且这一部分的规定应该同第61条的规定结合起来应用。

[10/2010]

(5)在本部分中,"捐款"与政治捐赠法(Cap.236)第3条第(1)款提到的捐款有相同的含义,如果符合捐款法案规定的话,候选人或其选举代理人可以接受捐款。

[18/2005]

75. 返还凭据的出版印刷

(1)在选举监察主官收到寄送的选举费用返还申请以及声明之后,他应该以最快的速度,在办公室外明显的位置,张贴告示告知公众已收到相关的文件材料,并附明公众可以查阅的时间和地点。此外,他还应尽快在当地报纸上进行公示告知。

(2)选举监察主官应:

(a)保存好收到的经费返还申请、声明以及附带的支付清单;

(b)在报纸公示后的6个月内,应允许公众在合适的时间查阅,并收取摘录费用每次新币2元;

(c)每页材料需收取新币30分,可以提供拷贝或者其他部分的拷贝。

(3)在上面第(2)款(b)项提到的6个月的保存时间截止以后,这些文档将被销毁,如果候选人在文档销毁之前提出申请的话,这些文档也可以返还给申请的候选人。

[22/1984]

76. 雇主应允许雇员一定的时间参与投票

(1) 在投票日当天，每一个雇主都应给予其雇用员工合理的时间，以参与投票。

(1A) 任何雇主都不能因工人参与投票而削减其工资或者其他报酬，也不能强加额外的惩罚措施。

(2) 本部分的规定也适用于铁路员工，除非他们正在运转的火车上，并且火车的运转离不开这些工作人员，而使其无法脱身参与投票；铁路部门的总经理应被视为这些铁路工人的雇主。

(3) 任何雇主，直接或间接地，拒绝，或者恐吓，施加不恰当影响，或者以其他方式，妨碍给予其员工以合理时间参与投票的，将被认定为违法违规，并将被处以不超过新币1000元的罚款，或者时间不超过6个月的监禁。

[10/2010]

77. 投票日当天及前夕被禁止使用的徽章、标志等

(1) 所有徽章、标志、装饰物、旗帜、广告、传单、海报、选票的复制品等都不得佩戴、使用、携带或展示，在投票日或者投票日的前夕，任何人员、汽车、卡车以及其他交通工具上都不得佩戴或张贴上面提到的各种物件，以作为政治宣传的工具。

[10/2010]

(2) 第（1）款禁止使用的物品不应包括候选人穿戴的指示其政党归属的徽章，或者是按照第34和34A条的规定，分配给候选人及团体候选人的徽章的复制品，其他视情况而定。

[10/1988]

(3) 根据2010年刑事诉讼法（2010年第15法案）的规定，违反第（4）款的行为都是可逮捕的行为。

(4) 任何人违反了第（1）款的规定都应被视做违法违规，应处以不

超过新币 1000 元罚款或者期限不超过 12 个的监禁。

78. 海报、条幅的展示管理规定

（1）部长可以制定相关条例来管理选举中的海报及条幅的展示问题。

（2）此种管理条例，可以为选举监察主官判断本选举分区内海报、横幅的尺寸大小是否违规提供依据，也可以为其决定海报、横幅的展示地点提供参考。

（3）为了更好地实现本章的宗旨，相关管理条例制定如下：

"横幅"包括旗帜、旗布、军旗或标准旗帜。

"海报"包括任何标签、颜色醒目物品、绘画、油画、广告或者公告，或者任何形式的选票复制品，或者任何政党的标志。

（4）任何人违反了上述管理条例，都会受到不超过新币 1000 元的罚款，或者期限不超过 12 个月的监禁惩罚。

（5）根据 2010 年刑事诉讼法（2010 年第 15 法案）的规定，违反此管理条例行为都是可逮捕的行为。

[10/2010]

78A. 对其他选举广告的管理规定

（1）部长可以制定相关的规则条例——

（a）规定广告的形式和展示方式，这其中的许多细节，诸如选举广告（不含印刷品）的出版商的姓名和地址，以及选举广告承印者的信息等，按照第 61 条第（1）款（c）项的规定，都应纳入相关条例的管理范围；

（b）管理选举广告以及选举期间政党、候选人及选举代理人在互联网上进行的广告宣传，包括规定选举广告的特征，对何种信息必须出现，何种信息不能出现，何种信息可以使用等都作出规定。

[31/2001；10/2010]

（2）按照第（1）款（b）项的规定，任何人违反了上述管理条例，都会被视为违法违纪，并将受到不超过新币 1000 元的罚款，或者期限不超过 12 个月的监禁，或者两种惩罚并处。

[31/2001]

（2A）根据2010年刑事诉讼法（2010年第15法案）的规定，任何违反第（2）款规定的行为都是可逮捕的行为。

[10/2010]

（3）为了更好地实现本章的宗旨，本章将"选举期间"的日期界定为其开始于选举令发布之日，止于选举投票日的开始之时。

[31/2001；34/2002；10/2010]

78B. **选举广告禁令**

（1）除非第（2）款有特别规定，任何人，都不得在投票日当天的任何时间，或者投票日前夕：

（a）在选区内的选民中间，发行或者允许选举广告的发行；

（b）在选举分区或者其相邻选区内，展示或者允许展示选举广告，将选举广告张贴于交通工具或者建筑物上等。

[10/2010]

（2）第（1）款的规定并不适用于以下任一情况：

（a）某本书的发行或者以不低于正常价格进行的促销活动；书是按照计划发行，而不管有没有选举；

（b）出版、发表同选举相关的新闻；

（i）或者在报纸与印刷出版物法案（Cap. 206）允许的情况下，个人在报纸或其他媒体上进行相关选举新闻的报道和宣传；

（ii）在广播法案（Cap. 28）允许的情况下，个人通过广播或电视对选举新闻进行宣传和报道；

（c）个体通过电话或者电子设备向他人传播其政治观点，与商业行为无关；

（d）合法出版的选举广告，或者在投票日之前已经在互联网上展示，在出版和发行后未作任何改动；

（e）继续进行合法的广告展示，或者在选举开始前夕已经展示或张贴的海报或者条幅；

(f) 以及部长规定的活动或情形。

[10/2010]

(3) 任何人违反第(1)款的规定,都应被认定为违法违纪,将由地区法院处以不超过新币 1000 元的罚款,或者期限不长于 12 个月的监禁,或者被处以二者并罚。

[10/2010]

(4) 根据 2010 年刑事诉讼法(2010 年第 15 法案)的规定,违反此部分规定的行为都是可逮捕的行为。

[10/2010]

78C. 选举调查结果的封锁期

(1) 在选举期间,亦即选区选举令的公布之日至投票日投票结束活动期间,任何人都不得出版、允许出版任何选举调查的结果。

[31/2001]

(2) 任何人违反了第(1)款的规定,都会被视为违法,并将处以不超过新币 1500 元的罚款,或者期限不超过 12 个月的监禁,或者两种惩罚并处。

[31/2001;10/2010]

(2A) 按照 2010 年刑事诉讼法的规定,任何违反第(2)款的行为都是可逮捕行为。

[10/2010]

(3) 在本条款中,"选举调查"是指对选民在大选中如何投票的观点调查,或者选民对候选人或团体候选人、政党、候选人在特定问题立场的偏好调查。

[31/2001]

78D. 投票日的出口民调禁令

(1) 任何人都不得在投票日当天投票活动结束以前,发行或者允许发行出版:

(a) 与选民在选举中如何投票相关的任何声明，这一声明基于投票者在完成投票后提供的相关信息；或者

(b) 以完成投票选民提供的信息为基础，对选举结果进行的预测。

[31/2001]

(2) 任何人违反了第（1）款的规定，都会被视为违法，并将处以不超过新币 1000 元的罚款，或者期限不超过 12 个月的监禁，或者两种惩罚并处。

[31/2001；10/2010]

(2A) 按照 2010 年刑事诉讼法的规定，任何违反第（2）款的行为都是可逮捕行为。

[10/2010]

(3) 在本部分中——

(a) "预测" 包括估计；

(b) 以及对选举整体的结果预测，和对选举中特定候选人或团体候选人的选举结果预测。

[31/2001]

78E. 对选举宣传违规的辩护

(1) 按照第 61（1）（5）、78A（2）、78B（3）、78C（2）或者 78D（2）款的规定被认定为犯有违法违规者，如果能够证明下面的情节，则被视为对指控的辩护：

(a) 能够证明对第 61（1）（c）（d）（e）项、78B（1）、78C（1）、78D（1）款，以及对 78A（1）（b）款的违反是出于超出其力量控制的外部环境造成的，并且

(b) 他已经采取了合理的措施，和应有的审慎，以避免违反规定情形的再次发生。

[31/2001]

(2) 第（1）款中的任何规定都无法限制 2010 年电子交易法案（2010 年第 16 法案）中第 26 条关于网络服务提供商的规定。

[31/2001]

79. 舞弊行为的惩罚

(1) 任何人从事违法行为都将被认定为违法违规,并将被地区法院处以不超过新币 2000 元的罚款,或按照本法规定从被定罪之日起的 3 年内不得再登记为选民或者参选总统及议会议员;如果他在被认定罪之时已经当选为总统或议员,那么他的任期将从其被定罪之日起清空。

[21/1991;10/2010]

(2) 对违法违规行为的起诉必须要经过公诉人的同意,但按照 2010 年刑事诉讼法(2010 年第 15 法案)第四章第 1、34、39、40、111、258、260、261 及 280 条例授予警察的权力,在处理非可逮捕案件或者行使阻止违法行为延续的权力时,不受此处任何规定的限制。

[15/2010]

80. 投票日当天及前夕不得拉票

(1) 选区内选举时,任何人不得在投票日当天或投票日前夕:

(a) 使用语言、信息、文字作品或者其他方式,劝说其他人投票或放弃投票;

(b) 出于与选举相关的原因,参观投票者的住所或工作地点。

[10/2010]

(2) 任何人违反了第(1)款的规定,都会被视为违法违纪,并将受到不超过新币 1500 元的罚款,或者期限不超过 12 个月的监禁,或者两种惩罚并处。

[10/2010]

(3) 尽管刑事诉讼法有关于警察行使搜查权力的相关规定,如果警察确实有合理的理由认为第(1)款规定的违法行为正在发生,警察,凭借他的职权,有权进入并搜查相关场所以确定是否有违法行为正在发生。

[10/2010]

(4) 按照 2010 年刑事诉讼法(2010 年第 5 法案)的规定,任何违反第（2）款规定的行为都是可逮捕的行为。

［10/2010］

（5）为了实现本部分的宗旨，任何人，在投票日当天或者投票日前夕，进入或者被发现出现在同一选区内两处住宅或者工作场所，并非其自己住宅及工作场所，除非他能证明自己没有违法，否则他将被按照第（1）款的规定，认定为违法违规。

［10/2010］

80A. 选举会议的限制条件

（1）按照2009年公共秩序法案（2009年第15法案）第12、13条的规定，以及其第14条的规定，所有形式的选举会议，不管在哪举行的，都是被禁止的：

（a）在投票日及投票日前夕，任何关于大选的选举会议都是禁止的；

（b）或在选区递补选举的投票日期及投票日前夕尽管有公共秩序法案第7条的规定，但按照此法案第（2）款的规定，此类选举会议将不被许可，即使按照此法案第6条的规定，相关会议告示已经发出。

［10/2010］

（2）尽管有2009年公共秩序法案第14条的规定，在非限制性的公共区域内，任何选举会议都不得在下面的时间段内进行：

（a）在大选期间，也就是在大选提名日与大选投票日之间；

（b）在任何选区的递补选举期间，也就是在递补选举的提名日与投票日之间，除非警察的理事或委员，按照公共秩序法案的规定，被通知组织选举会议，并且第7条已经许可组办。此法案第2条的规定适用于此类在限制性区域内举行的选举会议。

［10/2010］

（3）2009年公共秩序法案（2009年第15法案）第2条关于集会违法的规定，也适用于选举会议：

（a）那些违反第（1）（2）款的规定召开的会议；

（b）或者按照2009年公共秩序法案第14条的规定，在非限制性公共区域举办的选举会议；

（i）公共秩序法案第6条规定选举会议举行的日期和时间，在这一规定时间以外举办的其他选举会议；

（ii）未按照公共秩序法案第8条第（1）款的要求，或者组织者及选举会议的参与者不符合第8条第（2）款的规定。

[10/2010]

（4）在这一部分中，"选举会议"指定是由获得提名参与选举的候选人、组织或其由他人代表其组织的公开集会（按照2009年公共秩序法案的规定）：

（a）以推动或帮助特定候选人、政党或者团体候选人赢得选举；

（b）或者提高政党、候选人或团体候选人在选民中的威望和地位。

[10/2010]

81. 不得规劝他人放弃投票

（1）任何人，不得在任何选举的提名日及投票日之间（同时包含提名日和投票日），通过语言、信息、出版作品或者其他任何形式，规劝或试图规劝投票者放弃其投票。

（2）任何人违背了第（1）款的规定，都将被认定为违法违规，并将受到不超过新币2000元的罚款，或者期间不超过12个月的监禁，或者二者并罚。

[10/2010]

（3）尽管2010年刑事诉讼法中有关于警察行使搜查权力的规定，如果任何的警官，有合理的理由认为违反第（1）款规定的行为正在发生，这个警官，凭借他的职权，有关进入并搜查相关场所，以确定是否存在违法行为的发生。

（4）按照2010年刑事诉讼法的规定，任何违反第（2）款规定的行为都是可逮捕的行为。

[10/2010]

82. 在投票站内或附近施加不恰当影响

（1）任何人都不得：

（a）试图去确定进入投票站点人员的身份；

（b）利用投票站附近张贴的人员名单，来检查进入投票站人员的姓名；

（c）在任何地方，放置座椅或者建立办公室或工作间来记录投票者的细节；

（d）在投票后继续在投票站外等待除了那些在选举站外等候投票的选民；

（e）在投票日当天任一投票站外200米的半径范围内的街道或者公共场所闲逛；

（f）在投票日当天，在房间、建筑或者其他任何地方开设或维持办公室，以运作推动某候选人在选举中的表现或取得选举的胜利，而不论其是开放还是关闭。

（1A）尽管有第（1）款的规定，每一个候选人及其选举代理人都可以在选区内开设或维持他们的办公室，但每个选区只能开设一个办公室，并且应该位于以投票站为中心、200米为半径的范围区域内；办公室的地址信息应该在投票之前，由候选人或其选举代理人，报告给选举监察主官。

（2）任何违反第（1）款规定的行为被视为违法违规行为，违法者将接受不超过新币2000元的罚款，或者期限不超过12个月的监禁，或者二者并罚。

[10/2010]

（3）按照2010年刑事诉讼法（2010年第15法案）的规定，任何违反第（2）款规定的行为都是可逮捕行为。

[10/2010]

83. 不能参加投票的人员构成

（1）下面列举的任何人，包括：

（a）小学生或者中学生；

（b）按照刑法（Cap. 67）第 30b 条的规定，处于监视之下的嫌疑人；

（c）那些尚未清算的破产者；或者

（d）非新加坡国籍的人员；

（e）都不得参与投票活动。

（1A）非新加坡国籍的外国人，在选举期间亦即选举令公布之后至投票开始之前的时间段内，不能在选区内选民中间从事，印刷出版或展示，或者允许印刷或展示选举广告的行为。

［10/2010］

（2）任何人没有候选人或其选举代理人的授权，不得从事与选举相关的活动，书面授权必须按照第一附表中表 22 及表 23 规定进行，这种授权只能在提名日当天或者之后进行。

（3）每一个候选人或者选举代理人，都应按照第（2）款规定向选举监察主官提交其授权他人的材料的复印件，选举监察主官会转发给警察理事或委员。

（4）如果警察委员认为，获得授权的人员是按照刑法第 30b 条的规定正在接受监视人员的话，候选人或其代理人收到警察委员的要求后，应立即撤销对其授权，并将书面授权材料转寄给选举监察主官。

（5）任何人，如果违反本部分的规定，应被视为违法违规；并将受到不超过新币 2000 元的罚款，或者期限不超过 12 个月的监禁，或者二者并罚。

［10/2010］

（6）任何候选人或选举代理人，如果知道或者有理由认为授权人员是小学生或者中学生，或者正在接受刑法第 30b 条规定的监视的话，就不应对其授权。

（7）按照 2010 年刑事诉讼法（2010 年第 15 法案）的规定，任何违反第（1）、（1A）及（2）款规定的行为都是可逮捕行为。

［10/2010］

（8）为了实现本条的目的，"选举活动"是指那些能够提高候选人表现或者帮助其赢得选举的活动，而不是拥有充分授权的工作人员从事的活动。

（9）本条中的任何内容都不能禁止，由规定的人员、规定阶层的人员，对规定工作的执行，这些工作是由经过本条授权的人员严格按照服务协议执行的。

[10/2010]

84. 非法的集会

如果5人或者5人以上集会的目标是：

（a）打断或者妨碍选举会议的进行；

（b）或者在投票日集体行动，周密策划，对投票者、选民或者候选人进行恐吓、警告或打扰的，那么这个集会，按照刑法（Cap. 224）规定，就将被认定为非法集会。

85. 违规使用扩音器

（1）如果某人在大街或公共场所，或者临近公共场所的地方，使用扩音器或者其他演讲、声音或音乐播放工具，妨碍选举会议的进行，或者对参加会议的人员带来困扰的话，那么此人将被认定为违法。

（2）任何人违反第（1）款规定都将被视为违法违规，并将会被处以不超过新币1500元的罚款，或者期限不长于12个的监禁。

[10/2010]

（3）按照2010年刑事诉讼法（2010年第15法案）的规定，任何违反第（2）款规定的行为都是可逮捕的行为。

[10/2010]

违规、舞弊行为的理由

86. 由代理人提交免除对候选人违规行为的处罚的报告

按照本法规定，在完成对第90条规定的选举进行情况的听证以后，选举法官如果认为选举中的候选人，由于其选举代理人在选举中存在拉拢、不恰当施加影响或者其他违法行为，而一同有罪的话，选举法官应进一步提交报告，在提供给公诉人参与听证的机会之后，候选人需要向法庭证明：

（a）候选人或其选举代理人在选举中不存在舞弊或违法行为，报告中的违法行为是有违于其命令的行为，没有经过候选人或其选举代理人的批准；

（b）候选人及其选举代理人已经采取了所有必要合理的措施，防止选举中舞弊和违法行为的发生；

（c）报告中提到的违法行为，都属于细微、琐碎的行为；

（d）选举中候选人及其代理人其他的所有行为，都不存在舞弊或违法。

这样的话，候选人参加的选举，尽管存在报告中的弊端，仍属有效；并且，按照本法规定，相关候选人的其他权利都不应受到限制。

[42/2005]

87. 选举法庭的权力

（1）在听证结束以后，如果选举法官或者高级法院的法官，认为提交的相关证据是充分的——

（a）选举中候选人及其选举代理人、其他代理人的任何作为和不作为，是由于被支付给一定数量的钱款，或者超过本法允许的最高限额，抑或者违背本法收授钱款、作出承诺，雇用或签订合约，或者违反本法的其他规定等，在本部分中都被视为违法行为；

（b）如果他们的作为或不作为，是由于疏忽或者意外或者其他合理的原因，比如自然原因等，不是出自他们的主观意愿。

在这种情况之下，在给予候选人、选举监察主官或者其他选区内选民听证的机会后，法官认为受到质疑的候选人、选举代理人以及其他代理人等，不应该接受本法规定的相关后果的惩罚，那么法官可以作出裁定，允许此次作为或不作为是本法规定的例外。在本法中，规定此种作为和不作为都是违法行为。

（2）按照第（1）款的规定，在法官作出裁定以后，候选人、代理人或其他人可以免除，本法对在下面部分提到的作为或不作为而规定的处罚。

[16/1993]

88. 关于选举费用返还及声明的违规，可以被认定为合法的理由情形

（1）如果选举中候选人没有按规定提交选举费用返还申请及声明，或者提交的文件中包含错误或虚假声明，那么——

（a）如果这个候选人向选举法官或高级法庭法官提出申请，并证明选举费用返还申请和声明文件未能成功寄送，以及声明中出现的错误，是由于他的疾病，或者由于第62（6）款授权的选举代理人或者主选举代理人或者其他工作人员的缺席、疾病、死亡以及不当行为，或者是由于自然原因，而非申请人主观意愿造成；

（b）如果此候选人选举代理人，或者团体候选人的主选举代理人，或者由第62（6）款授权的副代理人，向选举法官或高级法院法官申请，并能证明选举费用返还申请及声明文件未能按规定寄送，以及声明文件中出现的错误，是由于他的疾病原因，或者由于候选人之前的选举人的死亡、疾病或不当行为引起；或者是由工作人员的缺席、死亡、不当行为造成；或者是由于疏忽或者其他合理原因，诸如自然原因等；而非出于申请人的主官意愿，在收到相关的申请后，法官认为申请中提及的诸多原因，以及申请人的主观意愿等原因是合理的，在给予候选人、选举监察主官以及选区内其他选民听证的机会后，可以作出裁定，认定申请人对相关文件寄送失败或者文件中包含错误信息的原因的解释是合理的，如果在他看来这些理由是合理的话。

[16/1993；10/2010]

（2）如果在法官看来，任何人，如果正在担任或者之前担任选举代理人或者主选举代理人，但是未能或者拒绝寄送选举费用返还申请或者提供明细清单，却又可以使选举人及其代理人或者团体代理人的主选举人及主选举代理人，或者按照第62（6）款的规定授权的副代理人，在选举费用

的返还申请及声明提交上遵守本法的相关规定,那么法官应:

(a) 对选举代理人之前推迟或者拒绝寄送相关材料的理由裁定为合理理由之前;

(b) 除非此选举代理人出席听证会或者证明其寄送失败的理由并非相反,应命令其重新寄送选举花费明细和声明,或者要求其寄送时将细节的声明包含在费用返还的申请里,如果在法官看来合适的话;或者要求其将相关材料在规定时间、以规定的方式寄给法官指定的人;或者可以要求其根据细节检查自己,如果不遵守此项规定的话,他将被认定为违法违规。

[10/2010]

(3) 为了更好地实现本法案的目标和宗旨,法官可以依据其判断,命令此选举代理人提交修改版的选举花费明细和细节声明,或者命令延期提交,或者其他他认为合适的条件,在选举代理人满足这些条件后,他拒绝或失败寄送材料的理由将被认为是合理的。

(4) 一项认定其理由合理的裁定,将会使申请者免受本法规定的相关惩罚。

(5) 如果候选人能够向法官证明,其选举代理人或者主选举人在寄送选举花费返还申请及细节声明时的作为与不作为,都为经过其许可,并且选举人已经采取了所有合理的措施来阻止此类作为与不作为的再次发生,那么法官应免除候选人因其选举代理人或主选举人违规而应受到的连带惩罚。

[10/2010]

(6) 法官颁布命令的日期,如果申请人能在此日期遵守全部的条件,那么按照本法案的规定,这日期将被视为其理由被认定合理的日期。

选举撤销的理由

89. 由候选人定罪带来的选举无效

候选人当选议员,他的议员选举将因其存在舞弊或违法行为而无效。

90. 由于特定原因申请而引起的选举无效

如果有人向选举法官提交申请,并且这些申请是基于以下的理由,那么某位候选人竞选议员的选举将被认定是无效的:

(a) 利用贿赂、讨好、恐吓或者其他不端行为或者利用其他方式,不管其方式同上述列举的方式是否相似,大多数投票者可能或者已经被阻止投票给此候选人或团体候选人;

(b) 违反本法关于选举的相关规定,以及选举并未按照本法规定的主要原则进行,并且这种违反已经影响到了选举结果;

(c) 由候选人本身,或者经候选人同意或授权,或者由候选人的选举代理人,所从事的舞弊行为及违法行为;

(d) 候选人私自任命某人为其选举代理人,或作为代理人或游说者,并且已经知悉此人在之前的 7 年内,曾被地区法院或选举法官判决有与选举相关的罪名;

(e) 候选人在被选为议员时并不具有选举资格。

[10/1988;42/2005]

91. 关于选举资格的诉讼

(1) 人们可以在高级法院对那些宣称自己有资格竞选议员的人发起诉讼,理由是按照本部分规定其不具备当选资格。

(2) 第(1)款因选举资格引发的诉讼,在候选人最后一次出现在公开场合的日期的半年以后,这样的诉讼将不得被发起。

(3) 按照本部分的规定提起的诉讼中,如果辩护者已经成为议员,但其实际上并没有资格当选,那么高级法院将有如下权力:

(a) 作出声明或者宣布辩护者已经经过的任期将被清空;

(b) 颁布禁令,禁止辩护者继续行使议员权利;

(c) 作出与诉讼成本相匹配的命令。

(4) 按照本章规定提起的诉讼中,如果确实证明辩护者作为议员但其不具备资格,那么高级法院将有权对此影响发表声明,或者宣布辩护者剩余的任期将被清空,并且将会被施以禁令防止其从事类似行为。

(5)按照本法提起的诉讼,除非由本选举分区内的选民按照本法规定提出,其他任何人都不得提出,同时被控诉之人应已当选为议员。

(6)为了实现本章的目的,下述之人将被视为不具备当选议员的资格:

(a)如果他不合格,或者不具备资格当选为议员或者成为议员职位的持有者;

(b)如果是出于辞职,或者未能参加议会会议或者由于其他原因,他的职位空缺,并且他已经停止作为当选议员,已无法继续持有议员职位。

("Parliamentary Elections Act: Parts of the current official Parliamentary Elections Law in Singapore related to political party", access through Singapore Attorney General Chambers. http://statutes.agc.gov.sg/aol/search/display/view.w3p;page = 0;query = CompId%3A9139bd4b - 3e42 - 4d7e - a063 - 0f8dd3b1bfed;rec = 0;resUrl = http%3A%2F%2Fstatutes.agc.gov.sg%2Faol%2Fbrowse%2FtitleResults.w3p%3Bletter%3DP%3Btype%3DactsAll.)

(郑志芳、朱伟婧、张帅 译)

政治捐赠法

(第236章)

(原初法令:2000年20号法)

2001年修正版

(2001年12月31日)

旨在规范议会选举或总统选举中捐赠给政党和政治团体及候选人及选举代理人的捐赠,以禁止外国捐赠和限制匿名捐款及其他有关活动的法。

[2001年2月15日]

第一编 导 言

1. 简称

(1) 此法称为"政治捐赠法"。

2. 解释

(1) 在本法中,除文中另有所指外

"匿名捐赠"是指捐赠收件人(无论是由于匿名捐赠,还是由于欺骗或隐瞒的原因)无法确定给予捐赠的人的身份;

"遗产"包括所有形式的遗嘱;

"候选人"是指在选举或总统选举中被提名为候选人的任何人,包括在发布选举或总统选举之日及其后,视情况不同,自己或由他人宣布寻求提名为候选人的任何人(不论是否是政治组织的成员);

"捐赠报告"是指按第12、18、19或21条的要求编制的报告；

"选举"与议会选举法（第218章）中所指选举含义相同；

"选举代理人"，对候选人而言，是指根据代理议会选举法案第62（1）款和总统选举法（Cap. 240A）第43（1）款被任命为他的竞选代理人的人。

"礼物"包括遗赠；

"市场价值"，指任何财产，在公开市场销售中获取该物预计要付出的合理价格；

"提名日"指视情况不同，选举或总统选举中的提名日；

"组织"包括任何法人团体（由成文法律设立的机构除外）、个人或其他非法人组织的任意组合；

"获许的捐赠者"指

（a）不小于21岁的任何新加坡公民；

（b）新加坡控制的业务完全或主要在新加坡进行的公司；

（c）候选人在选举中代表的任何政党；

"政治团体"指

（a）将促进、促成其支持的一个或多个候选人选举进入议会或总统办公室的作为其目标或活动之一的政党或政治组织；

（b）本法所指，目标或活动完全或大体上与新加坡政治相关，并由部长宣布，公报刊登的决议宣布为政治协会的组织（不是任何组织的分支）；

"总统选举"是总统选举法（Cap. 240A）中所指的选举；

"主要选举代理人"与总统选举法案中所指相同；

"财产"包括所有种类的财产，相应的提供财产包括提供货物；

"留底捐赠"，适用任何捐赠报告，指依本法规定捐赠必须记录在该报告中；

"登记官"是指根据第7条委任的政治捐赠登记官，包括根据该条任命的任何助理登记官；

"报告期间"是指根据本法要求，准备捐赠报告的期间；

"负责人员",涉及政治团体的,指

(a)该政治团体是法人团体时,分别担任主席、常务理事、公司秘书,或与其类似的任何位置的人;

(b)该政治团体是非法人团体时,分别担任团体委员会主席、秘书、会计,或与其类似的任何位置的人,包括(a)或(b)项中所述职位空缺时履行该等职位的职责的任何人;

"新加坡控制的公司"是指在新加坡注册成立的公司,其董事和成员多数是新加坡公民;或其任一成员是在新加坡注册成立的,董事和成员大部分是新加坡公民的公司;或其任一成员公司也有一个成员公司等依此类推,而这些成员公司在新加坡注册成立的公司,其董事和成员是新加坡公民;

"令状"是指根据议会选举法(Cap.218)第24条公布选举或根据总统选举法(Cap.240A)第6条公布总统选举的令状。

[19/2001]

(2)就本法而言,如某公司的此时只有两名董事或两名成员,尽管"新加坡控制的公司"第(1)款的定义,该公司仍然应被视为作为新加坡控制的公司,如果

(a)公司其中一名董事是新加坡公民;

(b)公司其中一名成员,是新加坡公民或新加坡控制的公司。

(3)就本法而言

(a)以低于金钱的价值或财产的市场价值的方式转移给一个候选人的任何金钱或其他财产应被视为向候选人、选举代理人或政治团体赠送礼物;

(b)给予或转让给政治团体的支部,由于诸如其职权给予或转让政治团体的高级职员、会员或代理人的任何物品(不是为他的政治活动,或个人私用或利益)应被视为给予或转让政治团体,相应的,政治团体接收的捐赠包括以上述方式接收的捐赠;以及

(c)本法提及的给予或转让任何物品给(i)一位候选人及其代理人;

（ii）一个政治团体，包括通过第三人直接或间接的给予和转让的物品。

（4）就本法而言，当登记官实际收到任何公文或款项时才能据本法规定视为送达。

（5）就本法而言，候选人、选举代理人或政治团体，由其职权通过受托人方式接受任何捐赠应视为候选人、选举代理人或协会从未获许捐赠者处接受捐赠。

（6）在本法案中，"由于候选人的选举目的"是指着眼于推动或促成候选人在选举或总统选举的当选，或与之相关，包括在选举或总统选举中损害另一候选人的选举前景。

3. 捐赠的含义

（1）在本法案中，除非文意另有所指，"捐赠"，对选举或总统选举中的候选人来说，是指

（a）送给候选人或其选举代理人的所有礼物、金钱或其他财产；

（b）候选人或其选举代理人或其选举代理人授权的人直接或间接支付所需费用的所有金钱（任何其他成文法律允许由候选人支付的除外）；

（c）借给候选人或其选举代理人的所有金钱，依照按商务形式所借的除外；

（d）除商务形式以外提供给候选人或其选举代理人的任何财产、服务或设施（包括所有人的服务）；

（e）涉及候选人的，为了候选人当选而给出、花费或借出（包括成为候选人之前及之后）的任何赞助。

（2）在该法中，除非文意另有所指，"捐赠"，对政治团体来说，是指——

（a）送给政治团体的所有金钱或其他财产性的礼物；

（b）政治团体直接或间接支付所需费用的所有金钱（政治团体或个人代他人支付的除外）；

（c）借给政治团体的所有金钱，依照按商务形式所借的除外；

（d）除商务形式以外提供给候选人或其选举代理人的任何财产、服务

或供政治团体使用或收益的设施（包括所有人的服务）；

（e）提供给政治团体的各种赞助；或者

（f）出于和政治团体的隶属关系或者会员关系而提供的所有会费、无偿支付。

4. 排除在外的捐款

（1）尽管有第3条规定，以下不得被视为捐赠：

（a）通过广播员对一个政党的政治节目的免费的合法传输；

（b）根据任何成文法律提供给候选人的免邮费的选举通信；

（c）个人自愿和无偿提供（即使属于他的正常工作的过程）的自身的服务；

（d）候选人或其选举代理人或政治团体根据第9（2）或15（2）款任处理的所有捐赠自然衍生的归于候选人、选举代理人或政治团体的利息。

（2）对候选人来说，以下也应不被视为捐赠：

（a）公共财政支出的确保候选人的人身安全的所有金钱、其他财产、服务和设施；

（b）候选人是总统或总理、部长、议会秘书或国会议员时，由于其职权而付给的所有薪酬和津贴。

（3）在第（1）款中，"广播员"是指得到新加坡广播管理局法（Cap. 297）授权提供广播服务的人。

5. 捐赠的价值

（1）作为礼物给予一个候选人、选举代理人或政治团体的任何捐赠的价值是指有关财产的市场价值。

（2）以低于金钱的价值或财产的市场价值方式，转移给一个候选人、选举代理人或政治团体的所有金钱或财产的捐赠，该捐赠的价值应根据下面两个金额的差异——

（a）有关金钱的价值或财产的市场价值；

（b）候选人、选举代理人或政治团体或其代表付出的代价。

(3) 捐赠的价值,指——

(a) 借给一个候选人、选举代理人或政治社团的所有金钱,由商务形式而供出的除外;或

(b) 除商务形式以外,提供的所有财产、服务或设施(包括所有人的服务),而下面二者间差异量确定

(i)(如果有)候选人、选举代理人或政治团体的实际成本;

(ii) 经由商务形式进行贷款、提供财产、服务或设备给候选人、选举代理人或政治团体需要付出的成本。

(4) 捐赠的价值,是提供给候选人或政治团体的所有赞助,应根据有关赞助赋予候选人或协会的利益的货币形式的价值来计算;而不考虑赞助给赞助者带来的类似利益的货币价值。

(5) 第(3)或(4)款提及的捐赠在相关的整个或部分报告期间内,赋予候选人、选举代理人、政治团体的持久效益,应本法要求对该效益的记录应与和捐赠报告相关的全部或部分报告期间内捐赠产生的利益的总值相等。

(6) 在第(5)款中,"相关报告期间"是指——

(a) 本法要求准备捐赠报告的任何期间;

(b) 2个及以上这样的期间。

6. 通则:捐赠的验收,票据

(1) 根据本法规定,捐赠

(a) 被候选人或其选举代理人接受了,如果出于候选人当选的目的,候选人、其选举代理人接收、保留了捐赠;

(b) 被政治团体接受了,如果政治团体出于使用和收益的目的接收、保留了捐赠。

(2) 根据本法规定,通过向候选人、选举代理人、政治团体持有的金融机构账户支付金额给予候选人、选举代理人、政治团体的捐赠,在候选人、选举代理人或政治团体被通知该捐赠已以通常的方式存入账户时,候选人、选举代理人或政治团体应被视为接受捐赠。

7. 政治捐赠登记官等

（1）部长可根据本法规定通过公报刊登的通知，委任一名公职人员，为政治捐赠登记官，必要时任命一定数目助理政治捐赠登记官。

（2）助理政治捐赠登记官可听受登记官的一般或特殊指令，行使登记官依据该法拥有的所用权力，履行所要求的职责。

8. 唯准一次的捐赠

（1）根据该法案的规定，任一个政治团体不得接受它收到的任何捐赠，如果这捐赠是——

（a）非获许捐赠者在政治团体接受捐赠期间提供的捐赠；

（b）政治协会无法提供（无论是因为提供匿名捐赠或任何欺骗或隐瞒的原因）其身份的捐赠人的捐赠。

（2）本条不禁止政治团体任一财政年度期间接受不超过新币 5000 元其他规定金额的匿名捐款。

（3）关于遗赠形式的捐赠，第 8 条第（1）款（a）项中应被理解为是指这样的个人，即死亡时不小于 21 岁的新加坡公民。

9. 捐赠的返还

（1）政治团体接收到捐赠，但没有当即决定该协会是否（无论何种原因）拒绝捐赠，政治团体或其代表应毫不迟延地采取一切合理步骤验证，如果至今尚不明晰，确定

（a）捐赠者的身份；

（b）他是否是被允许的捐赠者；

（c）如果他或它是一个获许的捐赠者，所有应记录捐赠附表要求的捐赠者相关信息都应完备。

（2）尽管有第 6 条的规定，如果一个政治团体收到任何第 8 款禁止接受的捐赠，或该团体已经决定无论何种任何理由拒绝，那么——

（a）在为匿名捐款时，第 10（1）款的要求必须与有关整个捐款的规定一致；

(b) 任何其他情况下，在政治团体收到捐赠之日起 30 天内，必须返还捐赠，或必须支付同等价值数额给作出捐赠的人或代其行事的任何其他人。

(3) 根据本法规定，由政治团体接收的捐赠应视为已被政治团体接受，除非——

(a) 已在第（2）(a) 或（b）项限定的时间内采取，该款中所规定的行动，以适用的款为准；并且

(b) 所作记录包括收到捐赠，和

(i) 第（2）(a) 项所指捐赠所要求的有关步骤正在进行；或

(ii) 返还第（2）(b) 项中指的捐赠或等价物。

10. 捐赠者无法确认的捐赠的返还

(1) 本法规定，任何提供给政治团体的匿名捐赠，第 8 条禁止政治团体接受（无论是全部或部分）的捐赠，必须遵守下列要求：

(a) 如果捐赠是由个人（捐赠者除外）转交的，且该个人的身份是明确的，全部捐赠必须退还该人；

(b) 如果（a）项不适用，但很明显捐赠者使用了可确认的金融机构提供的设施，全部捐赠必须返还到该金融机构；

(c) 在其他情况下，全部捐款必须送交登记官。

(2) 依据第（1）款（c）项交付登记处的任何金额应拨入综合基金。

11. 非获许捐赠的没收

(1) 凡依据第 8 条禁止政治团体接受的任何捐赠，已经作出并被政治团体接受，地方法院可应公共检察官申请下令没收政治团体同等捐赠价值的数额。

(2) 凡根据第（1）款，应公共检察官申请，区域法院作出没收命令或拒绝没收申请，有关政治团体或公共检察官，可在作出没收命令或拒绝没收申请之日起 30 天内，向高等法院提出上诉。

(3) 根据第（2）款提出的上诉，必须重审；高等法院经过听取上诉

可以作出它认为适当的命令。

（4）根据本条进行的法律程序中的证据标准应适用民事法律程序。

（5）无论是否因对有与捐赠相关罪行的任何人提起诉讼，可根据本条作出命令。

（6）任何根据本条没收的任何金额须拨入综合基金。

（7）根据第（2）款、第（6）款提出的上诉，并作出判决或以其他方式处置之前，不得生效。

（8）当一个政治团体不是法人团体时——

（a）根据本条对政治团体提起的或由政治团体提起的诉讼程序应以其自身（而不是其任何成员）名义进行；

（b）根据此类诉讼程序，只要政治团体是法人团体应适用与文件服务有关的所有法院规则；

（c）根据本条没收的任何金额须由支付政治团体的资金支付。

（9）地方法院根据第（1）款命令没收的任何款项，或存在上诉时，高等法院根据第（3）款命令没收的款项，没有如没收命令付清，区域法院或高等法院，可应公共检察官申请，发出手令，对属于该政治团体的任何财产没收不足的金额。

（10）此手令以与根据2010年刑事诉讼法第319（1）（b）（iii）项进行罚款征收的手令相同的方式执行。

（11）凡根据第（9）款发布手令收回的金额超过应该没收金额的部分应退还有关政治团体。

第二编　政治团体捐赠的报告

12. 年度捐赠报告

（1）本法规定，任何政治团体的负责人员，应在团体每个财政年度结束后的31天内，应本款要求准备和送至登记官处包括第（2）和（3）款中所指的所有应记录捐赠的捐赠报告，所有应记录捐赠附表要求的捐赠者相关信息都应完备。

（2）根据本款要求，来自获许捐赠者的，政治团体在其财政年度收到的所有捐赠及政治团体接受的所有捐赠都必须记录在当年的捐赠报告当中。

（a）如果任一捐赠是不低于新币 10000 元或其他规定金额的单一捐款；或者

（b）是被添加到同一获许捐赠者的其他捐赠中，捐款总额不低于新币 10000 元或其他规定金额的捐赠。

（3）若政治团体于任一财政年度没有收到任何捐赠，依据本款规定，也应必须被记录在该财政年度的捐赠报告中，报告应包含一个对那种状况的声明。

（4）政治团体的所有捐赠报告应以符合本款规定的形式并由政治团体的所有负责人员签名。

13. 提交随附声明

据第 12 条要求，向登记官送交的所有捐赠报告应附有一份规定形式的政治团体负责人的声明，以他们的学识和信仰声明——

（a）捐赠报告中记录的被政治团体接受的所有捐款都来自于获许的捐赠者；

（b）捐赠报告涉及的财政年度内，

（i）政治团体没有接受，按本条规定应记录而在捐赠报告中没有记载的其他捐赠；

（ii）政治团体没有接受超出第 8（2）款规定的数额的匿名捐赠；

（iii）政治团体没有接受除获许捐赠者之外，其他任何个人或机构的捐赠。

第三编　给予候选人的捐款

一、对捐款的限制

14. 禁止非获许捐赠者捐赠

（1）根据本法规定，任何候选人及其选举代理人不得接受他收到的任何捐赠，如果——

（a）是非获许捐赠者在候选人或其选举代理人接收期间内提供的捐赠；或

（b）（无论是因为匿名捐赠或欺骗和隐瞒的原因）候选人或其选举代理人无法确定提供捐赠人的身份。

（2）本款规定不禁止候选人及其选举代理人在选举当中，或候选人及其主要选举代理人在总统大选中在相应期间接受不超过新币5000元或其他规定金额的匿名捐款。

（3）第（1）（a）项中所指遗赠形式的捐赠，应被理解为是指这样的个人，即死亡时不小于21岁的新加坡公民。

（4）在本款中，"有关期间"对候选人及其选举代理人或主要选举代理人而言，指——

（a）在2001年2月15日令状发出的12个月内，根据第19条，有关期间始于那个日期，止于应第19条要求候选人声明被送至登记官处的最近日期；

（b）在其他情况下，有关期间始于候选人据第18条要求在选举或总统选举提名前发布声明之日前12个月，止于根据第19条要求，选举或总统选举后候选人声明应被送至登记官处的最近日期。

15. 捐赠的返还

（1）候选人或其选举代理人接收到捐赠，但没有当即决定该协会是否（无论何种原因）拒绝捐赠，政治团体或其代表应毫不迟延地采取一切合理步骤验证，如果至今尚不明晰，确定

（a）捐赠者的身份；

（b）他是否是被允许的捐赠者；

（c）如果他或它是一个获许的捐赠者，所有应记录捐赠附表要求的捐赠者相关信息都应完备。

（2）尽管有第6条的规定，如果候选人或其选举代理人收到任何第14条禁止接受的捐赠，或候选人或其选举代理人已经决定无论何种任何理由拒绝，那么——

（a）在为匿名捐款时，第16（1）款的要求必须与有关整个捐款的规定一致；

（b）任何其他情况下，在候选人或其选举代理人收到捐赠之日起30天内，必须返还捐赠，或必须支付同等价值数额给作出捐赠的人或代其行事的任何其他人。

（3）根据本法规定，由候选人或其选举代理人接收的捐赠应视为已被接受，除非——

（a）已在第（2）（a）或（b）项限定的时间内采取，该款中所规定的行动，以适用的款为准；并且

（b）所作记录包括收到捐赠，和

（i）第（2）（a）项所指捐赠所要求的有关步骤正在进行；或

（ii）返还第（2）（b）项中指的捐赠或等价物。

16. 捐赠者无法确认的捐赠的返还

（1）本法规定，任何提供给候选人或其选举代理人的匿名捐赠，第14条禁止其接受（无论是全部或部分）的捐赠，必须遵守下列要求：

（a）如果捐赠是由个人（捐赠者除外）转交的，且该个人的身份是明确的，全部捐赠必须退还该人；

（b）如果（a）项不适用，但很明显捐赠者使用了可确认的金融机构提供的设施，全部捐赠必须返还到该金融机构；

（c）在其他情况下，全部捐款必须送交登记官。

（2）依据第（1）款（c）项交付登记处的任何金额应拨入综合基金。

17. 非获许捐赠的没收

（1）凡依据第 14 条禁止候选人或其选举代理人接受的任何捐赠，已经作出并被候选人或其选举代理人接受，地方法院可应公共检察官申请下令没收候选人或其选举代理人同等捐赠价值的数额。

（2）凡根据第（1）款，应公共检察官申请，区域法院作出没收命令或拒绝没收申请，候选人或其选举代理人或公共检察官，可在作出没收命令或拒绝没收申请之日起 30 天内，向高等法院提出上诉。

（3）根据第（2）款提出的上诉，必须重审；高等法院经过听取上诉可以作出它认为适当的命令。

（4）根据本条进行的法律程序中的证据标准应适用民事法律程序。

（5）无论是否因对有与捐赠相关罪行的任何人提起诉讼，可根据本条作出命令。

（6）任何根据本条没收的任何金额须拨入综合基金。

（7）根据第（2）款、第（6）款提出的上诉，并作出判决或以其他方式处置之前，不得生效。

（8）地方法院根据第（1）款命令没收的任何款项，或存在上诉时，高等法院根据第（3）款命令没收的款项，没有如没收命令付清，区域法院或高等法院，可应公共检察官申请，发出手令，对属于对应候选人或其选举代理人的任何财产没收不足的金额。

（9）此手令以与根据 2010 年刑事诉讼法第 319（1）（b）（iii）项进行罚款征收的手令相同的方式执行。

（10）凡根据第（8）款发布手令收回的金额超过应该没收金额的部分应退还相应的候选人或其选举代理人。

二、声明和捐赠报告

18. 关于提名日的政治捐赠证明

（1）任何选举或总统选举中的候选人或旨在成为候选人的所有人应当在议会选举法（Cap. 218）第 25 条或总统选举法（Cap. 240A）第 7 条中所

指的令状公布后,及该选举或总统选举提名日至少 2 日前的任何时间,送至登记官处——

(a) 规定形式的包括第(2) 和(3) 款中所指的所有应记录的捐赠及所有应记录捐赠附表要求的捐赠者相关信息都应完备的捐赠报告;和

(b) 个人签署的规定的形式的声明,以个人的学识和信仰声明:

(i) 本人在相应期间内没有接受,除本款规定应记录在捐赠报告中的捐赠以外的其他捐赠;

(ii) 本人在相应期间内没有接受除获许捐赠者之外的任何人或机构的捐赠;

(iii) 本人在同样期间内没有接受匿名捐赠或没有接受任何超出第 14 (2) 款规定数额的匿名捐赠。

(2) 根据本款要求,来自获许捐赠者的,任何选举或总统选举中的候选人或旨在成为候选人的所有人在相应期间收到和接受的所有捐赠都必须记录在那个期间的捐赠报告当中——

(a) 如果任一捐赠是不低于新币 10000 元或其他规定金额的单一捐款;或者

(b) 是被添加到同一获许捐赠者的其他捐赠中,捐款总额不低于新币 10000 元或其他规定金额的捐赠。

(3) 若选举或总统选举中的候选人或旨在成为候选人的所有人于任一期间没有收到任何捐赠,依据本款规定,也应必须被记录在该期间的捐赠报告中,报告应包含一个对那种状况的声明。

(4) 收到符合第(1) 款的要求的捐赠报告和声明时,登记官须不得迟于选举或总统大选提名日前一天,向有关人士发出政治捐赠证书,说明该人遵守了第(1) 款规定。

(5) 根据第(4) 款发出的所有此类证书,根据任何成文法律的规定,应被视为是确凿的事实。

(6) 在本条中,"有关期间",对所有人而言都是指——

(a) 在 2001 年 2 月 15 日令状发出的 12 个月内,根据本款规定,有关

期间始于那个日期，止于该人据本款要求作出声明之日；或

（b）在其他情况下，是该人据本款要求作出声明之日（不包括当日）前的 12 个月。

19. 选举后的捐赠报告和声明

（1）议会选举法（Cap. 218）第 51 条所指选举中或总统选举法（Cap. 240A）第 34（1）款总统选举当中投票的声明公布之后 31 天内，该次选举或总统选举的候选人及其选举代理人，应送至登记官处——

（a）规定形式的包括第（2）和（3）款中所指的所有应记录的捐赠及所有应记录捐赠附表要求的捐赠者相关信息都应完备的捐赠报告；和

（b）第（4）款的规定声明，或第（5）款规定的其他声明（如适用）。

（2）根据本款要求，来自获许捐赠者的，候选人及其选举代理人在相应期间收到和接受的所有捐赠都必须记录在那个期间的捐赠报告当中——

（a）如果任一捐赠是不低于新币 10000 元或其他规定金额的单一捐款，或者

（b）是被添加到同一获许捐赠者的其他捐赠中，捐款总额不低于新币 10000 元或其他规定金额的捐赠。

（3）若候选人及其选举代理人于任一期间没有收到任何捐赠，依据本款规定，也应必须被记录在该期间的捐赠报告中，报告应包含一个对那种状况的声明。

（4）据本条要求，选举中的候选人或总统选举中的候选人及其主要选举代理人应同时提交规定形式的声明，以他们的学识和信仰声明——

（a）捐赠报告中记录的被候选人及选举代理人接受的所有捐赠都来于获许的捐赠者；

（b）候选人及选举代理人在相应期间内没有接受，除本款规定应记录在捐赠报告中的捐赠以外的其他捐赠；

（c）候选人及选举代理人在同样期间内没有接受匿名捐赠或没有接受任何超出第 14（2）款规定数额的匿名捐赠。

（d）候选人及选举代理人在相应期间内没有接收或接受除获许捐赠者之外的任何人或机构的捐赠；

（5）根据本条规定，任何所有选举中候选人的选举代理人必须作出规定形式的声明，以他们的知识和信念声明——

（a）捐赠报告中记录的由选举代理人接受的所有捐赠都来自于获许的捐赠者；

（b）选举代理人在相应期间内没有接受，除本款规定应记录在捐赠报告中的捐赠以外的其他捐赠；

（c）选举代理人在同样期间内没有接受匿名捐赠或没有接受除获许捐赠者之外的任何人或机构的捐赠；

还应附有捐赠报告和候选人及主要选举代理人的声明。

在本条中，"有关期间"，对任何候选人或选举代理人而言，始于候选人根据第18（1）（b）项作出声明之日，止于根据本条要求候选人声明应送至登记官处的最近日期。

第四编　对特定捐赠者的限制

20. 代他人捐赠

（1）本条规定，任何人（本条所指的主要捐助者）将通过捐赠的方式使一定金额（本条所指的主要捐赠）为候选人或其选举代理人接受——

（a）无论代表自己和一个或多个其他人；或

（b）代表一个或多个其他人，第（a）或（b）项提到每个人的每份捐赠应被视为该人的独立捐赠。

（2）所有类似的独立捐赠的主要捐赠者必须确保，候选人、选举代理人、政治团体接收捐赠时，主要捐赠者已经给予候选人、选举代理人、政治团体第（1）款视为捐赠者的所有人的应记录捐赠附表所要求的相应捐赠者的详细信息。

（3）任何人（本条中所指的代理）代表另一人（本条中所指的捐赠

者)通过捐赠使候选人、选举代理人、政治团体接收一定的金额,必须确保,给予接收捐赠的候选人、选举代理人或政治团体应记录捐赠附表所要求的相应捐赠者的详细信息。

任何人无合理原因的情况下,没有遵守第(2)或(3)款要求,即属犯罪,一经定罪,可处不超过新币2000元罚款。

21. 对政治团体联合小额捐款的报告

(1)本条适用于任何人(本条所指捐赠者),在历年之内向政治团体进行总价值不低于新币10000元或其他规定金额的捐赠的情形。

[19/2001]

(2)捐献者必须以规定的形式对小额捐赠向登记官报告,使捐赠报告应给出以下详情:

(a)本年中给出的捐赠的总价值;

(b)接收他们捐赠的政治团体的名称;

(c)相应捐赠者的命名、地址、捐赠者和应记录捐赠附表中规定须给出的捐助者的其他记录,无论这些小额捐赠是否包含在第12条所指相关政治团体的捐赠报告中。

(3)第(2)款要求的所有捐赠报告都应在不迟于作出捐赠的下一年的1月31日送达登记官处。

(4)第(2)款要求的任何捐赠报告应附有规定形式的捐赠者声明,声明:

(a)捐赠报告中记录的小额捐赠的总额,是由本文在特定年份给予特定政治团体的;

(b)没有在同一年给予政治团体其他任何小额捐款。

第五编 罪 行

22. 与捐赠报告相关的罪行

(1)第12(1)款、第13条或第19(1)款要求的任何的捐赠报告没有在适用条末款限定的时间内送达登记官处，那么——

（a）符合第12（1）款或第13条对捐赠报告或声明的规定，相应政治团体的负责人员应视为犯罪，并根据判决分别处于不超过新币2000元的罚款，如是持续犯罪，对定罪后继续犯罪的每天或部分期间另处不超过新币500元的罚款；

（b）符合第19（1）款对捐赠报告或声明的规定，选举中的候选人或选举代理人及总统选举中的候选人或主要选举代理人应视为犯罪，并根据判决分别处以不超过新币2000元的罚款，如是持续犯罪，对定罪后继续犯罪的每天或部分期间另处不超过新币500元的罚款。

（2）根据第12或19条规定被送交登记官处的捐赠报告，不符合第12条或第19条对捐赠报告的相关规定，则——

（a）不符合第12条规定时，相关政治团体的负责人应被视为犯罪，可分别处以不超过新币2000元的罚款；

（b）不符合第19条规定时，候选人及其选举代理人或相关代理人，即属犯罪，可分别处以不超过新币2000元的罚款。

（3）任何人被触控犯第（1）或（2）款规定，有义务证明他已采取一切合理步骤，并已尽应尽努力，以确保——

（a）编写或送达相关捐赠报告；

（b）所有要求记录在捐赠报告中的信息，已经记录在相应捐赠报告中。

（4）凡经公共检察官申请，法院认可，任何没有遵守政治团体、候选人或选举代理人接收捐赠的规定，由特定目的隐藏捐赠或隐瞒真实捐赠金额，法院可下令没收等同捐赠价值的金额。

（5）经由适当的修正和对接，第11及17条适用于第（4）款。

（6）任何人违反第13条、18（1）（b）项或19（4）或（5）款规定作虚假声明，即被视为犯罪，并根据罪行处以不超过新币5000元的罚款或为期不超过6个月的监禁，如果第二次触犯或持续触犯，处以不超过新币20000元的罚款或为期不超过3年的监禁，或二者并罚。

（7）被控违反第（6）款规定的政治团体、候选人和选举代理人的相关责任官员，有义务证明他不知道或不应知道该声明是虚假的。

23．违反对捐赠的限制

（1）任何人——

（a）参与；或

（b）明知而采取行动以促进，有利于或可能有利于，通过隐瞒、造假或通过其他方式，使获许捐赠者以外的任何人或团体向候选人、选举代理人或政治团体捐赠的活动，即视为犯罪，可根据罪行处不超过新币3000元的罚款或为期不超过12个月的监禁，或两种并罚。

（2）任何人——

（a）明知捐赠者的身份或给予政治团体或候选人或选举代理人的捐赠的金额、或作出捐赠的人或机构的特定材料是虚假的，而将其给予政治团的相关人员、候选人或其选举代理人；或

（b）故意欺骗、向政治团体的相关人员、候选人或他的选举代理人隐瞒捐赠者的身份或给予政治团体或候选人或选举代理人的捐赠的金额、或作出捐赠的人或机构的，即属犯罪，应根据罪行处不超过新币3000元的罚款或为期不超过12个月的监禁，或两者并罚。

24．不报告的小额捐款

适用第21条的任何捐赠者——

（a）根据第21条规定提供的捐赠报告，不符合第（2）款；

（b）没有提供第21（3）款规定的捐赠报告，或他提供的捐赠报告没有附送第21（4）款要求的声明；

（c）明知或罔顾后果地作出虚假的第21（4）款所要求声明，应被视为犯罪，并根据罪行处以不超过新币2000元的罚款，对定罪后继续犯罪的每天或部分期间另处不超过新币500元的罚款。

25．企业犯罪和非法人团体

（1）本条规定的法人团体的罪行指，即被证明由于以下人的默许、纵

容，或以下人中任一环节的失职而实施的

（a）任何董事、经理、秘书或该机构其他类似人员；

（b）以上述身份行为的人；

此人及该法人团体，即被视为犯罪，应当被起诉，受到相应的处罚。

（2）法人团体的事务由其成员管理的，第（1）款适用于负有相关管理职责的成员的行为和违约行为，如果该成员是该法人团体的董事。

（3）对本法规定的已经实施的罪行对非法人团体提起的诉讼程序应以其自身（而不是其任何成员）名义进行，根据此类诉讼程序，只要该团体是法人团体应适用与文件服务有关的所有法院规则。

（4）根据本法规定非法团组织被定罪判处的罚款，应由该团体的资金支付。

（5）如果一个合伙人实施了本法规定的罪行，其他合伙人，也应被视为犯罪（能够证明自己不知道，或曾企图阻止该罪行的实施的合伙人除外），应当被起诉，并受到相应的处罚。

（6）任何实施了本法规定的罪行的其他非法人团体——

（a）规定职责的履行会促进犯罪的团体的每一个官员；

（b）如果没有这样的官员，委员会的所有成员，或其他类似的监管机构（能够证明自己不知情或曾企图阻止犯罪实施的成员除外），也应被视为犯罪，应当被起诉，并受到相应的处罚。

26. 可被拘捕的罪行

根据刑事诉讼法（Cap. 68）的，本部分规定的罪行都是可被拘捕的罪行。

27. 罪行的组成

（1）登记官可使用自由裁量权，对本法规定的可免于检控的罪行，如对一个人犯下的不超过新币500元的罪行的合理怀疑，免于检控。

对这种金额的一次支付，不能再以这一罪行对该人进行其他进一步的起诉程序。

28. 检察官同意

未经检察官同意,不得对本法规定的任何罪行提出检控。

29. 登记官的监管权力

(1) 登记官可发出通知要求任何政治团体的相关负责人,——

(a) 制作任何形式的涉及该政治团体收入和支出的账本、文件或登记官出于履行本法规定的登记官的职能的目的要求的其他记录,以供登记官或其授权的人检查;或

(b) 向登记官或由登记官授权的人,提供登记官可有要求的关于该政治团体的收入和支出的有关资料或说明,并在通知中指定的合理时间内完成。

(2) 登记官或由登记官授权的人,可以——

(a) 复制或记录根据第(1)(a)项规定的制作的所有簿册、文件或其他记录中所载的任何资料;

(b) 复制或记录根据第(1)(b)项规定提供的所有资料和说明。

(3) 登记官或登记官书面授权的人,为履行其职能,在任何合理的时间内进行政治团体拥有的场所,进入任何类似场所后可以——

(a) 查阅涉及该政治团体的收入和支出的任何簿册、文件或其他相关记录;

(b) 复制或记录所有类似簿册、文件或其他记录中所载的任何信息。

(4) 倘任何第(1)或(3)款提到了任何记录是以电子形式保存的,那么——

(a) 第(1)款规定登记官要求制作任何类似记录以供检查的权力,包括要求清晰的可供查阅的记录副本的权力 [第(2)(a)项应同样适用可供查阅的副本];

(b) 第(3)款所指任何人(本款所指的检查员)检查任何类似记录的权力,包括要求场所内任何人向检查员给予所有可能的协助,使他能够——

（i）检查，清晰地复制或记录其中包含的信息；

（ii）视察和确认任何一台计算机的操作，以及任何正在使用中与进行记录相关的设备或材料。

（5）无合理缘由没有遵守本条的任何规定的所有人都被视为有罪，并根据罪行处以不超过新币2000元的罚款。

（6）故意阻挠登记官或登记官授权的人履行第（3）款规定的他的职能的任何人都被视为有罪，并根据罪行处以不超过新币2000元的罚款。

（7）第（1）款所规定的权力也适用于候选人或选举代理人，仅能由登记官（或由登记官授权的人）行使的，为履行本法规定的登记官监督候选人及选举代理人遵守相关规定的职责，用来取得关于候选人及选举代理人的政治活动的收入和支出的相关资料或说明的权力。

30. 向登记官提供虚假或误导性信息

（1）如果任何人明知或罔顾实情地提供虚假或具误导性的特定的材料且提供，即属犯罪，

（a）依据本法，严格遵守的规定；或

（b）除（a）项提到的以外，提供信息的人知道或可能知道，它会被登记官使用以履行本法规定的登记官的职能。

（2）个人——

（a）更改，扣留，隐藏或销毁；或

（b）导致或允许，出于伪造候选人、选举代理人的财务或交易相关的文件和记录或使团体、个人逃避本法的规定的目的，而改变、抑制、隐瞒或销毁这些伪造文件或记录，即视为有罪。

任何人违反本条规定，即属有罪，应根据罪行处以不超过新币3000元的罚款，为期不超过12个月的监禁，或二者并罚。

30A. 地方法院的司法管辖权

尽管刑事诉讼法（Cap.68）有相反规定，根据本法区法院具有司法管辖权，应当审判触犯本法的任何罪行，有权根据罪行处以与罪对应的全

部刑罚或处罚。

[9/2003；自 2003 年 5 月 16 日起生效]

第六编　其他事项

31. 捐款登记官

处长应建立并维持对依据本法向其送达或报告的所有捐赠的记录。

32. 附表的规定及修正

（1）部长可根据本法规定的要求或为贯彻本法规定的一般要求制订规定。

（2）部长可不定期通过法规的形式修正附表。

33. 令状和相关选举费用不得制订规定

尽管有第 32 条的规定，令状已经发出时，不得作出任何规定以修改——

（a）第 8（2）或 14（2）款规定允许的政治团体、候选人及其选举代理人能够接受的匿名捐款的最高金额；

（b）第 12（2）或 19（2）（a）项规定的应记录的捐赠的最低金额，

议会选举法（Cap. 218）或第 74（1）款或总统选举中总统选举法（Cap. 240A）第 56（1）款规定的最后一日后，为了转交返还的与选举或总统大选相关的开支除外。

34. 对第 11 或 17 条有关没收令的补充规定

（1）以下规定可由法庭制订——

（a）根据第 11 或 17 条向法院提起的申请或上诉的规定；

（b）向受影响的人的申请或上诉进行通知的规定；

（c）按条文规定的，在任何法院都是按这些程序。

（2）第（1）款不得损害任何其他成文法授权的能够制定法庭规则的已有权力的完整性。

35. 例外

此法不适用于收到并接受捐赠是——

（a）由政治团体在 2001 年 2 月 15 日之前；或

（b）由候选人或选举代理人在 2001 年 2 月 15 日之前。

附　表

第 9（1）、12（1）、15（1）、18（1）、19（1）、21（2）及 22（2）和（3）款规定捐赠报告要列出的信息：

1. 捐赠者的身份

捐赠报告中每个应记录捐赠应包括捐赠者以下信息：

（a）捐赠为个人捐赠时，该报告必须给出他的全名、身份证号码和地址及他在作出捐赠时的住所；

（b）捐赠为遗赠时，该报告必须给出已逝捐赠者的全名、身份证号码及他死亡时的住所；

（c）捐赠为公司捐赠时，该报告必须给出——

（i）该公司的注册名称；

（ii）其注册的办公地址；

（iii）其注册金额。

2. 捐赠的价值

如果应记录的捐赠的金钱上捐赠（以现金或其他方式），捐赠报告必须给出捐赠金额，否则捐赠报告必须给出捐款的性质，根据第 5 条确定其价值的详细信息。

3. 在何种情况下捐款

对每个应记录的捐赠，捐赠报告必须——

（a）指出捐赠是给予政治团体或其任一支部，当捐赠是给予选举代理人时，给出选举代理人的名字；

（b）当是第 12（2）（a）或 19（2）（a）项所指捐赠时，给出候选人、选举代理人或政治团体收到捐赠的日期；

（c）当是在第 12（2）（b）或 19（2）（b）项所指捐赠时，给出候选人、选举代理人或政治团体接受那条规定的不低于新币 10000 元或其他规定的数额的捐赠的日期。

4．捐赠总额

任一人提供的所有应记录捐赠——

（a）代表自己和一个或多个其他人；

（b）代表一个或多个其他的人；

捐赠报告必须给捐赠的总价值以及依据 20（1）款被视为已经由每个该等人士独立捐赠的价值。

5．其他细节

捐赠报告必须给出第 32 条规定要求的其他类似资料。

立法历史

政治捐赠法

（第 236 章）

立法历史是为方便"政治献金法"的用户而提供的。它不是本法案的一部分。

1. 2000 年 20 号法——政治捐赠法 2000 年

首读日期：　　　　　2000 年 9 月 5 日

（比尔于 2000 年 5 月 10 日

出版的第 15/2000 版）

二、三读日期：　　　2000 年 5 月 22 日

生效日期：　　　　　2001 年 2 月 15 日

2. 2001 年 19 号法——议会选举（修正）法 2001 年

首读日期：　　　　　2001 年 3 月 16 日

（比尔于 2001 年 3 月 17 日

第一部分　宪法、全国性涉党法律

出版的第 20/2001 版）

二、三读日期：　　　　　2001 年 4 月 20 日

生效日期：　　　　　　　2001 年 5 月 15 日

3．2001 年修正版——政治捐赠法

修正日期：　　　　　　　2001 年 12 月 31 日

4．<u>2003 年号法——法规法（其他修正）2003 年</u>

首读日期：　　　　　　　2003 年 3 月 20 日

　　　　　　　　　　　　（比尔于 2003 年 5 月 16 日

　　　　　　　　　　　　出版的第 7/2003 版）

二、三读日期：　　　　　2003 年 4 月 24 日

生效日期：　　　　　　　2003 年 5 月 16 日

5．<u>2010 年 15 号法——刑事程序法典 2010 年</u>

首读日期：　　　　　　　2010 年 4 月 26 日

　　　　　　　　　　　　（比尔于 2010 年 4 月 26 日

　　　　　　　　　　　　出版的第 11/2010 版）

二、三读日期：　　　　　2010 年 5 月 19 日

生效日期：　　　　　　　2011 年 1 月 2 日

对比表
政治捐赠法
（第 236 章）

"政治捐赠法 2000 年"（2000 年 20 号法）中以下条文已经被法案修订专员于 2001 年修订版中重新编号。

对比表为方便用户而提供，不是"政治捐赠法"的 部分。

2001 年埃德	2000 年 20 号法
22—（1）	22—（1）
（2）	（2）
（3）	（3）

(4) 和 (5)	(4)
(6)	(5)
(7)	(6)
省略 36	36
省略 37	37

("*Political Donations Act*: *An Act to regulate donations to political parties and political associations and to candidates and election agents in a parliamentary election or presidential election so as to prohibit foreign donations and restrict anonymous donations thereto and for matters connected therewith*". http://statutes. agc. gov. sg/aol/search/display/view. w3p; page = 0; query = CompId% 3Aa1e8f50d − beab − 4f2d − ab57 − 05d80eca6d39; rec = 0; resUrl = http% 3A% 2F% 2Fstatutes. agc. gov. sg% 2Faol% 2Fbrowse% 2FtitleResults. w3p% 3Bletter% 3DP% 3Btype% 3DactsAll; whole = yes#P1II − .)

（徐启启、杨婷婷、程相国、董方源 译）

新加坡社团法

第一条 标 题

本法可以被称为社团法。

第二条 解 释

除非另有规定，在本法中：

"助理登记员"是指根据本法第三条指定的社团助理登记人员。

"高级职员"是指社团中的主席、秘书和其他委员会成员，而且还包括与委员会主席、秘书和其他成员具有类似职位的人员。

"办公场所"是指一个社团保存财务记录和账目的地点。

"政治性社团"包括由部长按照命令宣布其为一个政治性团体的任何社团；

"注册的社团"是指一个在本法案下注册过的或被认为注册过的社团；

"助理登记员"指本法案第三条中特定的社团的助理登记员；

"社团"包括任何俱乐部、公司、合伙企业或者10人或10人以上的协会，无论它们的本质或目的是什么。但是社团不包括：

（一）任何在目前已经在新加坡生效的与公司相关的成文法下登记的公司；

（二）任何根据成文法组成的公司或者协会；

（二a）任何根据2005年有限责任合伙法登记的有限责任合伙公司；

（三）任何在目前已经在新加坡生效的与商会有关的成文法下登记或者被要求登记的商会；

（四）任何根据成文法登记的类似合作社；

（五）任何根据在新加坡生效的与互益组织相关的成文法而登记的互益组织；

（六）任何成员不超过 20 人，以从事使公司、协会、合伙或者各自成员获益的合法经营为唯一目的而成立的公司、协会或者合伙公司；

（六 a）任何根据保险法第二 A 部分制定的外国人承保计划，在新加坡开展保险业务的作为外国承保人的阶层、社团或者协会；

（七）任何根据在新加坡生效的与学校有关的法律组成的学校或者学校管理委员会。

第三条　登记员与助理登记员的任命

部长认为必要时可以指定社团的登记员和助理登记员及其办公地点。

第四条　特定社团的登记和拒绝登记

一、根据本条规定，登记员应当根据附表中所列的特定社团（本法中称为特定社团）的登记申请，收取规定的登记费用，对社团进行登记。

二、如果存在下列情况之一的，登记员应当拒绝予以登记：

（一）该特定社团的规则章程不足以提供足够恰当的管理和控制；

（二）该特定社团可能被用于非法目的或者与新加坡的社会安宁、福利或者良好秩序相悖的目的；

（三）该特定社团的申请不符合本法或者其所规定条例的规定；

（四）该特定社团的登记与国家利益相违背；

（五）如果是政治性社团，而其章程没有规定只有新加坡公民才可以成为其会员，或者它加入了被登记员认为与新加坡国家利益相违背的境外的其他组织或者与该组织有密切联系。

三、在下列情况下，登记员可以拒绝登记申请：

（一）他已确知该特定社团是另一根据本法第 24 条或者其他与社团相关的先前成文法的规定而被解散或者曾被拒绝登记的社团的分支机构或者与其有密切联系。

（二）该特定社团的成员之间在谁担任管理人员、谁持有或者管理社团的财产等问题上存在争议。

（三）登记员认为，该特定社团所要登记的名称存在下列问题的：

该名称容易令公众对该特定社团的真正特征和目的发生误解，或者该名称与其他社团的名称过于相似，容易使公众或其他社团的成员发生误解；

与现在已经存在的社团的名称一样；

登记员认为不可取的名称。

四、对登记员根据本条作出的决定不服的，可以从决定作出之日起30天内向部长提出上诉，部长作出的决定是最终裁决。

五、登记员应该通过公报的形式，公布他认为合适的根据本条规定登记的所有特定社团的具体情况。

第四条 A　没有列入附表的社团登记

一、如果某一社团不属于特定社团，它可以根据本条规定进行登记。

二、根据本条规定提交登记申请，同时还要一起提交：

（一）根据本条进行登记的规定费用；

（二）社团制定的章程的复印件；

（三）以登记员所要求的格式就社团的目标、宗旨或者活动作出的说明的声明；

（四）登记员要求的其他文件或者需要准确完成的表格。

三、登记员应当以本条第二款的规定的社团申请为基础，无须作进一步的询问，就：

（一）在他接受申请的当天登记该社团；

（二）通知申请人他已经收到登记申请并对该社团进行了登记。

四、登记员应该通过公报的形式，公布他认为合适的根据本条规定登记的社团的具体情况。

五、当登记员认为任何根据本条规定登记的社团属于特定社团而不应该如此登记时，可以不受本条第三款第一项规定的限制：

（一）登记员应该要求该社团补交根据本法第四条和第四条A所规定的法定登记费用之间的差额；

（二）根据本款规定登记的社团应该被认为自其登记之日起就是根据第四条的规定登记的。

六、第五款规定的任何内容都不得被解释为是阻止部长根据本法第24条的规定行使其与本条规定涉及的社团有关的权力。

第五条 年度登记的公布

登记员应当在每年的4月1日之后尽快在公报上编排和公布所有已登记了的社团的名单列表。

第六条 社团的废止

一、登记员或者助理登记员有理由相信某一已登记的社团已不复存在，应当在公报上发布通知，要求该社团在通知发布之日起3个月内向他提交该社团还存在的证据。还应该以挂号信的方式将通知的复印件邮寄到该社团的办公地点。

二、若3个月期限已满，登记员确信某社团已不复存在，可以在公报上发布废止该社团的通知，在通知发布之日起，该社团被终止。

第七条 社团的自愿解散

一、任何已登记的社团依据其自身章程的规定准备自愿解散的，应当以书面形式告知登记员，而且应当自该社团解散之日起一周内，向登记员提交由该社团的主席、秘书和财务人员或者在社团中担任相似职位的人所签署的解散证明一份。

二、在登记员收到解散证明之后，认为该社团的解散符合其章程的，应当以公报的形式发布通知，公布该社团废止。

第八条 文件的查阅和经过证明的复制

依据本法第三款的规定，任何人在缴纳了规定费用之后，可以查阅登记员或者助理登记员掌握的已登记社团的任何文件，并且可以获得这些文件的复印件或者摘要。

这些文件的复印件或者摘要，经登记员或者助理登记员的签名和盖章被证明为真实的，在任何诉讼程序中都将被接纳为证据。

只有被登记员确认为是该社团成员，才被允许查阅该已登记社团的账目，或者获得这些账目的复印件或者摘要。

第九条 社团的分支机构

一、未经登记员的批准，任何已登记社团不得成立分支机构。

二、在下面的任一情况下，登记员可以拒绝批准已登记社团成立分支机构：

（一）在该社团的章程中没有规定成立分支机构的；

（二）该社团分支机构的章程表明该分支机构是一个太过独立而没有充分地置于该社团的控制之下的独立社团。

三、任何已登记社团未经登记员批准而成立的分支机构被视为非法社团。

四、对登记员依据本条作出的决定不服的，可以自决定作出之日起30天之内向部长提出上诉，部长作出的决定是最终裁决。

第十条 社团提供的信息和有责任提供社团信息的个人

一、登记员或者助理登记员可以以签署通知的方式随时命令任何已登记的社团向他提供所需要的与该社团相关的任何信息或者其他文件、账目或者记录。

二、依据本条第一款所规定的已登记的社团所承担的义务，对新加坡境内社团中的任何高级职员、管理或者协助管理社团的人都具有约束力。

三、如果某一已登记的社团没有遵循根据本条所发出的全部或者部分命令的，本条第二款中所涉及的有义务执行上述命令的每个人应当被认定为有罪，并处新币5000元以下的罚金，除非他能够向法院证明他已经尽到了勤勉正当的义务，但因为他自己所不能控制的因素而未能遵循命令。

四、如果依据本条所规定的命令而向登记员或者助理登记员所提供的信息的任何部分是虚假的、不准确的或者不完整的，提供信息的人应当被认定为有罪，并处新币 5000 元以下的罚金，除非他能够向法院证明他有足够的理由相信这些信息是真实的、正确的和完整的。

第十一条　社团名称、办公场所和章程的变更

没有经过登记员或者助理登记员的事先书面批准，任何已登记的社团不得：

（一）变更其名称或者办公场所；

（二）修改其章程。

已登记的社团违反了本条第一款规定的，该社团和社团中的所有高级职员应当被认定为有罪，并处新币 3000 元以下的罚金。

在本条中：

"修改"包括拟定新章程和废止旧章程；

"章程"包括社团成立、追求的或者其资金使用的目的；社团成员的资格条件和作为高级职员的资格条件；指定或者选举高级职员的办法；社团治理的规则以及对上述各事项进行修改的方式方法。

对登记员或者助理登记员所作出的拒绝批准某已登记社团变更其名称、办公场所，或者拒绝批准修改其章程不服的，可以自决定作出之日起 30 天之内向部长提出上诉，部长所作出的决定是最终裁决。

第十一条 A　登记员可以依据第四条 A 的规定命令已登记的社团变更其名称或修改其章程

一、若登记员认为依据第四条 A 的规定登记的社团的名称具有下列情况之一的，登记员可以通过签署通知的方式随时命令该社团在通知规定的时间内按他所认可的名称变更其名称：

（一）该名称容易导致公众对该社团的真实特征和目的发生误解，或者该名称与其他社团的名称过于近似，容易使公众和这两个社团的成员发生误认；

（二）该名称是不合适的或带有侵犯性的；

（三）与现已存在的其他社团的名称一样的；

（四）该名称容易让人认为其与政府部门或者其他公共机构有某种联系，或者与其他组织或者个人有某种联系，但事实上并不存在的。

二、登记员如果认为任何依据第四条 A 登记的社团的章程如果不加以修改，将与国家利益相违背，有害于新加坡的社会安宁、福利或者良好秩序的，登记员可以签发通知随时命令该社团在通知要求的时间内，以他要求的方式修改其章程。

三、依据第四条 A 登记的社团及其每一高级职员都应当遵守依据本条所签发的通知。

四、依据第四条 A 登记的社团若未能执行根据本条所签发的通知，该社团及其高级职员应当被认为有罪，并处新币 3000 元以下的罚金。

五、依据第四条 A 登记的社团中的高级职员，若依照本条第四款的规定被控告，他可以通过向法院证明他已经尽到了谨慎的义务并且证明未能执行通知是因为他所不能控制的原因所致来进行辩解。

六、在本条中，"修改"和"章程"的意思与第十一条第三款规定中的意思相同。

第十二条　不能担任社团高级职员的人员

一、以下人员不得担任社团及其分支机构的高级职员职位：

（一）曾作为某一社团的成员，因非法使用社团的资金而被认为有罪的；

（二）曾因第一项规定之外的其他犯罪行为，被部长以书面形式宣布为不适宜作为社团的高级职员的，但是事先得到部长的书面允许的不在此列；

二、违反本条规定的，应当被认为有罪，并处新币 3000 元以下的罚金或者 6 个月以下的监禁，或者两罚并处。

第十三条　标志旗帜等的使用

一、没有经过登记员或者助理登记员的书面同意，已登记的社团不得随意使用任何旗帜、标志、象征、徽章或者其他标识。

二、对登记员或者助理登记员所作出的拒绝使用某一旗帜、标志、象征、徽章或者其他标识的决定不服的，可以向部长提起上诉，部长所作出的决定是最终裁决。

三、在任何情况下，已登记的社团使用旗帜、标志、象征、徽章或者其他违反第一款的规定标识的，

（一）社团的高级职员

（二）负责管理或者协助管理社团的所有人员

应当被认定为有罪，处新币3000元以下的罚金或者6个月以下的监禁，或者两罚并处。

第十四条 非法社团

一、未经登记的任何社团都被认定为非法社团，但是被登记员认为符合下列情况的除外：

（一）完全是在新加坡境外组织的；并且

（二）不在新加坡从事任何活动的。

二、任何非法社团事务的管理者或者协助管理人都应当被认定为有罪，并处五年以下的监禁。

三、任何非法社团的成员，或者是参加了非法社团的会议的人，应当被认定为有罪，并处新币5000元以下的罚金或者3年以下的监禁，或者两罚并处。

四、任何违反了本条第三款规定的犯罪行为，依据刑事诉讼法应当被视为属于不可保释的犯罪行为和可扣押的案件。

第十五条 允许在自己的办公场所内非法集会的人

一、任何明知是非法社团或者非法社团的成员，还允许其在自己拥有或者控制之下的房屋、建筑物或者场所内举行会议的人，应当被认定为有罪，并处新币5000元以下的罚金或者3年以下的监禁，或者两罚并处。

二、任何违反了本条第一款规定的犯罪行为，依据刑事诉讼法应当被认为属于不可保释的犯罪行为和可扣押的案件。

第十六条　对劝诱、煽动他人成为非法社团成员的行为的处罚

一、任何劝诱、煽动或邀请其他人并使其成为非法社团的成员的人，协助管理非法社团的人，应当被认定为有罪，并处新币5000元以下的罚金或者3年以下的监禁，或者两罚并处。

二、任何以暴力、威胁或者恐吓等方式，迫使他人成为非法社团的成员或者协助管理非法社团的人，应当被认定为有罪，并处新币5000元以下的罚金或者4年以下的监禁，或者两罚并处。

第十七条　对为非法社团获得捐款或者帮助的行为的惩罚

任何为了非法社团的目的而从他人那里获得或者试图获得捐款或资助的人，应当被认定为有罪，并处新币5000元以下的罚金或者2年以下的监禁，或者两罚并处。

第十八条　非法社团的出版等宣传

任何打印、出版、散发、出售或邮售，或者未经合法授权或无正当合法理由，而持有招贴广告、报纸、书籍、传单或者其他任何形式的由或者明显是由非法社团发行的代表或者有利于非法社团利益的文件或者书面材料的人，应当被认定为有罪，并处新币5000元以下的罚金或者2年以下的监禁，或者两罚并处。与该犯罪行为有关的所有书籍、宣传册、期刊、报纸、海报、宣言书、书信或者其他文件材料都应当被没收。

第十九条　对滥用已登记社团的金钱或者财产的行为的处罚

依据已登记社团的成员或登记员的控诉，地区法院或者治安法庭认为该社团的某一高级职员或成员没有按照社团的章程规定而占有控制该社团的财产，或者非法侵占该社团的财产、故意把财产用于不同于该社团章程所规定的指定目的的，依据本法的授权，法院认为出于正义的目的，应当命令该社团的高级职员或成员将社团的财产转交给社团的受托人或者法院指定的其他人，并且偿还那些被非法侵占或者不当使用的财产。

本法第一款所规定的由登记员提起的控诉之外的其他控诉，只有在提起控诉之日，法院确知提起该控诉的社团成员的财产与该控诉有关的情况

下才予以受理。

任何受本法第一款规定约束的人，如果未能在命令确定的时间内遵守条款的命令和指示，应当被认定为有罪，并处新币5000元以下的罚金。

依据第一款规定的命令不应当影响或者阻止对这些高级职员或者成员的起诉或民事诉讼程序。

第二十条 对欺诈、虚假陈述和非法使用的处罚

故意误导或者欺诈他人向其他提供已登记社团章程之外的其他任何的章程、规定和其他文件的复印件，冒称这些资料是该社团的现行章程或者假装该社团不存在其他章程，或者故意误导或者欺诈他人向其他人提供任何社团的章程并冒称这些章程是某一已登记社团的章程，但实际上该社团尚未经登记的，应当被认定为有罪，并处新币5000元以下的罚金或者6个月以下的监禁，或者两罚并处。

第二十一条 推定社团存在的证据

一、依据本法的规定在提起诉讼中，如果符合如下条件，那么证明一个俱乐部、公司、合伙公司或者协会是存在的：

（一）如果没有相反的证据，推定某一俱乐部、公司、合伙公司或者协会属于本法保护的社团；

（二）某一社团有名称、以特定的名称成立或者该社团以特定的名称被知晓这一点无须证明；

（三）如果没有相反的证据，应当推定某社团由10人以上组成，并且在对成员有数量要求的时候都保持由10人以上的成员组成。

二、依据本法的规定所提起的诉讼不受其他成文法规定的限制，为证明某一社团的存在事实的证据可以被接受和承认：

（一）有公认的该社团的成员；

（二）由负责人或者任何其他人通过任何方式所作的公告，证明该社团已经成立或者存在的；

（三）公认该社团存在。

第二十二条　推定社团成员资格的证据

一、如果没有相反证据证明，在任何人那里发现某一社团的、与该社团有关的或者意图与该社团有关的任何记录、账户、书面文件、印签、旗帜等标识的，应当推定此人为该社团的成员；而且如果没有相反证据的证明，也应该推定自这些记录、账户、书面文件、印签、旗帜等标识被发现之日，该社团已存在。

二、如果没有相反证据的证明，在任何人那里发现某一社团的或者与该社团有关的记录、账户、成员名单或者印签的，应该进一步推定此人为协助管理社团的人员。

第二十三条　采用三合会仪式的社团被认为是非法社团

一、任何社团，无论其是否经过登记，使用三合会仪式的将被认定为是非法社团。

二、任何个人被发现占有、管理或控制任何三合会社团及其分支机构的，或者与三合会社团相关的记录、账户、书面文件、印签、旗帜或者标识的，无论该三合会社团是否在新加坡境内成立，该个人应当被认定为有罪，并处新币 5000 元以下的罚金或者 3 年以下的监禁，或者两罚并处。

三、任何违反了本条第二款规定的犯罪行为，应当依据刑事诉讼法被认为属于不可保释的犯罪行为和可扣押的案件。

第二十四条　部长可以命令任何社团解散

一、当部长发现以下情况时，部长可以命令社团解散：

（一）任何已登记社团被用于非法的目的或者有悖于新加坡的社会安定、福利或者良好秩序的目的；

（一A）该社团的登记是通过欺诈或者歪曲事实的手段而获得的；

（二）任何已经登记的社团被用于同社会的目标规则相矛盾的目的；

（三）任何已经登记的社团的章程不足以保证其对社团的管理和控制，而且该社团在没有合理理由的情况下在 3 个月内未能根据登记员签发的修改章程的命令的要求而修改其章程的；

（四）任何已经登记的政治社团，在章程中没有限制只有新加坡居民才可以取得其成员资格的，而且该社团在没有合理原因的情况下3个月内没有根据登记员要求修改章程的命令而修改其章程的；

（五）任何已经登记的政治社团，被登记员认为加入了与国家利益相违背的新加坡以外的其他组织或者与该国外组织有联系的，并且在3个月内没有让登记员相信其已经按照登记员的要求采取了适当措施来废除这一联系的；

（六）任何已经登记的社团故意违反了本法或者其下相关条例的规定，或者违反了社团章程的。

二、上述命令的发布通知应当以公报的方式公布，而且应当以显著的方式张贴在该社团所在的建筑物内。

三、被命令解散的社团自命令发布之时起即被视为非法社团。

四、任何在某一被命令解散的社团中曾担任过高级职员的人，在解散社团命令发布之日起，3年内，不经过部长的书面许可同意，不得再成为或者被选举为其他社团的高级职员。

五、依据本条第四款的规定不享有成为社团高级职员资格的人，未经部长的书面同意许可而成为某一社团的高级职员的，应当被认为有罪，并处新币5000元以下罚金或者1年以下监禁，或者两罚并处。

六、政治性社团所使用的名称或标识与新加坡境外的某一社团组织的名称或标识相同的，应当被视为有足够证据表明该政治性社团已经加入了该境外组织或者与其有密切联系。

第二十五条　依据第二十四条部长所作出命令的后果

一、依据第二十四条对社团解散作出的命令将：

（一）该社团的财产应当立即授予破产管理署署长或其他由部长为结束社团事宜而在命令中指定的其他官员管理。

（二）破产管理署署长或者部长指定的其他官员应当对社团的事务进行清算，在清偿了社团的所有债务和责任、支付了清算社团的费用之后，如果尚有剩余财产的：

1. 按照部长的指示转入统一的基金账户；
2. 如果部长未作出指示的，根据社团的章程规则转交给社团的成员。

为清理解散社团的事务，破产管理署署长或者其他官员应当具有公司法授予破产管理署署长的所有权力，便于他们认定财产和清偿债务，而且公司法的规定经过必要的变通，也适用于本法中社团的清理事务。

二、为了使社团得以进行自身清理，部长在认为合适的时候，可以暂停适用本条的规定。

第二十六条　治安官的权力：进入社团会议场所

登记员、助理登记员、治安官或者经其书面授权的警察拥有在任何时候进入任何他有理由认为被已登记社团或其成员用做开会和办公的场所的权力。

第二十七条　特定案件中的进入权和搜查权

登记员、助理登记员或者治安官，有理由认为某一社团被用于与新加坡的社会安宁、福利和良好秩序相违背的目的的，或者违反该社团在社团登记处、登记员或者助理登记员处备案的章程和宗旨的，不管对方是否合作，甚至可以采取强制措施，有权亲自或者书面授权警察进入他有理由认为被用做该社团办公或者开会的场所，有权或者书面授权警察搜查该场所的在场人员或从那里逃脱的人员，以获取证明该社团被用做上述目的的证据。需要时可以为此获得帮助或者采取强制措施。

第二十八条　治安官等有权进入召开非法会议、保存记录、账目的场所，有权拘捕人员或者扣押财产

一、任何治安官或者治安法官或者职位不低于副督察的警察，在持有授权书或书面命令的情况下，无论对方是否合作、必要时可采取强制措施，有权直接或者授权其他警察进入任何住宅、建筑物或者其他场所，只要他有合理证据认为该场所正在举行非法社团或其成员的聚会；隐藏、保存或放置非法社团的账目、名册、标语、书面文件、文档、标识的；有权拘捕在场的任何人员；有权搜查该住宅、建筑物或者场所；有权扣押所有的账目、名册、标语、书面文件、文档、标识、旗帜、武器或者他有合理原因相信属于非法社团所有或与其有联系的物品。

二、上述被拘捕的人员或者被扣押的物品将一直被扣押，直到他们可以方便地被带到地区法院或者治安法庭依法进行处理。

第二十九条　登记员和助理登记员有权传唤证人

一、只要登记员或者助理登记员有理由认为被传唤的人能够就非法社团或者被怀疑的非法社团的存在和运作、或者已登记的社团的运作提供信息，他们有权传唤任何人。

二、被传唤人应当按照传唤书所指定的时间和地点，提供他所掌握的和获得的所有与该社团或者被怀疑存在的社团相关的所有材料和文件，并且应当如实地回答登记员或者助理登记员所有可能询问的问题。

三、登记员或者助理登记员应当被视为刑法典意义上的公务员，他们有权主持并检查依据本条规定被传唤的人的宣誓。

四、登记员或助理登记员经过适当询问后确信，依据本条规定被传唤的人是非法社团的成员，或者拒绝提供信息，或者就非法社团或者被怀疑为非法社团的社团的存在或运作提供虚假信息，并且认为要求确认该人的确切身份是恰当的，那么他们有权以他认为合适的方式当时当地提取该人的指印和肖像。

五、拒绝服从上述命令和规定的，可以对其进行拘捕和囚禁，直到可以将其方便地带到地区法院或者治安法庭依法进行处理为止。

六、不能服从上述命令的，应当被认定为有罪，并处新币 1000 元以下罚金。

第三十条　指　控

一、除依据本法第二十八条的规定而被拘捕的人员以外，在未获得登记员或者助理登记员的处罚书的情况下，不得对违反本法或者其下条例规定的犯罪行为的任何人提起指控。

二、依据本法及其下条例规定在地区法院或者治安法庭而提起的诉讼，可以由登记员或者助理登记员，也可以由获得登记员或者助理登记员书面授权的人来代理进行审理。

第三十一条 管 辖

一、违反第十四条第二款下的任何犯罪行为可以由地区法院来受理，地区法院可以依据本条规定通过判决。

二、违反本法其他条文或者其下条例规定的任何犯罪行为可以由地区法院或者治安法庭来受理。

第三十二条 没 收

任何属于非法社团的记录、账户、书面文件、旗帜、标识或其他财产应当被没收并交给登记员或者助理登记员。

第三十三条 传唤等

任何依据本法及其下条例规定签发的传唤令、通知或者其他文件，如果是依照刑事诉讼法规定的方式发出的，应当被视为是合法而有效的。

第三十三条 A 附录的修改

部长可以通过在公报上发布通知的形式来修改附表。

第三十四条 条 例

一、就下列事项部长可以时常制定条例：

（一）规定在本法下的社团的登记方式；

（二）规范或者限制已登记社团名称的变更；

（三）规范或限制已登记社团办公地点、会议场所的变更，规范限制已登记的章程或者宗旨的修改；

（四）规定限制被授权的人应该依照本法授予的权力的行使方式和条件来行使其权力；

（五）规定依照本法应该收取的费用；

（六）规定为执行本法规定而使用的表格；

（六 a）要求已登记社团的账目和财务声明应遵守并适用以下规定：

会计标准委员会根据 2007 年会计标准法第三部分制定的会计标准；

与适用于社团的会计标准一致的部长作出的其他替代性的要求；

（六b）为适用社团的会计标准的要求提供救济；

（六c）根据本条第一款（六a）的规定制定的条例不适用于根据慈善法第37条规定的登记为慈善或公共性的机构，慈善法要求社团每一财政年度的账目和财政公告要遵循仅适用于慈善机构的会计标准；

（七）为执行本法对一般事项进行规定。

二、在制定本法下的任一条例时，部长可以规定违反这些条例的人应该被认定为有罪，并处新币500元以下的罚金，若属于连续不断的犯罪行为，则每天处新币50元以下的罚金，自行为发生之日算起。

三、所有这些规定都应当以公报的形式予以公布，并且在公布之后尽快提交到国会。

第三十五条 适用于已登记社团的规定

以下规定适用于所有已经登记的社团：

一、社团的动产若没有委托给特定受托人的，则应当被视为委托给了社团的管理机构，并且在所有民事程序和刑事程序当中，均应当被视为社团的管理机构的财产。

二、已经登记的社团可以依据本法登记的名称起诉或者应诉。

三、社团也适用传唤或其他的法律程序，通过传唤某一社团的高级职员，或者将法律文书通过挂号信方式发送到该社团登记的地址来送达，进行传唤。

四、在任何诉讼中，如果本法第三十六条没有其他规定，针对某社团作出的判决不得就该社团的高级职员和成员的人身、财产强制执行，而只能就该社团的财产进行强制执行。

五、如果根据社团章程，任何社团的成员有义务支付捐款却予以拖欠的，或者违背社团章程规定而侵占或扣留、或者损害社团的任何财产的，可以以社团的名义就其拖欠或者因其违法侵占、扣留、损害财产所导致的损失提起诉讼。

六、社团的任何成员，偷盗、盗用或者挪用社团的任何资金或者财产，或者恶意毁坏损害社团的财产的，或者伪造任何交易、收据、金钱票据、债券或者其他有价证券，给社团的资金造成损失的，应当被起诉，而且如果被判有罪，则应当按照个人在犯有类似罪行的情况予以惩罚，而并非作为社团的成员予以惩罚。

七、若社团的章程中没有作出专门规定，某一社团的五分之三以上的在新加坡居住的成员可以决定立刻或择期解散社团并就社团的财产作出处置和安排，同时依据社团章程中的相关规定，就社团的要求和责任采取措施。若社团章程没有作出相关规定的，则以管理机构认为适当的方式采取措施，管理机构的成员或者社团成员之间对这一问题存在争议的，可以向高等法院提交争议裁决申请，高等法院将对这一争议作出其认为合适的裁决命令。

八、只有当符合上述居住地要求的五分之三以上的成员，在为了解散社团而举行的会员大会上，会员通过亲自或者委托他人投票而表达了要解散社团的意愿时，社团才能解散。

第三十六条 担保费用和高级职员的责任

一、在诉讼或者在其他法律程序当中，任何已登记的社团或者代表其利益的高级职员在作为原告时，有权对此进行管理的法院如果有有力的证据证明该社团或其高级职员无力支付被告的费用的，当被告胜诉时，可以要求原告提供这些费用的担保，并且在提供担保之前，中止所有的法律程序。

二、依据本条第一款的规定，社团被要求提供担保费用，但其所提供的担保数额并不足够支付被告的费用的，在对担保费用进行扣除之后，不足的部分在支付期限过后一个月后仍未支付的，下列人员将对该社团应支付的补足费用承担责任：

（一）在该社团中支持提起诉讼并进行其他法律程序的高级职员；

（二）后来成为该社团高级职员的，而没有采取任何合理有效的措施来中止诉讼或者其他法律程序的人员。

三、本条适用于1982年9月10日之前或者之后所提起的任何诉讼和法律程序。

第三十七条　豁免权

部长可以根据自己的自由裁量权，以书面形式把任何依据本法登记的社团在本法的全部或者任何一部分的规定下解放出来，不受其制约。

第三十八条　过渡规定

任何在本法实施生效之前依据社团法令的规定而登记的社团，应当被视为依据本法而登记的社团。

("Societies Act: the law about the registration of political party. But please not that the term used in the Act is 'political association'". Access through Singapore Attorney General Chambers http://statutes.agc.gov.sg/aol/search/display/view.w3p; page = 0; query = DocId%3A%22d6e38654 − 0cee − 4c7e − bfde − 18b1bad85bf8%22% 20Status% 3Ainforce% 20Depth% 3A0% 20ValidTime%3A20110102000000% 20TransactionTime%3A20130425000000; rec = 0.)

（徐启启、董立松 译）

第二部分
主要政党内部规章制度

人民行动党章程

第一条 名 字

政党的名字被命名为人民行动党（以下简称"党"）。

第二条 党的宗旨

党是致力于服务国家和提高人民生活水平。为了达到此目标，党的宗旨规定如下：

1. 维持和保护新加坡的独立、主权和领土完整。

2. 通过具有代表性的民主的政府捍卫新加坡人的自由和幸福。

3. 建设一个新加坡人的民族，建立一个多元的、多民族的社会，这个社会中充满公平、正义和宽容，不论其种族、语言和宗教信仰；灌输给新加坡人民族认同感的意识，通过爱国主义将新加坡人团结起来。

4. 建设一个遵守法律、自力更生、生机勃勃的社会，在这个社会中根据新加坡人的表现和对社会作出的贡献对其进行奖励，并且国家对老、弱、病、残提供相应的福利。

5. 通过和谐和多元社会的建立，促进经济的发展，社会和文化目标的实现。在社会整体利益高于一切的前提下，所有的新加坡人享有同等的机会去满足自己的目标，通过教育和培训最大限度地发掘自身的潜力。无论他的贡献是多少，每一个新加坡人都会在这里找到自己的归属感。

第三条 党 员

凡是年满17岁、自觉遵守章程和党员规定的、没有加入其他政党的新加坡公民都有资格成为党的一员。

第四条 党员条件

1. 选举条件

（1）每位党员必须忠诚于新加坡，必须支持国家章程。

（2）每位党员必须接受并遵守章程、法规和党的方针政策。

（3）申请成为党员的人必须向党秘书长提交书面申请，并被中央常务委员会通过。在此项条款中中央常务委员会可以将此项权力委派相应的委员会或个人。

（4）在符合党的宗旨的条件下，中央常务委员会有责任行使其选举权吸收合格的申请者成为党员。

（5）申请人当选必须在委员会选举会议中，通过委员会投票并获得绝大多数中央常务委员会人员的票数。

（6）中央常务委员会可以无理由拒绝任何申请，除非被全党大会修改，否则中央常务委员会对此项决定具有最终解释权。

（7）在选举中被中央委员会驳回的任何申请，通过第五条在随后的常务委员会上任意两个干部党员可以提出议案，建议并支持此申请，如果议案被多数在场的干部党员投票通过，此申请应视为通过选举。

（8）当选之时，须发放一份书面通知给当选人，当选人需要购买一本党章，购买党章的钱和其第一笔党费要求在要求之日的14天之内付款给财务司。付完款后他才成为一名正式党员，而且必须遵守党章。

（9）如果第一笔党费没有在要求之日起的14天之内支付，按照上面的规定，该人的选举将被取消，除非他有充足的理由支持延期付款并说服中央常务委员会。

（10）所有的党员都有权利出席党的代表大会。

（11）对党忠诚、对党的方针政策作出贡献的党员并且根据中央常务委员会的意见，该党员是合适的人选，那么该党员有资格被任命为干部党员。

（12）党员被任命成干部党员须经过中央常务委员会的通过。

（13）在中央常务委员会会议上得到多数人的票数，党员可以被任命成干部党员。多数人的票数可视为对此项任命的赞同。

（14）干部党员有权出席党的会议，有权投票赞同、选举以及被选举成为中央常务委员会委员。

（15）任何干部在没有事先请假的情况下连续两次缺席党的会议，中央常务委员会将取消其干部党员的身份。在决议之前，中央常务委员会须给该党员发送一份挂号信书面通知，要求其提交对缺席的书面解释，委员会将会对其解释作出相应的考虑。该成员将会由干部党员降至普通党员。

2. 党费

（1）党员每年的党费是新币9元，其他款项将由中央常务委员会进行时时的调整。

（2）所有的年度党费［按照第四条第（8）款所规定的，除了新党员交的第一笔党费］须在财政年度的第一个月按时交付。

（3）如果党员两个月之内没有按时缴纳党费，将通过挂号信将书面通知寄送给他，如果在寄送通知两个月之日起，该党员没有缴纳党费，中央常务委员会将会把其名字从党组织中删除。如果该人能给中央常务委员会合理满意的解释，并且听凭中央常务委员会的处罚，缴纳所有的应付欠款，他将被重新纳入为党员。

3. 退党

任何党员可以通过向秘书处提交退党函，自书写之日起一个月后生效。此项规定鉴于任何党员退党时须支付当年的党费，包括提交退党函的那一年。

4. 党的纪律

中央常务委员会在行使其职责时应考虑党的利益，所以在商议停职、开除或者降职干部党员时可以随时召开特别委员会会议。这些党员会收到通过挂号信寄出的书面通知，在通知中他们会被告知他们需要提交一份书面解释或以个人的形式向特别委员会解释其行为。假如在特别委员会会议商议其申请后，在场的三分之二的中央常务委员会委员同意对他的停职、降职或者开除，该人须立即停职为普通党员，对此委员会将给予详细解释，或者成为干部党员，这将根据党的具体情况而定。被开除的党员有权上诉到常务委员会。

第五条 党的会议

1. 党的工作须在党会议的指导和监控下进行，党会议每两年召开一次，这类会议被称为全党大会。中央常务委员会可以随时召集召开全党大会，或者在至少十分之一的干部党员的要求下随时召开全党大会。

2. 召开党会议的法定人数须至少满足党内十分之一的干部党员的人数。如果不符合会议的法定人数，此会议则需要延迟三十分钟。延期会议后再召开此会议时需要有不少于党内干部总人数的十分之一的干部党员出席此会议，而且出席人数需要符合法定人数。

3. 在每届政府结束或中央常务委员会换届时召开全党大会，具体的时间日期由中央常务委员会决定。

4. 全党大会的职责如下所列：

（1）通过上一届党会议的会议记录。

（2）接受中央常务委员会的报告，其中包括对在职期间党的日常工作，工作进展及财务报表。

（3）选举新一届的中央常务委员会，并任命新的审计人员直到下届全党大会的召开。

（4）根据此条款的第六项，形成由全党大会负责的每项决议。

（5）决定采取任何有利于党的目标实现的措施。

（6）处理由中央常务委员会通过的事务或决议。

5. 在确定召开全党大会至少一个月前，秘书处须通知干部党员以书面的形式写出日期以确定全党大会召开的具体时间，并提醒干部党员注意下面的第六条。

6. 任何干部党员在全党大会时有修改决议的意愿，须在全党大会召开至少两周时间内向秘书处提交通知，此类通知须包括提交者的名字，支持此决议的干部党员的签名，人数至少是干部党员人数的五分之一。

7. 只要满足至少十分之一干部党员人数的要求，中央常务委员会可以在任何时间任何理由召开特别党会议。

8. 通知召开特别党的会议需要至少在党特别会议召开七天前通知干部党员，须阐明党特别会议的主题或者将要讨论的主题。其他主题也可以在特别会议中讨论。

9. 秘书处须在全党大会召开 14 天之前，党特别大会召开 7 天之前通知干部党员会议将要进行的事务。考虑到全党大会的特殊性，通知须包括中央常务委员会的报告，此届政府的财务报表和根据此条款的第六分条中其他干部党员将要提议的决议。

10. 在全党大会上，主席或副主席缺席，此时中央常务委员会的任何一名成员都可以被委员会任命为主席。每名干部党员都有权投票。一旦出现任何违背平等的情况，此决议将宣布失效。

11. 在全党大会上，进行决议时须举手决定，除非有干部党员提议用纸质投票的方式，或者该投票被要求以纸质投票方式进行，或者主席宣布此决议以举手方式进行或者不以举手方式进行。不得出现代理投票。

12. 全党大会召开期间可以随时休会，直到会议的所有事务结束为止。

第六条　党代表大会

1. 无论何时中央常务委员会认为合适的时间都可以在任何时间召开党代表大会，此项会议的议事日程由中央常务委员会决定。

2. 党代表大会秘书处需要在党代表大会召开至少三周前以书面的形式通知党员，并告知具体的党代表大会时间。

3. 党代表大会秘书处需要在党代表大会召开至少一周前通知党员此次会议的事务。

第七条　党的管理部门

1. 设立中央常务委员会

（1）中央常务委员会由 12 名成员组成，成员须由全党大会选举产生，组成政府直到下届全党大会的召开。他们必须符合再次竞选的条件。中央常务委员会有权最多指派 6 名成员组成常委会。

（2）中央常务委员会应该从全体党员中选举产生，从政府人员中选举产生主席、副主席、秘书长、副秘书长、财富主管、副财务主管和其他不可或缺的职位。

2. 中央常务委员会可以从符合章程修正案的会议召集人中指派。如果在第一届开幕会议中章程被采用，那么此次会议便视为首次年度党会议。

3. 中央常务委员会的职责

中央常务委员会的职责包括以下几点：

（1）向全党大会提交报告，报告包括本届政府内党的工作和进展情况，已审计过的财务报表和账目。

（2）向全党大会提出建议和意见，包括必要的章程修正案、向常务委员会提交由政治环境所必需的决议和声明。

（3）组织并保证财政基金能够满足党和人民的愿望和需求。

（4）执行党章，一切行动都要促进党的发展。

（5）在新加坡地方区域建立分支机构，并保证分支机构在地方区域合理运行。必须时刻指导和控制分支机构并保证其符合党会议的政策和党的宗旨。

（6）制定规章制度必须符合党的纪律和准则。

4. 中央常务委员会的权力

（1）主席

主席有权召开中央常务委员会会议。

（2）在主席缺席的情况下，主席须将其职责、权力和责任移交给副主席或者由中央常务委员会选出的主席。

（3）秘书长

①党的秘书长负责召开党的常务委员会会议、党的特别会议、党的代表大会以及中央常务委员会任何会议。

②秘书长须在中央常务委员会带领下管理相应的事务，并对中央常务委员会成员进行登记。

③秘书长需要在重大活动上通知中央常务委员成员。秘书长须整理并保存常务委员会的会议记录，常务委员会、特殊党会议和中央执行委员会的重要会议记录。

④秘书长须在至少一个月前通知干部党员提交召开常务委员会会议的书面申请，并提醒其关注第五条第6款。

⑤副秘书长须协助秘书长完成其职责，在秘书长缺席的情况下，副秘书长可以代替秘书长行使职权。

（4）财务主管

①财务主管须对党的资金负责，须公布党的财务支出情况。

②财务主管须通知拖欠党费的党员。

③财务主管须公开银行账户接受中央常务委员会的管理，财务主管可以直接代替党来管理资金。

④所有支票和财务票据须由财务主管和副财务主管签字，由中央常务委员会签约人之一授权。

⑤财务主管须对预算财务负责，并向常务委员会报告。

⑥副财务主管须协助财务主管完成相应的职权，在财务主管缺席的情况下，副财务主管可以代替财务主管行使职权。

（5）中央常务委员会

①中央常务委员会有权任命党员填补空缺直到下届常委会的召开。

②中央常务委员会有权任命指派权力给小组委员会。小组委员会要对中央常务委员会负责。

③为满足党安排事务的需要，中央常务委员会可以随时召开会议，随时检查会计账目和记录。满足超过中央常务委员会50%法定人数时可以召开中央常务委员会会议，会议记录要记录会议全程。

④中央常务委员会有权以党的名义任命、支付、辞退雇用人员。

⑤只要一切有利于党的宗旨，中央常务委员会有权购买、租借、交换、准许、出租或者以其他方式获得动产或不动产。只要符合下面的第（5）款，中央常务委员会有权出售、交换、出租、准许或者以其他方式转

让任何动产或不动产。

⑥从党的利益出发，中央常务委员会可以会议决议被授权一次或者数次以一定的利率、一定的方式借出资金。如上所述，从党的利益出发，中央常务委员会可以指挥财务主管履行有关协议并给予必要的担保。

⑦为了党的宗旨和发展，中央常务委员会在必要或者方便时有权创建、提高、发展、保留任何财产。

⑧为了党的宗旨，中央常务委员会有权签署并实施任何契约、文件和其他自然资源。

⑨只要有利于党的宗旨，中央常务委员会有权接受和党的宗旨相一致的赠品。

⑩根据下面的第（5）款，在合适的时间，中央常务委员会有权任命党员或者值得信任的组织接管财政。

⑪根据下面的第（5）款，中央常务委员会有权任命、罢免和指挥受托人或者信托组织去执行行动。

（5）受托人

①要有两名或两名以上的受托人组成信托组织。信托组织由中央常务委员会任命并把党的不动产授权给信托组织。

②受托人或者信托组织任命接管政府的期限由中央常务委员会决定，或者直到中央常务委员会书面通知相关受托人或者信托组织以终止此项任命。基于以上原因，中央常务委员会有必要任命一名新的受托人、多名受托人或者信托组织。中央常务委员会须通过决议任命某人或者某些人或者信托组织为受托人或信托组织。为了使此项任命即时生效，根据受托人条款S.40的意思，在此范围内，主席和秘书长可以以此方式正式任命某些人成为受托人。主席和秘书长可以以契据的方式任命被中央常务委员会提名的某人或某些人为新的受托人。受托人条款的规定适用于任何任命。

③在法律的范围内，受托人或信托组织须承担责任保证党免受任何财产流失或损害。

第八条　章程修正案

1. 章程修正案由全党大会产生。

2. 章程修正案提议须在全党大会召开至少 14 天前向秘书处提交书面材料。

3. 在全党大会召开前章程修正案提议至少要在干部党员内传阅七天。

4. 在党会议上任何提议决议的废除、增加或者条款的修改都是无效的，除非出席会议的大多数党员干部投赞成票。

第九条　会议的议事日程

1. 任何提议或者修正案须当事人提出附议，否则视为无效。

2. 一切议题须经全体修正案成员的同意。

3. 一个修正案只能在会前提出一次，凡是通过的修正案，党员都要提出肯定或反对建议，每个党员都要说明即将通过的修正案的作用。修正案在通过之前必须经过党员的讨论。

4. 在讨论中具有否定倾向的修正案不予通过。

5. 正在执行的修正案须提交充足证明以便充分说服对其的修正。

6. 没有在会前提出议题的党员可以提议"会议进入下一程序"或者"现在提出议题"，主席可以表示赞同，不经过讨论直接进入投票阶段。

7. 当主席持否定态度时，其他任何人可以赞同或发表自己的观点。

8. 不同于正式章节提议的通知须以书面的形式提交给主席。

第十条　总纲

1. 党的财政年度从 1 月 1 日开始到 12 月 31 日结束。在任期结束后的三个月内，党的中央执行委员应该召开全党大会并向全党大会提交本党在任期内的财政报告和审计决算报告。

2. 党的账目应该接受一名审计员或两名荣誉审计员的审计，这些审计员应该保证提交至全党大会的账目报告的准确性。审计员或荣誉审计员应由全党大会任命产生。

3. 除了党的中央执行委员会请求的专业性劳务以外，任何党的成员不得从党的基金和交易中接受利润、工资或薪水。

4. 在全党大会或党的中央常务委员会所作的每一项决定被修改或取消以前,党的每一成员应该忠实而完全地遵守这些决定。

5. 只有党的主席或秘书长或者其他得到党的秘书长授权的人可以以党的名义向媒体发布声明。

6. 党的中央常务委员会有自由裁量权使用党的基金或从党员捐赠中收集的资金来补偿因执行党的活动而直接受到损失或伤害的党员。

党的价值观念和性质

党的核心价值观应保持不变。人民行动党重申其创办的理念即不断地加强对新加坡的统治和改造,使其成为高度现代化的国家。

人民行动党的使命是建立一个公平正义的社会,社会的进步将造福于全体人民。

一、核心价值观

(一) 真诚

党将始终保持清正、廉洁、透明。

(二) 多民族

新加坡属于全体公民所有,在这里每个人,不论种族、语言和宗教信仰都平等地享有公平和正义。

(三) 精英政治

每个公民都有平等发展的机会,每个人的贡献和价值都会得到认可和肯定。

(四) 自力更生

我们应自力更生,摆脱属从国家的依赖性。

二、性质

基于以上价值观,人民行动党从创建之初的40年一直保持其值得信任的、实用的、团结、有远见、果断、有同情心、顽强的性质。

(一) 值得信任的

我们言行合一，履行我们对人民的诺言，让人民相信我们，相信党的能力。这有利于党的政策的宣传和实施。

（二）实用的

我们的精神从来没有被打倒过，相反，我们始终采取灵活的方法去解决反民族的问题，同时和我们的价值观始终保持一致。结果表明，我们的方法是正确的。

（三）团结

党的优势在于其团结、忠诚和纪律，集思广益有利于事情的高效解决。

（四）有远见

我们要保持长远的目光，一些问题不应该仅仅因为其影响只在未来会得到显现而被忽略。我们应以长远的目光带领我们的人民沿着最适合的道路前进。

（五）坚决果断

在缺少完备信息的情况下作出迅速而大胆的决定的能力是一种关键的优点。我们可以作出必要的痛苦但正确的决定。

（六）有同情心

我们本能地同情我们的人民。急其所急，虑其所虑，和他们有着共同的希望和梦想。

（七）适应力强

不顾艰难、不顾可能的人身风险和失败的精神和能力意味着我们最终可以为了我们的人民而走出困难时期。

这些价值和性质经得住时间的考验，更重要的是它为人民行动党赢得了新加坡人民的尊重、信任支持和选票。

（"PAP Official Constitution: the current official constitution of PAP", PAP's official website http://www.pap.org.sg/about-pap/our-core-values.）

（徐启启、杨婷婷 译）

工人党章程

一、章程及规章

（一）名称

1. 本党是一个政党，称为工人党。

（二）信念

2. 本党的主导信念是：

（1）独立

（2）民主（议会）

（3）社会主义

（三）宗旨

3.（1）消灭人对人的剥削

（2）普遍认可所有人基本平等

（3）尊重所有人权利原则下，个人自由全面发展的平等机会

（4）公共生活所有领域的种族平等和法律上对所有种族文化的平等尊重

（四）目标

4.（1）建立并维护一个政党以实践独立、民主、社会主义三个原则。

（2）致力于消除对新加坡及其人民的剥削。

（3）在新加坡建立和维持一个以议会民主和社会主义为基础的政府。

（4）争取新加坡工人的团结。

（5）促进新加坡人民，尤其特别是那些直接靠他们体力谋生的工人的政治、社会和经济解放。

（6）将工人的饮食和生活条件提高到与新加的坡人类尊严和非常丰富的财富相匹配的程度。

（7）与所有任何有望政治联合或其他促进党的宗旨和目标的行动的合法协会合作，包括其他国家的协会和国际组织和协会组织，并与这些组织一起争取促进和平、基本人权的确立和保障、对现有社会和经济人权平等程度进行大幅调整。

（五）党员资格

5. 本党党员仅限于18岁以上新加坡公民，未加入新加坡其他政党，并认同本党的信念、宗旨和目标。

6. 本党任何党员不得加入新加坡其他政党，并受本党信念、规章、政策和指令的约束。

7. 任何申请入党者必须由一个党员推荐，执行委员会拥有经由到场者简单多数接受、拒绝或搁置每个申请的绝对权力。

（六）党费

8. 每位党员应每年缴纳党费新币3元，不拖欠党费应被视为资格完备。

（七）党代表成员

9. 执行委员会可以通过简单多数将是新加坡公民的任一党员任命为党代表成员。

10. 只有党代表成员可以选举，或是成为执行委员会的成员。

（八）组织机构

11. 党的大会是解释党的政策的信念的最高权威。

12. 党代表大会是党授权的经由简单多数处理具体政策、行政、党员资格、章程修正及影响其他所有类似的影响政党的事务的权威。党代表大会的决定对所有党员有约束力。

13. 执行委员会在接受党代表大会和党的大会的指令的原则下拥有党组织大会和党的大会的所有权力和权威，包括修正章程的权力。

（九）党的会议

14. （1）党的大会应当每两年以及主席或执行委员会决定的其他时间召开。

（2）在党的会议也可以应拥有完备资格的20%的党员要求而召开。

15. 党代表会议的议程应包括

（1）执行理事会进行报告

（2）向执行委员会提交议案，执行委员会批准议案。

（十）党代表会议

16. （1）党代表会议应最好每年召开一次，两年内至少召开一次。

（2）党的主席，执行委员会，或10%党代表成员可随时召开特别代表会议以达成特定目的。

（3）只有那些已任命为党代表成员的党员有权出席党代表大会和投票。

17. 除了特别会议外，每个党代表会议，应

（1）从执行委员会得到党的工作报告和账目；

（2）牢记真正的种族间合作和代表工人的必要，选举执行委员会：

主席1人、秘书长和其他12个执行委员会成员，任职至下届党代表大会；

（3）决定可能提交至执行委员会或执行委员会批准的任何决议。

（十一）会议的召集

18. 秘书长应当在党的大会或党代表会议（无论正常还是特别的）举行的固定日期前一个月内向所有应当出席的党员发出书面通知，例如党的大会应通知包括党代表在内的所有资格完备的党员，并尽快向以上成员说明上述会议的议程，包括所有要提交讨论的决议的副本。

（十二）执行委员会

19. 执行委员会，包括主席和秘书长在内，应当由党代表会议选举产生，并包含在所有 14 名成员中，执行委员会指派的党代表不能超过 7 个。

20. 执行理事会应从其成员中选出一个或多个副主席，会计及其他必要的官员。

21. 执行委员会应当从选举的或是指派的党代表中，提名党员，以填补执行委员会的职位空缺。

22. （1）执行委员会，证实任何组党员违反党的宗旨和目标，损害党的利益应当暂停或免除其任何党内职务，党代表应降级为普通党员，并开除党员资格。

（2）执行委员会，证实任何党员拖欠党费，并连续两次没有参加党代表会议，可以降级为普通党员。

（3）该成员可专门参加下次党代表会议，提交争取驳回对他的暂停、降级、开除处理决定的申述，会议可以不经辩论，经由出席者简单多数投票通过或否定处理决定。如果投票通过，应为该成员重新设定开除日期。如果处理决定被驳回，该党员应在其后的任何时间被录取作为党员。

23. 根据执行委员会可以不经授权使用指派权力的有关协议和规定，执行理事会可以任命和罢免常设或特设的委员会。

（十三）支部

24. （1）党应当建立一个总部，不超过一个主要支部，尽可能多的附属支部，适合新加坡的所有选举分组。

（2）执行委员会制定支部建立、管理和其他与支部有关事宜的规定。

（3）任何党员不归属于现有任何支部，应归属于总部。

25. 党员应归属于其住所地建立的支部，党员以书面形式选择归属于到其他支部的除外。

（十四）通则

26. 党秘书长收到党员的书面退党通知时，被视为退出本党。

27. 只有得到执行委员会特别授权的人能够以党的名义发表声明,并接受大众媒体的采访。执行委员会可以决定特定豁免。

28. 执行委员会可以由于合理目的制订、撤销或修订会议条例及规定。

29. 涉及本章程的完善及其他所有相关事宜,涉及采用尚无规定的程序的会议主席的裁决,是最终裁决,不容置疑。

30. 担任主席、秘书长、会计或执行委员会所设任何其他职位的人拥有该职实质持有者的一切权力。

(十五) 选举

31. 党可以提名候选人参加公职竞选,每个提名人应被要求庄严宣誓或声明拥护党的三个基本信念,做重要决策时遵守党的纪律,对党和新加坡人民真诚无欺。

(十六) 党的会议条例

32. 连续三次制度执行委员会议,不被执行委员会免除责任的任何党员,视为已辞去执行委员职务,因而降级直至为党的普通党员,但不丧失本党党员的其他特权。

("Workers Party Constitution:the current official constitution of WP", access through PAP's official website http://wp.sg/our-organisation/our-constitution/.)

(董立松 译)

后 记

亲自翻译和编纂一本著作才深切体会到编译工作的艰辛。全书由孙培军统校译稿，具体分工如下：孙培军（导言）；徐启启、郄晓良、王新（总统选举法：摘译）；郑志芳、朱伟婧、张帅（议会选举法）；徐启启、杨婷婷、程相国、董方源（政治捐赠法）；徐启启、董立松（新加坡社团法）；徐启启、杨婷婷（人民行动党章程）；董立松（工人党章程）。在此，对译者的辛苦劳作表示感谢。感谢提供新加坡相关英文资料的唐皇凤教授。感谢中央编译局俞可平副局长和陈家刚研究员、中央党校科研部黄相怀处长。特别感谢中央编译出版社的苗永姝主任，她的细心、耐心和专业水准令人敬佩，她对编辑工作的精益求精让本书出色不少。

由于译者翻译和专业水平有限，难免有疏漏和偏差之处，请不吝赐教。

图书在版编目（CIP）数据

世界主要政党规章制度文献. 新加坡／俞可平主编；孙培军分册主编. —北京：中央编译出版社，2015.1

ISBN 978-7-5117-2516-5

Ⅰ.①世… Ⅱ.①俞… ②孙… Ⅲ.①政党-规章制度-文献-新加坡 Ⅳ.①D564

中国版本图书馆 CIP 数据核字（2015）第 012704 号

世界主要政党规章制度文献. 新加坡

出 版 人：刘明清
责任编辑：苗永姝
责任印制：尹　珺
出版发行：中央编译出版社
地　　址：北京西城区车公庄大街乙 5 号鸿儒大厦 B 座（100044）
电　　话：（010）52612345（总编室）　　（010）52612335（编辑室）
　　　　　（010）52612316（发行部）　　（010）52612317（网络销售）
　　　　　（010）52612346（馆配部）　　（010）55626985（读者服务部）
传　　真：（010）66515838
经　　销：全国新华书店
印　　刷：山东鸿君杰文化发展有限公司
开　　本：787 毫米×1092 毫米　1/16
字　　数：295 千字
印　　张：20.75
版　　次：2015 年 1 月第 1 版第 1 次印刷
定　　价：125.00 元

网　　址：www.cctphome.com　　邮　　箱：cctp@cctphome.com
新浪微博：@中央编译出版社　　微　　信：中央编译出版社（ID：cctphome）
淘宝店铺：中央编译出版社直销店（http://shop108367160.taobao.com）　（010）52612349

本社常年法律顾问：北京市吴栾赵阎律师事务所律师　　闫军　　梁勤
凡有印装质量问题，本社负责调换。电话：（010）55626985